Viel Lärm um etwas

CE Lawrence

Writat

Diese Ausgabe erschien im Jahr 2024

ISBN: 9789359947815

Herausgegeben von
Writat
E-Mail: info@writat.com

Inhalt

KAPITEL I

HINUNTER FAIRYLAND WAY

Märchenland! Märchenland!

Im Märchenland sollte es ein ausgelassenes Vergnügen geben. Von nah und fern, von bergauf und bergab, von hier, dort und überallher sollten sich die kleinen Leute im Violetten Tal versammeln.

Oberon und Titania kamen, ebenso wie Mab, Puck, Gloriana, Tinkerbell und unzählige unnennbare andere der Fürsten, Throne, Herrschaften und Mächte des Elfentums.

Elfen, Gnome, Kelpies, Kobolde, Brownies, Sylphen, jeder Schatten und jede Gestalt, die dem Feenkönig treu ergeben sind, würden sich bemühen, an diesem Kongress der mimischen Unsterblichen teilzunehmen.

Es war ein herausragender Abend in der Geschichte der aristokratischen Demokratie: der größte Anlass dieser Art seit dem Jahr Eins.

Morgen würde der 1. Mai sein, und es war noch nicht Mitternacht.

Nachtigallen stimmten und bereiteten sich vor. Die Luft war voller Honig und dem Duft von Blumen.

Ein runder weißer Mond blickte von einem leuchtenden Himmel über das Violette Tal. Es blieb; reiste langsam über Berge und Räume gemächlich dahinziehender Wolken und wartete mit größter Zögerlichkeit, um alles zu sehen, was von den bevorstehenden Festlichkeiten zu sehen war.

Es blickte auf und beleuchtete eine Szene aus jungen Bäumen, Gras im frischesten Grün, neuen Blumen und glitzerndem Wasser. Die Welt, die immer schön ist, zeigte sich damals in ihrer schönsten Form.

Das war Märchenland.

Weit im Norden war ein grelles, dunstiges Leuchten am Himmel. Rot, riesig und vage ragte es auf, verdunkelte die Sterne dahinter und markierte den Ort, an dem Fairyland nicht war.

Das war der Schatten, der über London schien.

Im Land herrschte Frieden – absoluter Frieden; dann, durch die Entfernung gemildert, das Glockenspiel einer Kirchenuhr.

Zwölf! Die Zeit der Feen war gekommen.

Sofort begann eine Nachtigall ihren gefühlvollen Gesang; und andere, verstreut auf vielen Bäumen, stimmten nach und nach in den pochenden

Chor ein. Mit jedem Augenblick wurde ihre Melodie fröhlicher, und immer breiter werdend, weckten sie Nachtigallen auf noch weiter entfernten Bäumen, um in die Hymne der Verzückung einzustimmen, bis jede Lichtung im Märchenland glücklicher für ihr Glück war.

In der Mitte des Violet Valley gab es etwas schilfgesäumtes Wasser. Es war ein Teich oder See, je nach der Nächstenliebe und der Vorstellungskraft des Sterblichen, der ihn betrachtete. Für die Feen war es ein See, groß und wertvoll genug für ihre ehrgeizigsten Zwecke.

Ein helles Licht erschien in den Tiefen dieses Wassers und stieg langsam auf, bis es die Oberfläche erreichte, als die Nymphe des Teiches erschien. Sie saß, eine leuchtende Gestalt, auf einem Wasserblatt und schwenkte einen glitzernden Zauberstab.

In promptem Gehorsam erschienen die Zwerge. Plötzlich stürzten sie herauf, ein vielfarbiges Heer, jeder mit leuchtenden Gesichtern und so voller Aufregung, Aktivitäten und den tausend Unfugen wie die mondhelle Nacht der Schatten. So schnell schwärmten sie aus versteckten Löchern und grasbewachsenen Erdspalten, stoßend, kraxelnd, drängelnd, stolpernd und kletternd, dass ihre eiligen Füße tatsächlich schmale Pfade ausgetreten hatten. Sie ließen sich von den Ästen der Bäume fallen und eilten über Grashügel, um sich auf die Feierlichkeiten vorzubereiten. Die Gnome sind die Demokratie der Elfenländer und sind, wie einige von uns Sterblichen, das Volk, das die notwendige Plackerei verrichtet.

Sie machen sich bereitwillig an die Arbeit. Nicht oft hatten Feenaugen eine so offensichtliche Ernsthaftigkeit gesehen, lästige Geschäfte gut zu erledigen. Unkraut, das wirklich Unkraut ist, ekelerregend und bösartig, und nicht, dass Blumen unbeliebt werden, wurde sorgfältig entwurzelt und weggepackt, als Brennstoff für das Feuer der Ambosse der Brownies; ein breites Stück Grün wurde makellos gemacht, damit die Feen dort ungehindert tanzen konnten; Glühwürmchen wurden überredet oder gewaltsam an Orte getragen, an denen ihr blauweißes Licht gleichzeitig dekorativ und nützlich war; Der Tau wurde verstreut und reflektierte an unzähligen Punkten das diamantene Mondlicht. Die Lampen der Blumen wurden geschmückt und angezündet und verbreiteten bald von allen Seiten sanften Glanz. Träume wehten aus den Opalräumen herab.

Während die Zwerge arbeiteten, pfiffen sie – keine Märchenlieder mehr; aber Bruchstücke lahmer Melodien, die von Feiertagssterblichen entlehnt wurden. Es war ein Sammelsurium an Geräuschen, ein knisterndes, verschwommenes Geräusch, nicht so unangenehm. Gnome mögen so etwas sehr gern. Ihr Gehör für Musik ist möglicherweise unvollkommen.

Gegenwärtig gab es Ärger. Bim war ein Zentrum kleinlichen Aufruhrs.

Er war ein Gnom, noch sehr jung; und von Kopf bis Fuß rot wie eine Stechpalme.

Während seine Arbeitsbrüder hektisch hetzten, war Bim träge. Sogar Monsieur Chocolat selbst hätte kaum weniger nützlich sein können. Er tat sein Bestes – kaum besser als nichts; aber dann war er sehr müde.

Den ganzen Tag und die Nacht zuvor war er gereist. Vom fernen Land der Wildrosen aus hatte er sich abgemüht und mühsam der Strecke gefolgt, über die eine Schar Feen problemlos geflogen oder getanzt hatte. Sie waren ins Tal der Feierlichkeiten geeilt; und er musste unbedingt auch kommen, denn June war unter ihnen.

Es war – was für eine Reise! Die bloße Erinnerung an die Mühe löste bei ihm bis zu jedem Zentimeter Schmerzen aus.

Er hatte am Abend zuvor angefangen, in dem Moment, als der Mond über dem Horizont hervorlugte. Das Feen-Trupp war ihm einige Stunden zuvor vorausgegangen. Er hatte nur eine vage Vorstellung davon, welchen Weg er nehmen sollte, da er noch nie zuvor das Land der Wildrosen verlassen hatte.

Drei Dinge hielten ihn mehr oder weniger auf dem richtigen Weg. Ab und zu sah er einzelne Feen auf dem Flügel, die sich auf den Weg zum Versammlungsort machten; häufiger kam er an Blumen der Süße vorbei, die so erfrischt waren, dass sie offensichtlich erst vor kurzem von wohltätigen Zauberstäben berührt worden waren. Dreimal hatten Eulen dem beharrlichen Wanderer unter ihrem Ruf einen Rat und eine Anweisung gegeben.

Der Mond, der seinen Weg beleuchtete, war seinem Weg gefolgt, bis er im Glanz des Morgens unterging. Die Sterne waren heller geworden, hatten gezittert und waren verschwunden. Die Sonne hatte ihre Stundenperiode gelebt; Die Vögel hatten gearbeitet und gesungen, die Blumen und Gräser hatten an einem langen, hellen Apriltag gewunken, und dennoch war der entschlossene Gnom mühsam weitergereist, dem Flug der Fee June folgend.

Bim war schon mehrere Male durch seine Unwissenheit in die Irre geführt worden, aber all sein Umherirren, sein Stolpern und seine Müdigkeit konnten seine Entschlossenheit weder trüben noch schwächen. Er ruhte sich nur einmal aus und schlief eine sonnige Stunde lang in einem einladenden Schlafzimmer voller Nachtschatten und Brennnesseln in weißen Blüten. Endlich kam er an die Abzweigung seiner langen, langen Gasse.

Jetzt war er im Violetten Tal und drängte sich zusammen mit den anderen seiner Brüder unten an die Vorbereitungsarbeiten, aber es gelang ihm nicht. Er verspürte die volle Müdigkeit eines Neuankömmlings. Die Gnome, selbst diejenigen, die weite Strecken zurückgelegt hatten, konnten sich vor der

Arbeit ausruhen. Für Bim gab es kein solches Vermögen. Hier war er, und er musste sofort seinen Teil dazu beitragen. Viele Gnome bemerkten seine Mattigkeit und stellten ihre Arbeit ganz ein, um darauf zu bestehen, dass er sich nicht scheute.

Es gab also Aufruhr. Fünf kleine Tyrannen – selbsternannte Vorarbeiter – begannen, ihn zu treten. Bim quietschte wie eine Blechpfeife; Dann griff die Gerechtigkeit in der Person der Nymphe des Teiches ein.

Und damit hängt diese Geschichte zusammen.

Ein Wort der Wasserfee genügte, um Bim von seinen Verfolgern zu befreien und sie eilig wieder an die Arbeit zu schicken – bis alle Vorbereitungen abgeschlossen waren und das Veilchental zur Freude bereit war.

„Gnom", sagte die Nymphe, „du musst jung sein wie der Frühling, sonst wärst du nicht so weit gekommen und so spät angekommen. Du kommst, wie ich sehe, aus dem Land der wilden Rose. Ich auch. So ist Juni – unser Juni. Bleib ruhig und ruhe dich aus.

Bim gehorchte, kroch zum Versteck und ruhte sich dort aus, seine Augen leuchteten, so ruhig wie eine Maus, die Verdacht hegt.

Die Gnome, die ihre Arbeit gut erledigt hatten, rannten zu Aussichtspunkten. Sie kletterten auf Ästen, klammerten sich an Baumläufer und Gebüsch wie Klumpen lebender Früchte. Mit gekreuzten Beinen saßen sie auf Hügeln, pfiffen, sangen, spielten schelmische Streiche, neckten und tadelten einander in all dem Glück des unbeschwerten Müßiggangs. Sie waren in dieser Nacht der lustigste Haufen im Märchenland. Es gab kein einziges Murren in der ganzen Versammlung.

Dann begannen die Feen anzukommen.

Von hier und dort fielen sie wie musikalische Schneeflocken vom Himmel herab. Sie funkelten wie Edelsteine, ihre Zauberstäbe waren strahlend spitz, ihre Flügel glänzten schillernd, ihre Gewänder waren hauchdünn mit Pailletten besetzt. Als jeder Elfenritter ausstieg, faltete er seine Flügel zusammen und marschierte mit erhobener Lanze oder schlankem Schwert zu einem bestimmten Ort und stand dort aufmerksam und wartend, während die Helden mit unzähligen Gnomenstimmen bejubelt wurden. Als jede sanfte Fee auf die Erde kam, stolperte sie oder flog leichtfüßig über den Tanzplatz und saß oder lag zwischen den Blumen. Das Violet Valley war voller tausender Bilder voller Schönheit und Zauber.

Während die Versammlung andauerte, sangen sie und die Feen ein weltaltes Märchenlied. Die Glocken von Elfland läuteten musikalisch.

Bim und die Sterne waren begeistert. So war es auch mit dem Mond. Feenhörner und Trompeten erklangen: Eine Willkommensfanfare erklang mit Echo über den Gräsern des Hochlandes. Denn hier sind die Tantiemen!

Eine sehenswerte Prozession näherte sich langsam und zog vorbei. Der Stolz und die Pracht des sterblichen Prunks ist Lametta und Grobheit im Vergleich zu dem, was die Feen tun können.

An der Spitze kam eine Leibwache aus Gnomen, die in ihrer kriegerischen Einrichtung urig und wichtig aussahen. Ihre runden Gesichter mit einem Ausdruck ungeheurer Ernsthaftigkeit, ihre Brillenaugen und ihre Beine, von denen einige spindelförmig, andere wie halbe Reifen gebeugt waren, verliehen dem Geschehen eine Art pantomimischen Poesie.

„Shiar-shiar-shiar!" schrie ihr Kommandant in seiner besten Militarsprache.

Sie blieben stehen, drehten sich in zwei langen Reihen nach innen, traten zurück, ließen einen großzügigen Abstand dazwischen, und schlurften in verhältnismäßig genaue Reihenfolge. Sie waren der Farbe nach in Kompanien eingeteilt, wobei die himmelblauen und grasgrünen Kompanien den Ehrenplatz einnahmen.

Es folgte die Blüte der feenhaften Ritterlichkeit. Ritter, deren Aufgabe es ist, die Drachen zu kontrollieren und einzusperren, die vor langer Zeit die Menschheit in Angst und Schrecken versetzten und zerstörten, zogen stolz jubelnd vorbei. Diese glücklichen Krieger gehen hinab in die feurigen Tiefen der Erde, und dort kämpfen sie mit unendlichem Mut, blitzenden Schwertern und magischen Speeren gegen die flammenspeienden Furien und beeindrucken sie, um ihre Flucht auf die Erde zu verhindern, wo sie Unheil anrichten und Chaos anrichten würden. und zerstören. Ein Glück für uns — wenn wir es nur wüssten —, dass wir die Feen haben, die uns von diesen Monstern befreien und sie in Schach halten. Wenn wir die Elfen aus unseren Vorstellungen verbannen würden, würden viele verborgene Schrecken wieder auferstehen. Die alten vergessenen Schrecken und eine Million Hässlichkeiten, die uns jemals bedrohen, würden ihre bösen Herrschaften wieder aufnehmen. Verbannt tatsächlich die Elfen!

Es waren Ritter, die sich allen möglichen Abenteuern stellten, tausendjährige junge Helden, deren Einsatz im Kampf zwischen Recht und Unrecht stets hilfreich war. Sie sind die fröhlichen Chevaliers. Die Feen sind klug, da ihre Dienste wohltätig waren. Die besten Krieger sind so blendend wie das Sonnenlicht zur Mittagszeit; Und während die Ritter in umgekehrter Reihenfolge zu ihrer Tapferkeit und ihrem Wert marschierten, wobei die verdienstvollsten und ehrenhaftesten zuletzt ankamen, wurde der Zug immer heller, je weiter er voranschritt, bis nur noch Elfenaugen seinen absoluten

Glanz hätten ertragen können. Es war wie ein plätschernder Lichtfluss, der durch Melodiefelder wanderte.

Bim, für den das alles ein großartiger Traum war, zitterte vor Aufregung und Ehrfurcht. Er hatte Geschichten über majestätische Taten gehört, erzählt von Gnomen, die Abenteuer erlebt und gesehen hatten; Aber nichts zuvor hatte so gut geklungen wie der bloße Schatten davon. Er lag gemütlich in seinem Bau; und kniff ihm wiederholt ins Bein, um sich an sein wunderbares Glück zu erinnern.

Er sah, wie sich die Ritter in einem weiten Halbkreis um einen Doppelthron gruppierten, der aus Edelsteinen bestand und golden war und durch Mondstrahlen und Magie aus einem Nest wilder Pflanzen erschaffen worden war. Jack o' Lantern, Will o' the Wisp und ihre zitternde grüne Gesellschaft bewachten es.

Kobolde versammelten sich auf einer Pappel.

Dann, nach einer Weile, kam Vollkommenheit von ihrer besten Seite, Süße in all ihren Qualitäten, Lieblichkeit jenseits von Adjektiven – die Feen, die die Blumen in ihrem Gebäude beobachten und sie pflegen, damit sie großzügig von ihren Schätzen an Duft, Farbe und Helligkeit spenden können; die den Vögeln Musik beibringen und ihnen ihre schönsten Lieder entlocken; die Tagträume zu denen tragen, die sie brauchen – sie bringen nur einige der Träume der Nacht; die dem Weihnachtsmann bei seiner Weihnachtsmission helfen; der Hoffnung in die Herzen der Müden legt. Sie flogen langsam, mit flatternden Flügeln, direkt über das Gras: Die Tauperlen darunter glitzerten scharf, tausendtausend Punkte, Spiegelungen. Als Letztes dieses Kapitels der wunderbaren Prozession kam jemand, den die Zuschauer mit Begeisterung bejubelten – die Heldin dieser silbernen Nacht.

„Juni! Juni! Juni!"

Ihr zu Ehren wurde all diese Freude gefeiert. Das große Ereignis dieser Kalendernacht sollte die Krönung des Juni sein.

Dann kamen mit neuen Trompeten Oberon und Titania, die mächtigsten Könige und Königinnen; deren Reiche und Herrschaft sich von den Tiefen darunter, wo die Heinzelmännchen in ihren Feuerwerkstätten arbeiten und erschaffen, bis zu den hochgebauten verborgenen Palästen der Wolken erstrecken. Alle Luftschlösser liegen im Königreich Oberon. Erinnere dich daran! Die Lizenzgebühren von Fairyland sind in der Tat königlich.

Sie wurden von einer Eskorte aus Prinzen und Prinzessinnen, Rittern, Elfen und Zwergen begleitet; bis die Prozession endete.

Oberon und seine Königin saßen auf dem Doppelthron. Er hob signalisierend sein Zepter; Die Feierlichkeiten begannen. Viele der Feen, die gewartet hatten, rannten daraufhin zum Tanzgrün und tanzten auf Flügeln und Füßen, die so leicht und anmutig waren wie Mondstrahlen auf fließendem Wasser. Es war eine Vision von Schönheit, der perfekten Poesie von Musik und Bewegung. Und so ging es immer weiter, eine Art Traum und Anbetung, bis jede der Feen ihren Teil gesungen und getanzt hatte.

Die ganze Zeit über wurden Elfenlieder gesungen, begleitet von Nachtigallenstimmen, und es wurde fröhlich Honignektar und Cates genossen, Produkte aus Feenküchen.

Der Mond trieb dahin, neidisch auf die vorbeiziehenden Wolken, die gelegentlich ihre Sicht verhüllten, beobachtete sie und freute sich aus ihrer Einsamkeit heraus mit den Feen über ihre Freude.

Bis Oberon aufstand. Die Vögel hörten auf zu singen. Eine Eule schrie fünfmal. Bim vergaß die Vorsicht und kam mutig aus seinem Versteck, um besser beobachten zu können. Der König hob einen Opalbecher und sagte:

"Juni!"

Jede Stimme im Märchenland spiegelte ihn wider. Der Wald wiederholte den Namen:

„Juni! Juni! Juni!"

KAPITEL II

DER WAHNSINN DES JUNI

Während der Feierlichkeiten saß June nur drei Handbreit von Bim entfernt, so dass er – der unsere Hauptautorität für diese Seiten der Geschichte ist – besser als jeder andere alles sehen, hören und wissen konnte, was dort im Märchenland geschah sehr, sehr junger Maimorgen.

June hatte lächelnd dagesessen und sich außerordentlich amüsiert. Es fiel ihr schwer zu glauben, dass dieses Bankett voller Freude ganz und gar zu ihrer Ehre war. Sogar Oberon, Titania und die anderen, deren Namen so unsterblich sind, wie die Seiten der Bücher der Menschheit sie nur zu einem machen können, standen dort in einer neuen Beziehung – vorerst ihre Untertanen.

Die Krönung war das einzige Ereignis, das ausblieb: Sie war der Höhepunkt der Feierlichkeiten und würde erst dann stattfinden, wenn der Hahn, der im letzten Morgendunkel kräht, ordnungsgemäß geschrien und geschrien hatte.

Jedes Jahr trägt im Elfenland die Fee, der die meisten guten Taten zugeschrieben werden, wie im Goldenen Buch von Bosh eingetragen, die magische Krone, die die Geister von Merlin, Prospero und Michael Scott zusammengebracht haben, um sie zu erschaffen und mit ihren mystischen Kräften aufzuladen heulende Nacht der Sonnenfinsternis. Fünfundzwanzig gehüllte Geister hatten bei der Herstellung zugesehen und die Krone bewacht, als sie hergestellt wurde. Es war in das Tal transportiert worden, in dem Dante Virgil traf, auf Ariels Insel, auf den Hügel von Tara, in das Tal des Schattens, in dem Christian gegen Apollyon – den Abaddon – kämpfte, zum Altar in der Kapelle von Arthurs Palast in Camelot, ins Niemals-Niemals-Niemals-Land; und an jedem dieser Orte hatte er ein Jahr und einen Tag geruht und die mystischen, magischen Kräfte des Ortes gesammelt.

Mit einhelliger Zustimmung war June erneut der auserwählte Favorit. Zum zweiten Mal in Folge hatte sie die Krone gewonnen – ein einzigartiger Umstand! Nie zuvor in den langen Annalen des Märchenlandes – im Vergleich dazu ist jede bloße nationale Geschichte nur die Aufzeichnung einiger weniger schmutziger und lauter Tage – hatte es einen solchen Umstand gegeben. Deshalb gab es eine so große Versammlung; Warum waren alle Honoratioren – und Bim – da?

Die Krone, die mit ihren wechselnden Farben heller funkelte als Sonnenschein, war auf einem Kissen vor dem Thron platziert. Während der Festlichkeiten bewachten ausgewählte Ritter – stolze Wächter – das Anwesen; Die hellsten Augen des Elfentums beobachteten es damals. June hat es sich auch angesehen.

Doch selbst in dieser Stunde der Magie und des Triumphs gab es etwas, das sie beunruhigte und verwirrte und ihre Aufmerksamkeit von den Feierlichkeiten ablenkte. Es war wie ein Schatten der Trauer, der über dem Glück schwebte; der einzige Schatten auf einem Zustand vollkommener Zufriedenheit und des Friedens.

Dort, wo sie saß, Oberon und Titania gegenüber, sah sie auch jenen vagen, grellen Schein, der zeigte, wo das Märchenland nicht war. Er war seltsam und unheimlich beunruhigend für sie. Nirgendwo im Land der Wildrosen lag ein so düsterer Schatten, und bei ihren früheren Besuchen im Violetten Tal hatte sie diesen düsteren Glanz noch nie gesehen. Doch jetzt bedrückte sie sein hässlicher Glanz. Immer wieder lenkte er ihre Augen von dem Glück ab und erfüllte ihr Herz mit einer wachsenden Last des Schmerzes.

Die Eule hatte geschrien. „Juni! Juni! Juni!", ertönte der Ruf des Königs und dann der allgemeine Ruf.

Chanticleer gab die Note für die Krönung.

Der König erhob sich, nahm dem Anführer der anwesenden Ritter die Krone ab und hob sie, damit das ganze Märchenland sie sehen konnte. Der Gesang und das Lachen verstummten und wurden zu einer gewaltigen Stille.

June flog auf Oberon zu, blieb aber plötzlich stehen und stieß einen Schmerzensschrei aus.

Dabei herrschte große Aufregung. Es widerlegte die Erfahrung, war ein unfreundlicher Präzedenzfall und machte die Harmonie der langen Nacht plötzlich schief und schief. Was störte June, dass sie sich so verhalten sollte? Die Feen waren trotz all ihrer Weisheit nicht in der Lage, das Geheimnis zu entschlüsseln.

Doch schon bald machte June es deutlich. Sie richtete ihren Zauberstab auf das Leuchten dahinter und rief:

„Böse! Böse!"

Jeder Gnom, jeder Elf, jede Fee – alle – drehten sich um und blickten auf das undeutliche rote Licht über der fernen Stadt. Oberon und Titania allein rührten sich nicht, sondern starrten June mit feierlichem Blick an. Sie wussten.

„Juni", sagte der König zu ihr, „dieses Licht ist die Schande des Märchenlandes. Niemand aus unserer fröhlichen Gesellschaft kann darunter leben. Es ist das Land der unglücklichen Geister, wo die Schatten, die man Menschen nennt, unendliche Hässlichkeit und Schande erzeugen und ertragen." und Schmerz. Langsam wurden die Feen vertrieben, die sie geliebt und ihnen geholfen hätten.

„Ich muss dorthin", sagte June.

„Nein, nein!" rief Titania, stieg hastig von ihrem Thron herab, ergriff die Schulter der Fee und hielt ihre Flügel.

„Wir können dich nicht entbehren, June", sagte der König. Die lauschenden Elfen stimmten ihm zustimmend zu. „Es ist alles ziemlich hoffnungslos. Es gab eine Zeit, in der die Feen in London und den anderen großen Städten herrschten und an die man glaubte, die man willkommen hieß und die man schätzte. Damals hieß England „Merrie" und verdiente den fröhlichen Namen. Dann begannen die Dinge Die Menschen hatten weniger Sympathie für das Schöne und das Unsichtbare. Sie wollten mehr, als sie hätten tun sollen, und als sie Reichtum fanden, verloren sie viel von ihrem Wohlergehen für Feen, die eine nach der anderen die Wildnis der Straßen verließen und sich ihrer Arbeit auf dem Land widmeten. Der Zustand der Städte verschlechterte sich immer mehr. Dann kam das Zeitalter des materiellen Fortschritts, die mittlere viktorianische Zeit.

„Du hättest ihre Tapete sehen sollen, meine Liebe!" Titania mischte sich ein.

„Und in ihrer Verzweiflung ging die letzte Fee!"

June seufzte.

„Ist es hoffnungslos?" Sie fragte.

„Hoffnungslos, hoffnungslos!" erklärte der König feierlich. „Nur der Tod kann diese Wildnis beseitigen – der Tod und sein Cousin Verfall. Darüber hinaus würden wir den Männern dort nicht helfen, wenn wir es täten. Sie sind eitel. Sie haben keine Liebe für die Feen. Sie mögen ihren Schmutz." und ihre Plünderung. Sie horten ihre Schlacken und Lametta und sind gierig danach. Diese Welt aus Stein und Schatten ist vom Untergang gezeichnet, June, wie wir es getan haben und noch tun und kann den Sterblichen diese verschmutzten Bereiche ersparen."

June verbarg ihr Gesicht in ihren Händen und vergoss Feentränen. Tränen in dieser Nacht des Triumphs! Eine Blume in der Nähe zitterte voller Mitgefühl und löschte ihre Lampe. Titania spürte, wie ihre königliche Festigkeit aus ihren Flügeln sickerte.

„Lass sie gehen, Oberon! Warum sollten Feen nicht einmal in die Wildnis gehen, wenn sie dort helfen können?"

„Ich kann sie nicht entbehren", antwortete er.

„Wir sollten sie verschonen", bekräftigte die Königin. June hob den Kopf, um zuzuhören.

„Titania?" sagte Oberon überrascht.

„Die Feen hätten London nicht der Hässlichkeit überlassen sollen", rief die Königin aus; „Außerdem – ist es so hässlich, wie Sie es in Ihrer Beredsamkeit darstellen?"

„Titania?"

„Selbst wenn die Feen London verlassen haben – und wir schämen uns dafür –, haben viele Männer und Frauen, gestärkt und inspiriert von uns, dort Feenarbeit geleistet. Ich bin mir nicht so sicher, ob London so hoffnungslos ist!"

„Titania?"

„Darf June nicht gehen?" fragte die Königin dann.

„Ich habe ‚Nein' gesagt!", erklärte Oberon mit lauter Autorität.

„Du bist so hartnäckig wie immer", bemerkte Titania ungeduldig. „Seit du mir mit diesem Dummkopf – diesem Clown – diesem Eselskopf deinen Streich gespielt hast und ich törichterweise deinen Streichen und Flehen nachgegeben habe, bist du –"

„Ruhe, Titania! Du bist meine liebste Königin; aber ich bin dein König und der König des Märchenlandes. Ich verbiete June zu gehen."

Damit war der Vorschlag zu Ende.

Lauter und anhaltender Applaus begrüßte die königliche Erklärung. Die Elfen wollten nicht, dass ihr Liebling ging. Sie hatten Angst um sie. Titania erkannte, dass vorerst das letzte Wort gesprochen war – was für ein Vorbild für manche! – und kehrte an ihren Platz an Oberons Seite zurück, und June erweckte ihr trübes Glück.

„Nun, Feen", rief der König, „das Triumphlied!"

Sie sangen. Alle sangen, stolz, stolz! Wie es sich erhob, anschwoll, in einer Lautstärke musikalischen Vergnügens über die Baumwipfel rollte und alle Vögel weckte, die törichterweise hätten schlafen sollen, und sie durch seine Kraft, Freude und Zuversicht dazu zwang, den großen Refrain zu teilen.

Nur June von all der hellen Menge, auf die der Mond damals blickte, schwieg; nur sie stand scheinbar emotionslos da, obwohl sie den Stolz und das Glück teilte – wie hätte sie es anders tun können? Sie dachte, dachte, dachte an die große, düstere Wildnis, deren überfülltes Elend, von dem der König sprach, die Gaben und die Anwesenheit der Feen erforderte und sie nicht genießen konnte!

„Oh, traurige Stadt", flüsterte sie vor sich hin, während ihre Kameraden das Triumphlied sangen. „Oh, erbärmliche Schatten, dummerweise dort eingesperrt!"

Dawn kam herangeschlichen. Der Mond wurde blass vor Verärgerung darüber, dass das Tageslicht bald das Ende der Feierlichkeiten bedeuten würde. Der ängstlichere Stern schloss die Augen und schlief ein. Nur die kühnsten Lichter am grau werdenden Himmel kämpften gegen den Fortschritt im Osten.

Dann endete das Lied – es verklang mit einem langgezogenen, inhaltsreichen Ton, dem Seufzer des zufriedenen Sieges. Es herrschte wieder Stille, bis auf die erwachten Vögel, die sich des rasch herannahenden Tages wohl bewusst waren und mit zunehmender Energie plapperten und zwitscherten, ohne Rücksicht auf die Geschichte, die sich unter ihnen abspielte.

June wurde durch die Berührung der Krone, die Oberon, als er von seinem Thron herabstieg, ihr aufgesetzt hatte, aus ihren unpassenden Träumereien gerissen.

Ein großer Schrei erklang.

„Juni, Juni, Juni!"

Das war der Moment ihres Triumphs. Es war auch der Moment ihres Wahnsinns.

Die Berührung des mystischen Randes belebte ihre unbestimmten Sehnsüchte und schärfte ihre Traurigkeit. Sie würde gehen! Nicht Oberon und all seine Feen sollten sie daran hindern. Die Krone – ausgestattet mit mächtigen Kräften – verlieh ihr eine seltsame neue Entschlossenheit und einen Einfluss, der weitaus mächtiger war, als sie jemals zuvor besessen hatte. Diese Stadtwelt mochte hoffnungslos sein, aber sie würde es nicht sagen, bis sie selbst davon überzeugt war. Sie würde nach London gehen.

Oberon, der ihr Gesicht beobachtete, war sich dieser flüchtigen Debatte in ihrem Kopf und der ungehorsamen Entscheidung bewusst. Er ist der sanfteste Ritter im Märchenland, und für June, die so viel von allen verdiente, empfand er besondere Ehrfurcht und Zuneigung. Dass sie seinem öffentlichen Befehl nicht gehorchen würde, würde seinen Stolz fast so verletzen, wie einem Drachen, der in seinem unterirdischen Gefängnis eingesperrt ist, die Flucht zu ermöglichen.

„Juni", sagte er sanft zu ihr, „du wirst in deine Heimat im Land der Wildrosen zurückkehren. Hundert der schönsten Ritter werden dich und die Krone bewachen – deine kostbare Bürde. Du wirst sofort gehen Feierlichkeiten sind beendet.

Tageslicht erfüllte den Himmel. Der Mond war ein blasser Schatten ihres früheren Selbst; die Sterne waren unsichtbar geworden. Die Vögel flogen egozentrisch hin und her und suchten geschäftig nach dem Nötigsten zum

Leben und nach Lebenshilfe. Eine nach der anderen löschten die Blumen ihre wirkungslosen Lampen.

Normalerweise wären die Feen sofort aufgebrochen; die Zwerge in einem müden, murrenden, ungeschickt kletternden Durcheinander, jeder von ihnen mit der Angst am Ellbogen, dass er für irgendeinen Ermüdungsdienst ausgewählt werden könnte – wie es unsere Freunde der scharlachroten Tunika mit geradem Rücken ausdrücklich nennen. Aber dieses Mal blieben sie. Kein Elf rührte sich. Alle starrten und wunderten sich.

„Ist June in Ungnade gefallen?", fragten sie sich gegenseitig, „und wenn ja, warum?"

Die Fragen wurden durch weitere Fragen beantwortet. Es gab ein Gedränge von Fragen, ohne dass Fortschritte erzielt wurden. Gerüchte machten die Runde. Das war wirklich eine Nacht gewesen!

Erneut legte June Berufung ein.

„Lass mich nur mal vorbeikommen – nur für einen Tag und eine Nacht!"

„Du kannst nicht eine Stunde lang gehen", antwortete der König hartnäckig. „Männer haben durch ihre Gemeinheit und Weltlichkeit die Feen vertrieben. Wir sind mit Bedauern gegangen, unfreiwillig, aber schließlich sind wir absolut gegangen. Es gibt unzählige Häuser von Menschen, in denen man an die Elfen glaubt und die willkommen sind. Wir tragen unsere Gaben." Dort haben die Kinder lächelnde Augen und glückliche Gesichter: aber in der engen Welt der gemeinen Straßen und irrenden Menschen, über der dieser Glanz ein Schatten ist, verblassen die Kinder, werden geschrumpft, vernachlässigt, einige von ihnen haben vergessen, zu lächeln ."

"Das genügt!" rief June und sah Oberon direkt an. „Wo immer die Kinder vernachlässigt werden, sollten die Feen hingehen. Wie kann man den Menschen vorwerfen, dass sie gemein und die Orte hässlich sind, wenn den Elfen dort der Zutritt verboten ist? Großer König, ich gehe!"

Auf die gewagteste Weise hob sie ihren Zauberstab, machte eine tiefgründige Ehrerbietung und verschwand wie ein Licht. Ihre Flügel schimmerten im Schein der aufgehenden Sonne.

Feen traten vor, um sie aufzuhalten; aber sie war weg, bevor sie es tun konnten.

"Ich habe es dir gesagt!" sagte Titania, zu niemandem im Besonderen.

„Bleibt alle", befahl der König laut. „June ist vorsätzlich gegangen und muss leiden. Ich würde nicht die kleinste Macht im Märchenland nutzen, um sie zurückzubringen. Sie ist ungehorsam gegangen. Sie kann zurückkehren, wann sie will. Ich werde nicht nach ihr schicken. Sie ist tollkühn gegangen und muss es tun." Es tut uns allen leid, bis der Juni wieder da ist.

„Die Krone! Die hat sie genommen!" sagte Titania.

Oberon wiederholte die Worte der Königin. „Das hat sie genommen. Es kann nicht vergehen. Der Juni kann es nicht über das Jahr hinaus behalten. Sie wird es dann zurückbringen müssen, oder früher. Jetzt, Feen, ist der Maifeiertag gekommen. Zu euren Häusern und den täglichen Arbeiten. Weg, weg! Die Feierlichkeiten sind tatsächlich zu Ende!"

Dann herrschte Eile bei den Zwergen. Oberon und Titania und ihre funkelnde Gesellschaft flogen in einer langen Prozession auf einer kurvenreichen Luftstrecke zum Palast des Königs, der auf einem irischen Berg vor den Augen der Menschen verborgen liegt.

Sie waren im Handumdrehen da. Wenn Sie dreimal zwinkern, ist die Reise einer Fee zu Ende, auch wenn sie durch Wüsten und jenseits der Meere führt. Bei den Zwergen ist das nicht der Fall. Sie müssen sich abmühen und kämpfen wie Mäuse und Menschen. Aber die geflügelten Herren und Damen des Elfenreichs sind die glücklichen Glücklichen. Sie können die Zeit nach Belieben in einen Fingerhut stecken und mit den Kontinenten Bocksprung spielen.

In weniger als dreieinhalb Minuten, gemessen mit einer braven Uhr, war das Violet Valley von allen außer den Vögeln und Bim verlassen. Sogar die Nymphe des Sees war unsichtbar. In dem Moment, als June ihre mutige Entscheidung traf, war sie in die Tiefen ihres durchsichtigen Palastes gesunken.

Bim watschelte zu der Stelle, wo der Thron gestanden hatte. Es war wieder wilder Wildwuchs. Niemand außer einer Fee hätte sich vorstellen können, dass ein solcher Anblick nur einen Bruchteil der Zeit zuvor stattgefunden hatte. Er warf sich in voller Länge – so ein bisschen in voller Länge – in das Gras, wo June gestanden hatte, und dachte lange mit seinem allerbesten Verstand nach.

Er machte einen Monolog.

„König Oberon sagte, wir sollten nicht gehen. Er sagte, dass June allein zurückkommen sollte. Er sagte, niemand dürfe ihr folgen. Ich werde bestraft, wenn ich gehe. Stiche und Schmerzen und Wehwehchen und Schläge! Ugh! Aber würde das Ohne June wäre es nicht schlimmer als Fairyland. Ich werde sie besiegen, bis ich erschöpft bin. Mit dieser Erklärung sprang er auf.

„Tapferer Gnom!" sagte eine Stimme hinter ihm.

Bim drehte sich erschrocken um. Der Mut, der während seines Monologs gestiegen war, floss – prall! – wie eine ungelöste Gallerte.

Die Nymphe des Sees hatte gesprochen. Sie war zurückgekehrt und stand wieder auf ihrem Blatt in der Mitte des Teiches. Er war erfreut zu sehen, dass sie ihn freundlich ansah.

„Wir benehmen uns wirklich sehr schlecht, wenn wir so ungehorsam sind“, sagte sie; „Aber June ist aus dem Land der Wildrosen. Du und ich auch. Geh zu ihr, Gnom. Sie ist allein, und selbst du aus Falkland – ich bitte um Verzeihung, wenn ich es so ausdrücke – bist besser als nichts. Ich Ich habe keinen Rat, den ich dir geben kann, aber behalte ein starkes Herz. Du wirst den Weg nicht kennen!

Hier war die Wahrheit. Bim war ein Experte für Unwissenheit.

„Du wirst den Juni in der Wildnis aus Stein und Bösem finden. Tagsüber ist er von Wolken und Nebel bedeckt. In der Nacht scheint der rote Glanz reflektierter Lichter darüber. Das ist es, was man befolgen und wohin man gehen muss. Wann.“ Wenn du zurückkommst, werde ich ein Geschenk für dich finden. Geh mit dir!

Bim ging.

KAPITEL III

PARADIESGERICHT

Es gibt viele Paradise Courts in London. Derjenige, der in dieser Geschichte vorkommt, ist daran zu erkennen, dass sich an seinem Eingang ein Wirtshaus befindet.

Wahrscheinlich hat dieses Gasthaus dem Hof seinen Namen gegeben, denn es kam dem Eden-Charakter am nächsten, den dieser verdorbene Teil der Existenz innehatte.

Das Gasthaus war zu verschiedenen Zeiten unter verschiedenen Namen bekannt – „Der Rote Löwe", „Der Grüne Mann", „Der Blaue Drache", „Der Kopf der Königin". Möglicherweise wird es jetzt unter einem anderen Namen bezeichnet, denn die Leitung wechselte schon immer recht häufig und feierte den Anlass fast ebenso häufig mit einem neuen Titel. Man könnte es vielleicht „Das Lachen des Juni" nennen – wer weiß? – aber Abschweifungen sind Sünde, wenn sie vorwegnehmen. Diese Fakten sollen dem Leser helfen, den Paradieshof der Geschichte zu finden – wenn er möchte.

Paradise Court zu beschreiben bedeutet, ein Bild von der einen oder anderen der mehr als tausend gemeinen Sitten Londons zu zeichnen. Es war schmal und mit Steinen versehen, mit rissigen Platten aus kaltem Stein; war absolut trostlos, schmuddelig, langweilig. Die Mietskasernen waren braun und hatten jahrelang eine rauchige Atmosphäre; die Fenster waren fleckig, mit Papier vollgestopft oder ohne Glas; die Türen, zerbrochene Tore, die den Zugang zu inneren Bereichen des Elends und der Nacktheit ermöglichen. Es gibt keinen Ort auf der Erde, der völlig hoffnungsloser und hässlicher war als diese trostlose Kolonie der verurteilten Menschheit. Die Macher der Hölle würden sich wahrscheinlich schämen, diesen Zwischenraum nachzuahmen, in dem sich die Ärmsten der Armen zusammendrängen und überleben können.

Hunger und Angst waren in Paradise Court unvergängliche Schrecken. Jeder Raum war von der Tragödie heimgesucht, die niemals stirbt. Dort wurden keine Tränen vergossen, denn das Herz, das Verzweiflung kennt, ist trocken wie ein Fluss aus Sand. Im Paradise Court konnten nur die Babys einen Funken Hoffnung haben, da sie völlig unwissend waren und es nicht wissen konnten. Die anderen waren nur stumme Körper, zu verletzt und zu schwer belastet, um sich müde und wund zu fühlen.

Unter den Höflingen des Paradieses kam es manchmal zu gefährlichen Schlägereien – sie trafen die am härtesten und gerissensten, die es zu töten galt; aber glücklicherweise benutzte er Fäuste oder Stöcke – obwohl der

Stiefel manchmal Spielraum fand und immer mit betrunkenen Sinnen kämpfte. Die Männer, Frauen und Kinder dort wussten, wie man lästert, und obwohl die Bandbreite der verwendeten Sprache begrenzt war, war sie für jeden gewöhnlichen Anlass brutal genug. Manchmal reichte der Vorrat an verfügbaren Adjektiven für einen ganz besonderen Zweck nicht aus, und dann wiederholten sich Jim, Bill und 'Arry, Sal, 'Arriett und Liz unverständlich. Die Ohren der Nachbarschaft waren nicht empfindlich, was vielleicht auch so war.

Es war einmal ein Polizist, der auf sein Vertrauen in eine neue Uniform und den Schlagstock in seiner Hosentasche vertraute und versuchte, ohne fremde Hilfe einen Dieb zu fangen, der in seinem elsässischen Zufluchtsort Zuflucht gefunden hatte. Als der Polizist mit leeren Händen den Gerichtssaal verließ, war er schlaff und angeschlagen; und der Bericht – auf den Lippen des Pfarrers, der es von jemandem gehört hat, dem der und der es erzählt hat, der es von jemand anderem gelernt hat – behauptet, dass sein verlorener Schlagstock danach promiskuitiv dazu benutzt wurde, private Streitigkeiten mit ihm zu schlichten. Seit diesem unüberlegten Abenteuer betrat die Polizei den Ort nur dann, wenn sie musste, und rückte dann in ausreichender Zahl vor. Paradise Court war zu einer unabhängigen Republik geworden, in der die Autorität des Königs aufgehört hatte, und lag tatsächlich etwas weiter von der Zivilisation entfernt als die Wälder von Mumbo-Jumbo.

Im Hof gab es vierzehn Häuser mit jeweils fünf Räumen, einem Durchgang und einer Treppe. Im Durchschnitt schliefen in jedem Zimmer vier Personen, und in den Sommermonaten waren die Treppen belegt, so dass die Einwohnerzahl des Ortes bei etwa dreihundert lag, wie nötig war.

Kurz gesagt, Paradise Court war ein Stück Black Country, das dem Chaos und der alten Nacht zurückgegeben wurde, der Ort solcher Schrecken, die aus Wahnsinn, Mietzinsen, Sparlosigkeit, Trunkenheit, extremer Armut und völliger Vernachlässigung entstehen. Es war eines von vielen Wens in der Wildnis der Metropole.

Auf jeder Seite erstreckte sich London; Unmittelbar darum herum waren klappernde Durchgangsstraßen mit eiligen Lebensströmen, ständige Prozessionen rumpelnder und klirrender Fahrzeuge und Gebäude, Gebäude, Gebäude, Straßen für Straßen, fast alle sahen abgenutzt und verblasst aus, ein Gebäude – schönes Wort! -Verzweiflung. Nur die Wirtshäuser waren noch immer in auffällige, tapfere Livreen gekleidet und sahen wohlhabend und vulgär frech aus.

Im Laufe dieses Mainachmittags befand sich June im Paradise Court. Wie sie dorthin gelangte, wusste selbst sie nicht.

Draußen auf dem Land war ihre Reise glatt verlaufen. Sie war in fröhlicher Eile wie ein Licht über die Felder und Hügel geflogen. Aber nach und nach wurde die Luft schwerer, und ihre Flügel, die sich in einer fröhlichen Atmosphäre fast eine Ewigkeit lang unermüdlich hätten bewegen können, ließen nach. Sie kämpfte sich tapfer voran und schwankte keinen Augenblick lang in ihren Absichten. Aber schließlich, verwirrt von dem Lärm unter ihr, der Nähe und dem dichten Rauch, der alles überhing, war da das Leichentuch, das, angezündet, da war vom Märchenland aus sichtbar – fühlte, wie ihre Kräfte besiegt wurden. Sie versuchte alle ihre Künste – die Feenkünste –, um den Weg einfacher zu machen; aber die verdorbene Luft Londons bedrückte sie – wer war für sie empfindlicher? – wie feuriger Atem aus Drachennasen, ihr wurde übel.

Die Krone drückte mit einem starken Schmerz auf ihre Stirn. Sie klammerte sich an die Erinnerung an die Kinder, die sie brauchten.

Sie war den Umständen so hilflos ausgeliefert wie eine Schneeflocke, die dem Wind ausgeliefert ist; sie wurde hin und her getragen und auf und ab geschleudert, als ob mächtige Übeltäter sie zu ihrem Federball gemacht hätten.

Stundenlang wurde sie in diesem Zustand blinder Verwirrung herumgeschubst, und dann – klatsch! – fühlte sie sich heftig gegen eine Fensterscheibe geschleudert, als wäre sie eine blinde Wespe oder eine Schmeißfliege, die in einem Sommerzimmer gefangen gehalten wird. Sie taumelte und klammerte sich verzweifelt an das raue Steinfensterbrett, auf dem sie sich befand, und blieb dort liegen, atemlos, besudelt und erschöpft.

Sie war die müdeste Fee der Christenheit und außerhalb davon.

Also gründete June Paradise Court.

Sie erholte sich rasch und sah sich um.

„Das ist sehr, sehr hässlich", sagte sie zu sich selbst. „Die Feen können nicht schon seit Ewigkeiten hier gewesen sein."

Sie berührte die schmuddelige Fensterscheibe mit ihrem Zauberstab. Das Glas teilte sich und öffnete sich nach innen, als wären seine beiden Teile getrennt angelenkt; Aber die Atmosphäre im Raum war so alt und sehr böse, dass June den Zauberstab schwenkte und hastig die Fensterscheibe schloss. Wenn das menschliche Auge das Glas noch so sorgfältig untersucht hätte, wäre es sicher gewesen, dass es nie geteilt worden war. Brüder, wie blind sind wir!

„Können die Feen jemals dort gewesen sein!" murmelte June vor sich hin.

Sie leerte die Scheibe mit Wünschen. Es wurde so klar und glänzend, dass das Glas selbst unsichtbar schien; und dann drängte sie eifrig vorwärts, schaute in den Raum und untersuchte die Menschheit in einem seiner Käfige.

„Es ist gut, dass sie Schatten sind und nicht viel wissen oder fühlen können. Wenn sie so real wären wie wir, wäre das schlecht – schlecht! Selbst jetzt würde ich sie gerne in Spatzen verwandeln; sie wären weit weg.“ mehr Glück. Arme Leute!

Der Anblick von Sally Wilkins, die ständig mit immer müden Händen arbeitete, ließ June so vor Aufregung zittern und zittern, dass sie fast ihren Zauberstab fallen ließ und vom Fensterbrett fiel; aber noch einmal klammerte sie sich mit ihren winzigen Händen an die schmale Säule des Holzgerüsts, und da sie sich jetzt empört und wütend zu fühlen begann, blickte sie noch eifriger in das Zimmer.

Das Bild, das sie sah, war leider! nicht ungewöhnlich. Zehntausend Innenansichten des Londoner Lebens in den grauen Gegenden, in denen bittere Armut herrscht, waren mehr oder weniger Wiederholungen des Anblicks, den June vor sich hatte.

Zwei Frauen hockten auf dem Boden und nähten schnell und mit maschineller Stabilität. Eine dritte Mutter säugte, obwohl ihre dürftigen Mittel es ihr ermöglichten, ein schwaches Baby zu bekommen. Die Mutter starrte mit sehr müden Augen vor sich hin. Unbeleuchtet – wie graue Steine in einem hohlen Gesicht – blickten sie auf eine Gegenwart und eine Zukunft, zu trostlos für Träume. Ihr ganzes Leben lang war ein Fleck und eine Trauer. Eine der Frauen, ihre Begleiterin, litt unter Schwindsuchtshusten.

An der Innenwand des Raumes lag ein Stapel halbfertiger Kleidungsstücke – Rohmaterial für die Arbeit mit verschwitzten Nadeln – und sonst kaum etwas. Es gab einen rahmenlosen Spiegel; ein paar Flaschen; ein ramponierter Bierkrug, gestohlen aus dem Schlupfwinkel des flüssigen Glücks am Eingang zum Hof; ein Stuhl, der als Tisch, Wiege und Schrank diente, wenn darunter etwas zu horten war; eine ungezieferartige Strohmatratze; und etwas zerbrochenes Holz, Pappe und Lumpen – die Nachlese von Müllkisten. Das ist eine vollständige Bestandsaufnahme der Möbel, sowohl der dekorativen als auch der nützlichen.

Auf dem Fenstersims lagen zerbrochene Krusten, so abgestanden wie die Phrasen der Nächstenliebe, und eine Gabel mit schwarzem Griff, mit Schnurstücken, Watte, Nadeln, mehreren leeren Spulen, aus denen man eines Tages Feuerholz machen würde, und Karten mit Knöpfen Kapital und das Wesentliche dieser Frauenindustrie.

June, frisch von den Feierlichkeiten im Märchenland, war entsetzt über ihr Bild und den Tränen nahe, wie eine empörte Fee nur sein kann. Sie empfand große Wut gegen Oberon.

Dann blickte sie Sally Wilkins erneut an und musterte das unglückliche Kind. Das ganze Wesen der Fee war voller Mitgefühl und Liebe. Durch den Einfluss ihrer Kräfte und der Krone kannte June Sallys Geschichte sofort.

Das war ein Kind, das noch nie eine grüne Wiese gesehen oder den Gesang wilder Vögel gehört hatte; obwohl sie, wie jedes Stadtkind es tun muss, das Gezwitscher der kessen Spatzen auf der Straße sehr gut kannte. Sally war ein Klumpen solider Unwissenheit. Sie hatte von Gott gehört, weil sein Name ein notwendiger Bestandteil mehrerer beliebter Schimpfwörter war; aber von den Feen und anderen süßen Realitäten hatte sie einfach nichts gehört. Sie lebte – das arme Mädchen! – in einer so engen und begrenzten Welt, dass sie genauso gut in einem Grab hätte geboren werden können, als wenn das Kind das Schicksal im Paradise Court hätte.

Sie nähte und nähte, ohne eine Pause einzulegen – „Naht und Zwickel und Band" –, obwohl es in ihrem Fall Knöpfe und Knöpfe und Knöpfe waren. So ständig bahnte sie sich ihren Weg durch das dunkle Material, dass das Leben für sie nicht mehr war als eine trostlose Pilgerfahrt in und aus ewigen Knopflöchern. Ihre Finger waren die alles entscheidenden Maschinen. Ihr Gehirn war abgestumpft, ihre Seele unbeweglich. Sie war zwölf Jahre alt; und bestehend aus Haut, Knochen, Hunger und Müdigkeit, eingehüllt in ein Minimum an Nichts.

June konnte den Anblick nicht mehr ertragen. Ihre Flügel bebten vor Empörung. Sie berührte das Fenster, flog ins Zimmer und ließ sich auf Sallys Schulter nieder.

Das Kind blickte verwundert auf, ohne dass seine Finger auch nur für einen Moment eine Pause von der Arbeit hatten – Zeit bedeutet für die arbeitenden Armen Leben. Warum schien sie plötzlich leichter zu sein? Gab es Sonnenschein im Zimmer? Nein, alles sah genauso aus wie zuvor: obwohl – ja, irgendjemand hatte sicherlich durch ein offensichtliches Missverständnis das Fenster geputzt.

June nahm die Feenkrone ab und setzte sie auf Sallys Haarfilz. Die Konsequenz war erstaunlich.

Sally begann zum ersten Mal in ihrem Leben zu träumen. Eine neue Welt öffnete sich für sie. Sie war in einem Wunderland und hatte das Gefühl, so viel Essen genossen zu haben, wie sie wollte – jede Menge heiße Soße. Ihre Gedanken trieben immer auf einem Fluss aus Soße dahin, dem Versprechen des Puddings entgegen.

Unter ihren Füßen war eine Art grünes Haar – Gras – weite Strecken davon, so kühl wie der Nachtwind, aber unendlich angenehmer. Blumen, die so aussahen, als wären sie von hochgesteckten Damenhauben abgerissen worden, wurden in den Boden gesteckt, wo sie wedelten, so köstlich aussahen und dufteten wie – noch mehr Soße, Sallys einziges Gleichnis.

Der Himmel war seltsam blau und viel breiter und höher, als der Londoner Himmel jemals war. Wie haben sie es so klar gehalten? Sie konnte kein Haus sehen, aber es gab jede Menge Bäume, die das Gras beschatteten, Bäume aller Art und Größe, einige so hoch, dass ihre Wipfel den Himmel kitzelten; andere mit Zweigen, die so breit und voller Blätter waren, dass hundert Kinder wie sie hätten schlafen können, ohne sich im Schatten eines von ihnen zu streiten. Was war das für eine sehr schöne Welt!

Es gab noch mehr, denn schauen Sie sich diesen sehr runden „Spadger" mit der roten Brust an, der auf einem Ast saß und munter zwitscherte, und diesen sehr großen Vogel – konnte das auch ein Spadger sein? – mit braunen Flecken Brust und dieses kleine blaue, auf dem Kopf stehende, eifrige Ding mit seinem süßen Zwitschern, Zwitschern; und die andere Milbe eines braunen Geschöpfes mit frech nach oben gerichtetem Schwanz; und dieser schimpfende schwarze Herr mit seinem gelben Schnabel; und noch mehr Vögel, viele mehr. Was waren das für viele! Warum haben wir nicht Leute, die so aussehen und wie sie singen, in unserem Hof? – und die nicht fröhlich singen? Mein!

Da ist einer, der auf und ab geht, als würde er eine runde Treppe hinaufsteigen, die man nicht sehen kann, und dabei die ganze Zeit singen wie – wie – eine Melodie, die mild geworden ist. Sally konnte das leise vorherrschende Geräusch hören und öffnete die Augen weit – um besser zu hören! Da war eine braune Klippe, und das Wasser stürzte unter lautem Platschen und Poltern in einer leuchtenden Flut herab. Zuerst zitterte sie – Wasser ist so kalt und reinigend; Doch der Schreck verschwand plötzlich, als Sally bei einer Selbstuntersuchung feststellte, dass sie ganz sauber war, obwohl sie sich nicht an den schrecklichen Waschvorgang erinnern konnte. So brauchte sie sich nicht zu waschen und konnte ohne Angst das fallende Wasser bewundern. Hurra! Das war ein großartiges Land. Sie genoss das Licht, die Wärme, die Freiheit und das Glück.

Auf der Treppe waren laute, unsichere Schritte zu hören. June nahm die Krone ab, ohne Sally die Süße der Traumwelt zu nehmen, und flog zum leeren Schlüsselloch, um es zu erkunden.

Ein Mann, einer der Herren von Paradise Court, stolperte die Treppe hinauf und kam mühsam voran. Er war verwirrt; wegen des Wirtshauses an der Ecke – dem nächstgelegenen Ort, an dem die Gemeinde die richtige Zeit herausfinden konnte. Die lange Erfahrung mit ähnlichen Umständen führte seine Füße sicher die wackelige, von Ratten heimgesuchte Treppe hinauf, und er taumelte in den Raum, wobei er unbeholfen die Tür auftrat, nachdem er eingetreten war. June schwebte über ihm, flog um seinen Kopf herum und verwirrte seinen törichten Verstand noch mehr.

„Habe ich sie?" fragte er sehr ernst und starrte auf die sich drehende Wand.

Die drei Frauen sahen ihn lustlos an. Einer sprach.

„Halt die Klappe, Bill", sagte sie und hielt inne, um den Faden in die Nadel einzufädeln. „Ullo, hast du etwas Bier mitgebracht?" Sie fuhr fort, als sie die Blechdose sah, die er baumeln ließ. „Gib uns einen Tropfen, Kumpel!"

June hielt sich fest, indem sie seinen Stoppelbart packte — denn Feen sind nicht völlig immun gegen das Gesetz der Schwerkraft —, beugte sich vor und berührte gerade, als er gesagt hatte: „Garn! Ich habe es mitgebracht für …", ihre Lippen Zauberstab. Er ersetzte „mich" durch „Sally".

Bill stellte die Bierdose auf den Stuhl und rappelte sich mühsam auf.

"Ich *bin* betrunken!" „Behauptete er mit aller Ernsthaftigkeit, als ob eine gewaltige Unsicherheit plötzlich geklärt worden wäre."

Sally war immer noch im grünen Freudenland, wohin June sie verzaubert hatte; aber sie nahm die Dose verträumt und setzte sie an ihre Lippen.

Das war zu viel für den Mann. Er beugte sich vor und griff nach der Dose.

"Nicht 'arf!" sagte er, als er es ihr abnahm und dabei einen Teil des Inhalts verschüttete.

Sallys Gedanken wurden aus der Trance-Welt gerissen. Sie wurde aus dem grünen Traumland entführt und kurzerhand in die hungrige, graue Realität der Gegenwart zurückgebracht. Sie sah Bill an und lästerte dann fließend. June, entsetzt über die wilde Wut des Kindes, berührte ihre Lippen mit dem Zauberstab. Sally schwieg gehorsam, obwohl sich ihr Mund immer noch mit gedämpften Verwünschungen bewegte. Die beiden Frauen waren inzwischen mit ihrer Arbeit fortgefahren, und die Mutter starrte mit steinernen Augen vor sich hin.

Bill lag ausgestreckt auf den Brettern und legte seinen Kopf und seine Schultern auf den Stapel halbfertiger Kleidung. Mit langem, luxuriösem Vergnügen trank er sein Bier und schlief langsam ein. Die geleerte Dose entglitt seinen Fingern und rollte durch den halben Raum.

June, die angesichts dieses Erlebnisses verwirrt und unvorbereitet gewesen war, flog dorthin, wo es lag, und dachte nachdenklich darüber nach.

„Da hat es Magie gegeben", erklärte sie, „schlimmer als das Böse der Hexen."

Sally nähte weiter.

KAPITEL IV

COCKNEYDOM

In dieser Nacht baute June ihr Nest zwischen den Schornsteinen. Es gab eine breite Spalte im Mörtel, der den Stapel begrenzte, und eine schwarze Hängematte aus dicken Spinnweben schwankte, als der Wind darauf wehte. June legte zur Sicherheit die Krone unter sich; und den Zauberstab mit beiden schützenden Händen umklammernd, lehnte sie sich auf das Spinnennetz und wartete auf den Schlaf.

Normalerweise schläft es bei den Feen wie bei den Vögeln, und zwar augenblicklich und absolut. Aber jetzt konnte June sich nicht in seiner gesegneten Vergesslichkeit verlieren. Sehr lange lag sie wach, starrte in den verschleierten Himmel und lauschte mit angestrengter Aufmerksamkeit dem ewigen Pochen und Summen des sich bewegenden Lebens um sie herum.

Ganz weit weg, so schien es – viel höher als je zuvor im Märchenland – schien der Mond gespenstisch unterwegs zu sein. Auf dem Mondgesicht war jetzt nicht mehr so viel Interesse zu erkennen wie in der Nacht zuvor, sondern dumpfe Wachsamkeit und wachsame Gleichgültigkeit. Alle Elfen hätten schief laufen können und die Blumen wären verdorrt, egal, was den Mond schien.

June fühlte sich damals einsam, vor allem, weil kein Stern zu sehen war und es keine Nachtigallen gab. Das Märchenland schien Millionen Meilen entfernt zu sein. Sie begann eine seltsame Depression zu verspüren und fürchtete, dass es ihr nicht gut getan hatte, die unmögliche Aufgabe auf sich zu nehmen. So wie jeder Quijote in den kalten Zeiten einer göttlichen Pilgerreise vor der Verzweiflung der Torheit leidet, so erging es ihr auch.

June war so düster, wie es London in diesen Stunden unfreiwilliger Wachsamkeit nur zu bieten hatte. Während sie in ihrem Spinnennetz schwang und auf den sternenlosen Düster starrte, versuchte sie, sich die Notwendigkeit ihres Dienstes und die Weisheit dieses Abenteuers klarzumachen. Aufgrund der großen Müdigkeit und Trübsinn brauchte sie viel Überzeugungsarbeit.

Das Leben dieser Sterblichen war wirklich eine traurige Angelegenheit. Der Gedanke an Sally und ihre erwachsenen Gefährten, die ständig nur um ihrer Existenz willen arbeiteten und ein Leben in Not und Hässlichkeit ertrugen, ohne dass die Feen in der Nähe waren, war wirklich sehr traurig! Umso mehr muss sie weiterarbeiten und arbeiten.

Damit war es erledigt.

Der Gedanke war so tröstlich, dass ihr Wachzustand ein Ende fand. Sie schlief fast sofort ein und träumte, sie würde sich in ihrer eigenen Laube im Land der Wildrosen ausruhen. Fröhliches Spinnennetz!

Der Mond verschwand in den Wolken und die Stunden vergingen.

June wurde durch einen schrillen Pfiff geweckt. Eine Fabrik rief und die Fee erhob sich.

London im trüben Morgengrauen! Es war mehr denn je ein düsteres Bild, das sich ihr an diesem grauen, jungen Morgen bot. Ihre verzweifelten Hoffnungen vom Vorabend gingen völlig in den Keller. Sie blickte auf die kilometerlangen schwarzen Dächer und schmuddeligen Schornsteine. Was war das für eine schreckliche Welt! Schließlich war es kein so großes Wunder, dass die Elfen es entschlossen verlassen hatten.

Sie putzte sich sorgfältig, prüfte beide Flügel, um sicherzustellen, dass sie unverletzt waren, ernährte sich von der magischen Nahrung, die Feen bei Bedarf aus Tau und Westwind zubereiten können, und fühlte sich dann bereit für die Aktivitäten eines Tages. Ihre Abhilfemaßnahmen sollten sofort beginnen. Das Böse zu beobachten und es nicht einzudämmen, hieße Verzweiflung und Scheitern heraufbeschwören; aber das Schlechte durch das Gute zu ersetzen, war ermutigend und die Sache der Fee! June setzte die Krone auf und begann.

Ihre ersten Aufgaben galten den Leuten von Paradise Court. Sie breitete ihre Flügel aus und wurde zum Fenstersims hinabgetragen. Schon zu Beginn waren die Frauen und Sally mit ihren Nadeln beschäftigt. Sie frühstückten, während sie nähten. Ihre Kost bestand aus abgestandenem Brot, ausrangierten Abfällen von den Tischen der Mittelschicht und etwas schrecklichem Fleisch, das sie – ein Pfund für einen Penny – von Mutter Wolf kauften, einer Hexe aus der Nachbarschaft, die mit dem Verkauf von Innereien als menschliche Nahrung Profit machte. Wie dieser Lieferant von Übelkeit den dafür fälligen Strafen entging, ist ein Rätsel. aber das tat sie.

Bill schlief immer noch, ein anderer Mann an seiner Seite. Die Herren der Schöpfung hatten den Kleiderhaufen für Bett, Kissen und Steppdecke für sich. Den weiblichen Mitgliedern des Establishments war es so gut gelungen, dass sie dicht beieinander lagen, um sich gegenseitig zu wärmen. Das war die übliche Reihenfolge der Dinge.

June kam durch das magische Fenster herein und kitzelte Bills Nase mit ihrem Zauberstab. Er nieste, streckte sich, stand auf; Seine ersten Worte waren nur eine kleine lebhafte Sprache – ein unfreundlicher Guten Morgen an seinen Luxusgefährten, der diesen Herrn wirksam aufweckte.

Die Männer setzten ihre Mützen auf, um ihre Toilette zu vervollständigen, gähnten und machten sich, ohne ein Wort zu den Frauen zu sagen, auf die Suche nach Arbeit. Das war ihr Beruf: Arbeit suchen. Sie fanden es nie, suchten aber weiter. Sie frühstückten mit Bier, Brot und Fett in der Herberge, was Paradise Court Freude bereitete. Der flüssige Teil ihrer Mahlzeit reichte aus, bis kein weiteres Kupfer mehr gefunden, geliehen oder verpfändet werden konnte. Bills Leben war ein langer Prozess des Nichtstuns, gesegnet mit Bier.

Am Morgen musste die fertige Kleidung zur Schneiderei in der Stadt gebracht werden, für die sie angefertigt wurde. Die verschiedenen Kleidungsstücke wurden zu einem Bündel geordnet, mit einem der geschätzten Bindfäden umwickelt und auf Sallys schmale Schulter gelegt. Sie umklammerte es fest mit ihren dünnen Händen und versuchte zu glauben, dass es sich um ein Baby handelte, das gestillt werden musste.

June beschloss, Sally zu begleiten, um ihr zu helfen, die Last zu tragen. Dies gelang ihr, indem sie sich darauf setzte, den wunderbaren Zauberstab benutzte und sich wünschte, das Bündel möge nur noch ein Zehntel seines wahren Gewichts betragen. So wurde es geschaffen; Aber Sally, die nicht dazu ermutigt worden war, Dinge zu beobachten oder Unterschiede abzuschätzen, wurde sich seiner Leichtigkeit nicht bewusst. Auf jeden Fall war die Last, selbst wenn sie bis Juni reduziert wurde, für ein Kind ihrer Stärke und ihres Alters völlig ausreichend. Aber viele andere wie Sally trugen eine ähnliche Last.

Das Mädchen und die Fee gingen die Treppe hinunter und aus Paradise Court hinaus; auf einem trostlosen, rutschigen Bürgersteig vorbei an tausend Menschen, eigennützig, egozentrisch und in Eile, die auf ihre individuelle Art lachen, reden, geschäftig und stirnrunzelnd sein mögen, die aber immer noch bis Juni, wie auch an Oberon und alles andere Besseres Land, waren arme, erbärmliche Schatten, die ein paar tausend Tage lang unterwegs waren, sich Sorgen machten und trübten, bis der Feuerlöscher über sie gelegt wurde.

Gelbe und blaue Straßenbahnen fuhren vorbei. Als June sah, wie die Leute ein- und ausstiegen, wollte sie einen von ihnen anhalten lassen, damit Sally mitfahren konnte. Aber dieses erste Mal war es für Sally besser, wie gewohnt ihren eigenen Gang zu gehen. Wie dem auch sei, June war bereit, hilfreich zu sein, und hielt ihren Zauberstab in der Hand, während der verschwenderische Säugling seinen Penny fingerte, entschlossen, ihn so schnell und verschwenderisch wie möglich zu verwenden.

Sally schleppte sich langsam voran. Sie blieb auf der Hauptstraße und wagte es nicht, das Bündel loszulassen, da es ihr so schwer fiel, es zurückzubekommen.

Sie kam zu einem breiten Übergang – einer Straßenbahn- und Omnibus-Endstation – und ging durch ein Labyrinth aus Karren und Menschen. June bekam wegen des Lärms und Gedränges Angst, verlor aber bald ihre ungerechtfertigten Ängste, als sie sich daran erinnerte, dass diese Kreaturen und Dinge – im Vergleich zu ihr – nur Schatten waren, denen es erlaubt war, für eine kurze Zeit in der schönen Welt zu leben, die den Feen und anderen aus dem Geisterland gehört. Sie hatte mehr Macht in ihrem Zauberstab und Willen als sie in irgendeiner oder allen ihrer Brobdingnagischen Fähigkeiten.

June war zutiefst beeindruckt von den wunderbaren Fähigkeiten der Polizei. Die Art und Weise, wie der behelmte Mann der Autorität inmitten der Menge stand und sie regierte, gefiel ihr wie nichts, seit sie gesehen hatte, wie Oberon in seiner Majestät die Gestalten und Fürsten im Violetten Tal befehligte. Als Sally langsam an den Polizisten vorbeiging, gab June jedem einen Feensegen. Sie wurden danach und sind bis heute höflicher und aufmerksamer gegenüber den Ängstlichen.

Sally stapfte stetig voran. Sie kam an einer Pumpe vorbei, von der Wasser tropfte. June sah mehrere dicke Spatzen vor sich, die sich um den Mais stritten, der aus dem Nasenbeutel eines Pferdes gefallen war. Sie ging, um sie zu tadeln, wie es Feen mit den Vögeln auf dem Land tun, wenn ihre Manieren eine Besserung wert wären; Aber diese Stadtsperlinge pickten in ihrer Cockney-Ignoranz, die nie eine Fee gesehen oder geträumt hatte, dass es irgendetwas Wichtigeres als sie selbst und vielleicht eine dünne, streunende Katze gab, respektlos auf sie ein. Da sie ihrer Mürrischkeit keine Beachtung schenkte, gerieten sie plötzlich in Panik und flohen erschrocken, wobei sie einander in feiner, einstimmiger Beschwerde anklagten.

June nahm ihren Platz wieder ein, aber jetzt auf Sallys Hut. Sie thronte auf der zerbrochenen Krempe und betrachtete London mit erhabener Distanz.

Der Elend blieb zurück, aber für die Augen der Feen war die Stadt besonders trostlos. Obwohl die Gebäude so schwer, hoch und ehrgeizig waren, sahen sie verfallen aus und waren voller Schmutz. Auch die raue Atmosphäre war bedrückend. Was für ein Leben! Was für ein Platz! June konnte nicht widerstehen, wehmütig an die glücklichere Welt zu denken, in der die Blumen frei stehen und sanfte Winde sie küssen. Sie hatte tiefes Mitleid mit dem Volk, das, ob freiwillig oder nicht, törichterweise im stickigen Steinland eingesperrt war.

Sally lehnte ein Gericht ab und schlenderte durch eine Reihe von Gassen, die für einen Fremden verwirrend waren, bis sie zu einer schlecht gestrichenen Tür kam und an einer Klingel klingelte.

Sie ließ freudig ihr Bündel sinken und setzte sich in einem Zustand der Schwäche und Erschöpfung auf die Stufe. Die inneren Kräfte waren zögerlich oder unaufmerksam. Sie musste lange warten, bis plötzlich die Tür von einem jungen Mann mit Laternenkiefer geöffnet wurde, mit roten Borsten auf der Oberlippe, mit Öl verklebtem Haar und einer Diamantnadel aus Paste, die in seiner gelben Krawatte steckte. Seine Mitarbeiter kannten ihn als Ernie Jenkins.

„Warum warst du nicht früher hier?" er hat gefragt. „Sie müssen jetzt warten. Mr. Oldstein ist draußen und ich bin beschäftigt. Sie scheinen zu denken, dass Sie kommen können, wann Sie wollen. Aber das können Sie nicht. Sehen Sie? Sie können die Waren drinnen lassen und nachsehen." Denken Sie daran, und sehen Sie, dass Sie in einer Dreiviertelstunde wiederkommen und Ihr Geld holen.

Die Tür – der Hintereingang zu Mr. Emmanuel Oldsteins Schneider-Großhandel – wurde sofort geschlossen. Sally muss sich unterdessen so gut sie kann amüsieren. Wieder setzte sie sich mit der Geduld eines Verhungerten auf die Stufe, um zu warten, und vergaß dabei sich selbst genug, um zu glauben, sie würde am liebsten weinen. Sie unterdrückte jedoch die Tränen – die Vernachlässigten haben keine übrig – und konzentrierte sich wie immer auf das Essen. Essen, Essen, Essen – da war ihr Aspekt von Eden. Das Objekt ihrer besonderen Begierde war wie immer wieder Soße, „nicht süß und stinkend".

June las ihre Gedanken und machte sich an die Arbeit, sie zu verwirklichen.

Ein Schuljunge ging vorbei und pfiff. Er war von den Unterrichtsstunden für diesen Tag entschuldigt worden und eilte fröhlich zum Oval, um sich das erste Cricket-Spiel des Jahres anzusehen. Unter seinem Arm steckte ein weißes Papierpaket mit der Aufschrift „Mittagessen".

June blickte ihn fest an, schwenkte ihren Zauberstab und zwang ihn, Sally anzusehen.

Er hat es getan. Der Zauber lag auf ihm. Ein Blick genügte, um sein unerfahrenes Herz zu beeinflussen – er war weder alt noch wohlhabend genug, um in seiner Wohltätigkeitsorganisation Vorsicht walten zu lassen. Er hätte jetzt nicht seine Grille genießen können, während er sich, was er tun musste, an das blasse, ausgehungerte Gesicht dieses müden Kindes erinnerte, und hätte ihr nicht geholfen.

Er versteckte seine Taten im Schutz einer bequemen Tür, öffnete das Päckchen, nahm zwei Sandwiches und ein Stück Kuchen heraus, steckte den Rest in seine Jackentasche und ließ das Futter, während er beschämt vorbeilief, auf Sallys Schoß fallen. Er hörte, wie sie vor Freude einen Schluck ausstieß, während er mit singendem Herzen davon sprach, der glücklichste Junge in Kennington zu sein.

Surrey schnitt an diesem Tag besser ab als sonst.

Während das Kind gierig kaute und wartete, flog June, widerwillig über die Zeitverschwendung, in den Himmel, um nachzuforschen.

Bald war sie über den Dächern und beeindruckte die unzähligen Schornsteine. Ihre Aufmerksamkeit wurde von der Kuppel der St. Pauls-Kirche gefesselt, die über alles andere düster wie eine runde violette Wolke schimmerte. Es war sozusagen die Krone Londons. Sie hatte so etwas noch nie im Märchenland gesehen und wunderte sich über die Geduld der Männer. Wahrlich, es waren arme Wesen, vergängliche Geschöpfe und so weiter; aber sie glauben an das Materielle und schaffen in ihren wenigen Jahren viele Dinge.

Ihre Flügel bewegten sich schnell. Sie raste wie ein duftender Lichtblitz über die dazwischen liegenden Höfe und Häuser und erreichte schnell den St. Paul's Churchyard. Sie ging zwischen den Zweigen der Bäume im umzäunten Garten hindurch, begrüßte dabei Spatzen und Tauben und wünschte sich von Herzen, sie könnte einige ihrer farbenfrohen, fröhlich singenden Freunde treffen, die die Freunde segnen und Himmel des Landes. Aber das konnte nicht sein. Die Vögel, die sie liebte, waren den Feen gefolgt und hatten Prosa in Federn zurückgelassen.

Sie umkreiste langsam die große Kuppel und wunderte sich mehr als alles andere über die verkrustete Erde – die aus der Zeit der Stuarts stammte. Sie ließ sich auf der verwitterten Statue eines Apostels nieder – den sie so darstellte, dass er so ununterscheidbar war wie Shem in der Arche Noah im Kinderzimmer – und blickte mit Staunen und ohne Bewunderung auf die bewegte, sich ausdehnende Szene – das Live-Panorama – vor ihr . Dächer und Türme und Straßen – immer weiter – das war das Bild, das die Fee sah. Es hatte zweifellos seine Wunder; Aber oh, wie schade es ist, das Gedränge und die Baumlosigkeit! Was für eine erbärmliche Platzverschwendung!

Zu ihren Mängeln gehört, dass die Feen überhaupt keinen Sinn für politische Ökonomie haben. Hätte man June gesagt, dass die Grundmiete auf Ludgate Hill so viele Pfund Sterling pro Quadratzoll beträgt, wäre sie völlig unbeeindruckt und möglicherweise gelangweilt gewesen.

„Wo könnten die Kinder Platz zum Spielen finden?“ sagte sie sich. „Und die Blumen müssen alle erstickt werden!“

Sie flog auf den offenen Raum unten und setzte sich auf die Statue von Königin Anne, um mit traurigen Augen die müden und eiligen Menschen zu beobachten. Arme Schatten! Bald würden sie wieder in der Erde sein, die ihnen gegeben wurde, und ihre Gelegenheiten für Freundlichkeit und Glück endeten; Und hier waren sie, dachten nur an die Gewinne des Tages, stürzten der Fata Morgana hinterher und verloren, was wichtig war.

Sie war der schmutzigen Szene fast zum Weinen überdrüssig geworden und musste traurig über den Kontrast zum Märchenland nachdenken. Oh, warum hatten die Elfen London verlassen? – als – da war Bim!

Der Gnom arbeitete sich den Ludgate Hill hinauf. Er schien geschrumpft zu sein und eine sehr blasse rote Farbe angenommen zu haben. Müdigkeit und Verwirrung hatten ihm vorerst die Farbe genommen. Er war voller Ehrfurcht und Angst vor dem rollenden Verkehrsaufkommen, das ihm zwar unmöglich hätte schaden können, ihm aber sehr furchtbar vorkam. Mit großen Augen blickte er auf die schwerfälligen Fahrzeuge, und obwohl sie für ihn eigentlich nur Schatten waren, die alle Arten und Formen von Schatten trugen, war er von ihrer Vielzahl und Vielfalt verblüfft.

Mit seinem glänzenden Hang und dem ständigen Verkehr empfand er Ludgate Hill als anstrengende und rutschige Tortur.

Während dieses mühsamen Aufstiegs geriet er immer wieder in Bedrängnis. Die Pferde konnten ihn sehen; die Menschen konnten es nicht. Immer wieder bedrohte ihn ein Stiefel, ein Rock sauste an ihm vorbei; oft schienen die Räder eines Fahrzeugs über ihm zu liegen; aber er schaffte es immer – wenn auch nicht ohne zahlreiche Stürze und Stürze –, den Kontakt mit den unangenehmen Schatten zu vermeiden.

Er erreichte die Spitze des Hügels und stand keuchend und triumphierend da. Plötzlich sah er June, eine Fee, die das Bildnis der verstorbenen Königin krönte. Er quietschte vor Freude und starrte voller Verzückung. Hoo-oo-oo-oo-ray!

Sein Glück erhielt einen Scheck.

Ein Aasfresserjunge rannte hockend herum, schaufelte Müll auf und schaufelte Bim auf! Bevor der Gnom „Robinson" sagen konnte, war er aufgestanden, wurde zu einem Behälter getragen, um Schmutz aufzufangen, und stürzte sofort hinein.

Er kroch schnaufend und desillusioniert heraus. Er dankte dem Aasfresser für seine Gastfreundschaft; verwirrt auf dem Bordstein hockend; Als ich mich dann erinnerte, drehte ich mich um und verlor alle Sorgen, Schmerzen und Müdigkeit in der Freude, June zu sehen.

„Bim, mein tapferer Bim", begrüßte sie ihn.

Er starrte mit offenem Mund, keuchend und lächelnd. Er hatte jetzt keine Worte mehr für eine Antwort und brauchte auch keine.

KAPITEL V

TOM TIDDLER'S BODEN

Bim war fast kopfüber vor Freude, als er June traf, gerade als seine Hoffnungen am Boden waren; sie war kaum weniger erfreut, ihn zu sehen. Denn der Gnom war nicht nur etwas aus dem Märchenland, eine Erinnerung an seine teuren Freuden und goldenen Tage und ein Mittel, um ihre angestrengten Entschlüsse zu stärken; aber er war aus ihrer ganz besonderen Ecke des köstlichen Reiches, dem Land der Wildrosen, gekommen und hatte dem abgestumpften Cockneydom einige duftende Erinnerungen an die Heimat mitgebracht.

Aber sie muss zu Sally zurückkehren. Sie flog zu Bim hinunter und streckte ihr ihren Zauberstab hin. er ergriff es und war sofort in der Luft, magisch getragen von der eilenden Fee.

Für Bim war es nichts Neues, eine Flugreise zu unternehmen. Eines der Lieblingsspiele der Zwerge – die natürlich nicht besser fliegen können als ein Schwein „Bo" beherrscht – besteht darin, die Beine einer Taube zu packen und den dummen Vogel kreisen zu lassen. Dies war das erste Mal, dass sein Mittel zum Himmelsfortschritt eine Fee war. Es war eine seltsame, schreckliche und neue Erfahrung, über die Wildnis der Dächer geschleift und geschwebt zu werden. Aber es war auch aufregend. Er begann mit seiner krächzenden Stimme ein altes Elfenlied über Mondstrahlen zu singen, die zu Eiszapfen wurden. Als June ihm zuhörte und die Szene darunter beobachtete, schwor sie sich immer wieder, dass sie nicht ruhen würde, bis London wieder zum Märchenland gehörte.

Während Bim dort krächzte und baumelte, war er sich der Auswirkungen seines Einflusses auf die Geschicke der dunklen Stadt nicht bewusst; auch London hatte keine Ahnung davon.

Sally wartete immer noch, obwohl sie aufgrund der vielen Geschäftsleute, die zum Oldstein-Etablissement kamen und wieder zurückkamen, zu einer anderen Haustür wechseln musste, wo sie saß und auf die Vorladung wartete.

Diese scheinbare Vernachlässigung seitens des roten jungen Mannes erzürnte June so sehr, dass sie in größter Eile, mit dem Kopf voran, durch die Brieföffnung in der Tür flog und sich energisch darauf vorbereitete, ihn daran zu erinnern.

Er saß auf einer Theke mit Stapeln von Kleidungsstücken um sich herum – wie muffig das alles roch! –, war angestrengt damit beschäftigt, ein abgenutztes „schreckliches" Buch zu lesen – „Sweeney Todd", sein Held – und gähnte. Es war eher die Atmosphäre als die Müdigkeit, die den Blick auslöste, der abrupt endete.

Als June das Lagerhaus über den Hintereingang betrat, hörte man Max Oldstein, den einzigen Sohn der „Firma", die gegenüberliegende Treppe hinuntersteigen. Jenkins war augenblicklich von seinem Platz und warf eifrig einen Ballen Kleidung von der Arbeitsplatte auf den Boden.

June stocherte heftig mit ihrem Zauberstab in seinem dürren Nacken, um ihn an Sally zu erinnern. Ihr Protest hatte Wirkung. Er ging zur Tür und rief:

„Komm rein, Junge!"

Sally trat eifrig ein. Sie stand zitternd auf der Fußmatte.

„Zahlen Sie ihr vier und zwei Penny", sagte der Meister, während er das Papier, das er in der Hand hielt, ankreuzte, „und sagen Sie ihm, wenn die Leute die Arbeit nicht besser machen, werden sie sie wollen."

Max drehte sich abrupt um und ging zum anderen Ende des Ladens, wo er sich eine Zigarette anzündete und nachdenklich den großen goldenen Ring an seinem großen kleinen Finger bewunderte. June, der wegen seiner offensichtlichen Unannehmlichkeiten wütend war, wünschte ihm eine Strafe mit Schmerzen, die er empfand.

„Mein Mais!" Er sagte: „Es wird regnen."

Währenddessen wandte sich Jenkins an Sally.

„Haben Sie gehört, was der junge Gouverneur gesagt hat? Und vergessen Sie es nicht! ook!"

Sally balancierte den Stoffhaufen auf ihrer Schulter und ging. June folgte ihr auf die Straße, machte die Last so leicht, wie es gute Wünsche und Zauberstabberührungen erlaubten, und wies Bim, der während ihrer Abwesenheit in der Gosse fest eingeschlafen war, an, auf Sallys Hut zu klettern und mit ihr nach Hause – „nach Hause" – zu gehen, um sie zu beschützen.

Dann kehrte sie zurück, um zu sehen, was man mit Max Oldstein anfangen konnte, dessen reife, ungewöhnliche Vulgarität sie faszinierte.

Sally trottete langsam nach Osten, während Bim wie eine unsichtbare rote Borte auf ihrer Hutkrempe ruhte. Der erschöpfte Gnom war bald wieder in seinem eigenen kleinen Schlummerland – der Schlaf zerrte so sehr an seinen Augenlidern – und kehrte erst in diese Welt der unendlichen Unwirklichkeiten zurück, als Sally im Schlaf- und Arbeitszimmer von Paradise Court war und die müden Frauen gierig die wenigen Münzen gezählt und gemurrt hatten, die man ihnen gebracht hatte.

Sofort kehrten sie zum Nähen zurück und arbeiteten verzweifelt mit den Nadeln durch die neue Masse halbfertiger Kleidung. So verschwendeten sie weitere Stunden ihres unseligen Lebens.

Bim wurde geweckt und taumelte, als Sally ihren Hut abnahm, und kroch in die Bierdose, die immer noch dort lag, wo sie gerollt war, als Bill sie fallen ließ; rollte sich zusammen wie ein Eichhörnchen in seiner Winterfestigkeit und schlief wieder ein. Das zeigt, wie übermüdet der arme Kerl war; Bim war jedoch nicht zu müde für Träume und machte sich in den Visionen des Schlafes noch einmal auf die furchterregende Reise aus dem Märchenland, die mit der Entdeckung von June endete. Dies beweist, dass Gnome auch in Albträumen reiten können; eine Tatsache für die Psychical Society.

Max Oldstein verwirrte June. Sie konnte ihn nicht erkennen. Seine Interessen und Handlungen schienen so zwecklos und gemein. An diesem anstrengenden Morgen war er vierzig unangenehme Personen in einem. Als ein Kunde eintraf, der Wohlstand versprach, verlor sich Max in öligen Höflichkeiten. Er lachte heftig über den Humor, der kaum da war, und grinste und schwatzte wie ein *Neureicher* bei einer Primrose-Teeschlacht.

Als ihm ein Schneidergeselle folgte, der seine Chance im Alkohol vertan hatte und aus Reue und familiären Bedürfnissen kläglich darum bettelte, wieder eingestellt zu werden, ging Max' Höflichkeit wie ein Knaller durch. Er brüskierte den Schneider wegen seiner Undankbarkeit und beendete die Bitten des armen Narren abrupt mit einer Wendung des Rückens.

Es gab so viele andere Hungernde, die den Platz dieses Elenden einnahmen.

Im Laufe des Morgens zeigte sich Max schlau, kleinlich, unterwürfig, arrogant, entschlossen, dumm, vulgär und grausam. Ernie Jenkins, der sein Benehmen so gut es ging nachahmte, lebte in Todesangst vor ihm. Für Ernie war Max Oldstein eine niedere Notwendigkeit, sein Brot und Butter, sein alles. Diese verhasste, erbärmliche Anstellung zu verlieren, hieße, ihm jeden seiner privaten Luxusgüter zu nehmen – sein abendliches Glas Bitter mit der Gelegenheit, mit einer Bardame zu scherzen, die Woodbine-Zigaretten, den wöchentlichen Besuch in einem Varieté, den Sonntagsspaziergang mit Emily. So machte er weiter, wie hunderttausend andere seiner Art – verkaufte sein Leben für einen Hungerlohn, schluckte endlose Beleidigungen, kriechte und war gemein. Armer Ernie! Was soll man mit solchen Menschen wie ihm tun?

Um ein Uhr eilte Max zum „Haversack", um sich eine große Mahlzeit mit Stout und gekochtem Rindfleisch mit Karotten zu gönnen, und während er aß, las er kichernd eine wöchentlich erscheinende rosa Zeitung, die orakelhafte Ratschläge über Rennpferde gab, unterbrochen von lustigen Absätzen über Untermieter. Außerdem gab es Gespräche, an denen Bardamen, Kunden und Kellner vertraut teilnahmen – über den X-Street-

Mord, die Wettpreise und den damaligen Scheidungsfall mit seinen hübschen Details.

Dann kam Kapitän Crowe, den die Leute seiner Welt als „Charlie" kannten, und Max freute sich, mit ihm um einen Schilling auf hundert zu spekulieren, den der junge Mann mit sehr böser Anmut verlor, bis der Kapitän, der Hatte wirklich einmal ein Subalternamt in einem aufgelösten Bataillon inne, nachdem er sich von einem Gelegenheitskunden, der ihn zwar gut kannte, eine halbe Krone geliehen hatte, die gute Laune seines Gegners mit der Gabe einer Limonade, Whisky und ein paar Blumen wiederhergestellt hatte der Rede, was den Weg zu einer weiteren Billardpartie und einer weiteren Niederlage für Max ebnete.

June war beeindruckt von allem, was sie sah, und fragte sich, wie sie ins Märchenland zurückkehren könnte – und zwar dieses! Sie saß zwischen gebrauchten Gläsern auf dem Kaminsims, unter der Markierungstafel , beobachtete geduldig und wunderte sich. Was könnte sie tun, um die Dinge zu reparieren? Wie schwer war es! War es wert, Menschen gerettet zu werden? Hatte Oberon mit seiner Herrschaft nicht recht und sie völlig unrecht? Diese Kreaturen – so gemein und schmutzig – waren schlimmer als je zuvor, als sie ihr von ihrem ehrlichsten Kritiker im Märchenland dargestellt worden waren.

Dann erinnerte sie sich an Sally und die verschwitzten Frauen in ihrem bösen Zuhause und beschloss, durchzuhalten.

„Herr, was für Narren sind diese Sterblichen!" sagte sie nachdenklich und plagiierte unbewusst.

Nachdem der Whisky zu Ende war und die Erholung erledigt war, bezahlte Max Oldstein widerwillig seine Rechnung und kehrte ins Hauptquartier zurück. Ernie traf ihn vor der Tür.

„Gouvnor ist gekommen. Ich habe eine Stunde gewartet", warnte er ihn.

Max rannte immer zwei Treppen auf einmal nach oben, um seinen Vater zu sehen, und fasste hastig einen detaillierten Bericht über die Angelegenheit zusammen, die ihn aufgehalten hatte. Die Lüge war an diesem Tag nicht erforderlich. Er hat es im Geiste für einen späteren Anlass in eine Schublade gesteckt.

Sein Vorgesetzter begrüßte ihn mit einem lauten, fröhlichen Lachen. fragte sich Max. Sein Vater zeigte ihm eine Einladungskarte mit dem Wappen der Stadt darauf.

„Max, mein Junge! Schau dir das an!" rief der alte Mann und räusperte sich. „Was denkst du jetzt über Papa, was?"

Er stand auf, kicherte heftig und rasselte mit seiner goldenen Uhrenkette. Max nahm die Karte und las sie. Es handelte sich um eine Einladung zum Abendessen mit dem Oberbürgermeister und einigen Vertretern von Handelshäusern. Er verspürte einen Anflug von Neid und dann von Stolz.

„Bravo, Papa!" sagte der Sohn. Sie schüttelten sich feierlich die Hände. „Heute Abend ist es auch soweit!"

„Ja", sagte Emmanuel, nahm die Einladung an und runzelte die Stirn. „Dieser Idiot hat mir bei der Briefumschlagung fast die Ehre genommen. Hier ist der Umschlag. Sehen Sie sich den Stempel an. Verpackt vor einer Woche, und ich habe ihn erst heute bekommen. Stecken Sie ihn in den falschen Briefkasten. Ich „Ich habe dem Potht-Matter-General geschrieben, um mich zu beschweren. Ein sehr netter und starker Brief, den ich vom Oberbürgermeister geschrieben habe, nicht wahr?"

„Wie hast du es verstanden, Papa?"

„Herr weiß es! Ich habe einem dieser Lakaien Geld geliehen. Vielleicht hat das geholfen!"

„„Hast du angenommen? Du mutht, weißt du!"

„Zweimal; um sicherzugehen, habe ich zwei Briefe per Ausdruck aus verschiedenen Poth-Offithen geschickt."

„Mein Wort, Dad, du gibst Geld aus. Das nenne ich Extravagantheit."

„Nein, mein Junge, du darfst nicht auf den Pennieth schauen, wenn ein Zwanzig-Pfund-Essen auf Lager ist. Das ist auch die Politik und das Geschäft. Du kannst Papa nichts beibringen, das kannst du nicht! Nun, „Wie geht es dir?"

Sie redeten ein paar Stunden lang über Kleidung, Marktpreise und Einzelheiten ihres Handels, während June zuhörte und wunderte. Wie diese Sterblichen ihre Zeit mit dem Reichtum verschwendet haben, der es nicht wert ist, ihn zu haben!

Sie beschloss, zum Bankett im Mansion House zu gehen.

Als die Bürouhr fünf läutete, schaute der ältere Oldstein auf seine Uhr, um die Nachricht zu bestätigen, und legte hastig seine Papiere weg.

„Ich muss wohl nach Dreth gehen", sagte er zu seinem Sohn. „Ich werde ein Bad nehmen."

Er ging, June folgte ihm.

Er fuhr in einem langsamen Omnibus nach Westen. Die Fee saß auf seinem Knie und war, als sie sich umsah, von der Zivilisation enttäuscht.

Schließlich hielten sie bei Maida Vale an, und der Bekleidungsgroßhändler, der seinen vollen Drei-Penny-Wert ausgezahlt hatte, watschelte durch zwei Straßen und erreichte seine Wohnung. Es gehörte zu einer Reihe von Gebäuden, größtenteils Pensionen, die in ihrer tristen, schmucklosen Schmuddeligkeit einander seltsam ähnlich waren. Sie stammten aus der Mitte des viktorianischen Zeitalters – dem tristen Zeitalter! – und sahen vom Stiefelkratzer bis zum Dachstuhl genauso aus. Oldsteins Privathaus schien ebenso wie sein Geschäftshaus dringend einer Farbe zu bedürfen. Was der Haushalt tun konnte, wurde getan. Auf das, was sie nicht tun konnten, musste verzichtet werden.

„Was für gutes Geld, mein Junge;" und dann: „Vielleicht nächstes Jahr." Und so weiter, Saison für Saison, Jahr für Jahr. Wie Alices morgen kam auch der Oldstein im nächsten Jahr nie.

Der Tuchmacher und seine Familie lebten im Alter von 48 Jahren. Das nächste Haus war Nummer fünfzig. Die beiden Vordertüren lagen unmittelbar nebeneinander, die Eingänge waren durch eine Reihe rostiger Geländer getrennt.

Als er seine Stufen hinaufstieg, ließ Emmanuel heimlich ein gefaltetes, bedrucktes Papier aus seiner Brusttasche gleiten; und beugte sich über das Geländer und warf es vorsichtig in den Briefkasten nebenan.

Im selben Moment wurde seine Haustür von Hannah, der stets empörten ältesten Tochter des Hauses, geöffnet.

„Diese Leute waren schon wieder dabei!" sagte sie und zerknüllte wütend ein Rundschreiben, das sie gerade aus dem Briefkasten genommen hatte, und warf es weg.

„Der Thame Thort?" fragte ihr Vater und schloss leise die Tür.

„Ja, natürlich, das ist der zweiundneunzigste, den sie reingeworfen haben. Das macht mich wild! Ich habe beschlossen, Aaron Hyams jüngsten Tuppence zu geben, wenn der Hundertstel kommt – wenn er kommt ihr Küchenfenster.

„Verschwende dein Geld nicht so; bin ich Millionär?" Er nahm das Rundschreiben in die Hand, glättete es und begann es laut vorzulesen: „,Thothiety für die Bekehrung der Juden; ein Abendtreffen mit Addretheth.' Oh, stell es mit dem Retht, Max wird es schaffen, Papa, ich habe bereits einen besseren Plan, mit ihnen umzugehen.

„Hast du das, Dad? Ich möchte diesen kleinen Dummkopf von ihrem Sohn streicheln. Er macht mich wütend mit seinem schlampigen Lächeln, seinem sandfarbenen Schnurrbart und seiner eingebildeten Scheinheiligkeit. Ich würde ihm an der Straßenecke Hymnen singen." ."

„Ein viel besserer Plan, klar. Du könntest mir genauso gut kleine Billionen geben – alle. Sie werden nützlich sein. Sie sind arm, nicht wahr?"

„Sie sind – wie Synagogenratten – wenn man den Gesichtern der Handwerker Glauben schenken kann."

Hannah war sehr bösartig.

„Nun, dann überlassen Sie es mir. Jedes Mal, wenn sie uns zur Bekehrung einladen, lade ich sie ein, sich Geld von mir zu leihen – von Jabez Gordon. Sie haben bereits vierzehn meiner Rundschreiben erhalten. Ich habe ihnen ein Fünfzehntel gegeben Heute ist das der beste Köder für diese Vögel, mein Lieber. Sie werden beißen – diese Art von Körper ist immer ein Hymnenjäger.

„Du wirst sie scheren?" sie weinte mit heftigem Jubel. Etwas von Jeftahs Tochter, von Debora, von Hagar, von den alten Heldinnen Israels, lebte in ihrer Brust.

„Oh nein, Hannah! Flotte! Wir fliehen nie. Ich werde ihnen zu einer sehr guten Geburt verhelfen, das ist alles."

„Das reicht!" Sie sagte. „Sie bekehren *uns*! Die Narren!"

„Und wenn das Hemd gut gelüftet ist?" er hat gefragt. „Ich habe Angst vor kalten weißen Hemden."

„Du wirst schon alles in Ordnung finden, Papa. Dein Badewasser wird bald fertig sein. Mutter ist im Wohnzimmer und bügelt deine Anzughosen. Mach dir jetzt keine Sorgen. Warte einfach, während ich deine Sachen bereitstelle, und Hören Sie sich eine Melodie auf dem Grammophon an. Sie haben noch nicht viel Zeit.

Er ging ins Wohnzimmer. June flatterte über ihm. Ihr Glanz spiegelte sich schwach auf seinem schmuddeligen kahlen Kopf. Sie war seltsam neugierig auf eine hochgesinnte Fee. Das Zuhause der Not, das sie gesehen hatte; Jetzt zum Zuhause des Meisters!

Der Anblick beeindruckte und deprimierte sie. Sie setzte sich auf den Kronleuchter und studierte alles genau, während unter ihr ein Grammophon – in Gang gesetzt von Becky, der zweiten und letzten der Töchter – eine unverhohlene Straßenhymne erklang.

Die Möbel waren dem Haus würdig – bis in die Mitte des viktorianischen Stils. Ein grüner Spiegel mit vergoldetem Rahmen, auf dessen Spitze ein goldener Adler saß, spiegelte eine unwahre Version der Objekte davor wider. Es gab eine klobige Uhr mit dazu passenden schwarzen Ornamenten auf beiden Seiten; An jedem Ende des Kaminsimses befand sich ein Lüster, in den etwas verschüttet war. Fotos von hebräischen Berühmtheiten – Sängern,

Schauspielerinnen und Politikern einer bestimmten Parteikonstellation – waren auf Regalen und Tischen verteilt. Hier und da gab es Alben und unlesbare Bücher mit billigen, bunten Einbänden. An der roten Wand hingen einige farbige Stiche sentimentaler Bilder. Eine tote Spieluhr, wächserne Seerosen in einer Glasvitrine und – so vergnüglich es auch ist, ein charakteristisches, respektables britisches Interieur verbal zu fotografieren, es ist hier unnötig, es zu tun. Wir werden diesen Raum nicht noch einmal betreten müssen.

Je mehr June den Ort und seine Menschen beobachtete, desto mehr wunderte sie sich. Und während sie darauf wartete, dass Mr. Oldstein badete und sich in glitzernde Gewänder schmückte, beschloss sie einen Wahlkampfplan. In ihren Träumen von Vorhersagen sah sie schon damals, in diesem Zentrum hoffnungsloser Banalität, das Märchenland jubeln, wo die Vulgarität düster war.

Der Kreuzzug sollte an diesem Abend beginnen. Also lasst London hoffen!

KAPITEL VI

Postprandial

Mr. Oldstein fuhr in einem gemieteten Brougham zum Mansion House. Hannah reiste wegen der Fahrt mit ihm. Er erzählte von seinem Vater, der Gastwirt in der Petticoat Lane gewesen war.

June war die meiste Zeit mit dem Kutscher auf der Kutsche. Sie fand den Blick auf die vorbeiziehenden Lichter und seltsamen Geschäfte unterhaltsamer als die Unterhaltung drinnen, die in der Tat nicht besser war als das gewöhnliche Geschwätz, das die meisten von uns reden.

Die Fee ruhte. Sie spürte immer noch die Anspannung der Menschenmenge, den Lärm und die Atmosphäre; aber nicht so streng, wie sie es gestern bei ihrer Einreise nach London getan hatte. Sie hat sich bestens ausgeruht.

Sie kamen rechtzeitig in Walbrook an. Emmanuel hatte nicht die Absicht, etwas zu verpassen. Dies war eine Chance, ganz geschluckt zu werden. Die Kutsche fand ihren Platz in der Schlange und näherte sich langsam der Seite des Mansion House, wo die Gäste ausstiegen.

June beobachtete ein paar verspätete Tauben, die noch nicht zum Schlafen gegangen waren. Eine Idee kam. Dim würde an diesem Abend von Nutzen sein.

Sie bezauberte einen der Vögel, verzauberte ihn und schickte ihn mit seiner besonderen Geschwindigkeit zum Paradise Court. Die Taube flog gut; es sollte belohnt werden.

Nach fünfundzwanzig Minuten war sie wieder da, und Bim klammerte sich an ihre Füße. June lobte die Taube und berührte sie, wodurch ihr Federkleid edler wurde. Sie war nicht mehr grau und gewöhnlich, sondern bunt gesprenkelt und kraus. Plötzlicher Stolz fraß ihre ruhigeren Eigenschaften auf. Sie wartete nicht einmal den letzten Augenblick, wie es die Höflichkeit verlangte, sondern war oben im Taubenschlafsaal über dem Architrav, so großspurig und wichtig wie Bumble, und prahlte und stolzierte vor ihrer Gefährtin, die aus domestizierten Träumen von gut gelegten Eiern erwachte, um zu gucken und zu murren. Sie war mit dem Herrn und Meister, so wie er war, ganz zufrieden gewesen.

Bims Schlaf hatte ihn erholt. Er war wieder sein altes, beerenfarbenes Selbst und June so hingebungsvoll wie immer.

Herr Oldstein hatte das Mansion House schon vor langer Zeit betreten und wurde vom Gastgeber und Oberrichter der Stadt, Sir Titus Dodds, begrüßt; aber es waren noch nicht alle Gäste eingetroffen. Die wichtigsten – die Vertreter der Kirche, des Staates und der Halfpenny Press – trafen tatsächlich erst dann ein. Also flog June und Bim kletterte gemeinsam die rot bedeckten Stufen hinauf und betrat rechtzeitig den Festpalast, um das größte Ereignis in Oldsteins Leben zu erleben.

Bim starrte voller Ehrfurcht auf die Strümpfe der Lakaien, und Emmanuel folgte seinem Beispiel. Er bewunderte und untersuchte die Möbel, Einrichtungsgegenstände und Verzierungen des Bürgermeisters; die Büsten, Bilder und Wandteppiche und schätzte mit großem fachlichem Interesse ihren Wert ein. Es muss gut zwanzigtausend Pfund gekostet haben! Er beschloss, sein eigenes Wohnzimmer nach Mansion House-Prinzipien umzubauen, vorausgesetzt, er hatte in der Wardour Street Glück.

Er bedauerte nun, dass er sich nicht um bürgerliche Verantwortung und Ehre bemüht hatte. Lieber, Schatz! Wirtschaft ist eine schlechte Politik, wenn sie etwas kostet. Er begann, goldgekettete Hoffnungen zu kennen; aber der Ehrgeiz hat den Handwerker nie ausgelöscht. Er fragte sich, ob er vielleicht heimlich eines seiner Jabez-Gordon-Rundschreiben auf die Ottomane an der Ecke fallen ließ, und beschloss, es nicht zu tun. Es gab zu viele Risiken.

Er wünschte, seine Frau, Hannah, Becky, Max, hätte ihn in seiner Pracht sehen können, wie er inmitten dieser hohen Gesellschaft wartete, und sie hätten zusehen können, wie er dem Oberbürgermeister die Hand schüttelte – seine Finger kribbelten immer noch vor Vergnügen. Er muss ein passendes Wappen haben – etwas Goldenes und Scharlachrotes, wenn möglich mit einem wuchernden Löwen. In seinem Gehirn entwickelten sich soziale Ambitionen. Ja, er würde ins öffentliche Leben treten, wenn es nicht zu viel kosten würde.

Also baute Emmanuel Oldstein seine Burgen weiter – und vergaß, dass sie auf Stapeln von Kleidungsstücken basierten, die mit den Nadeln verschwitzter Frauen genäht und verkaufsfähig gemacht wurden. Dieser Aspekt der Tatsachen kam ihm nicht einmal für eine halbe Sekunde in den Sinn. Dies war die vorherrschende Tatsache – dass er ein Gentleman war, der die Gesellschaft von Baronetten und Gemeinderäten genoss und in den gastfreundlichen Mauern dieses Zion der geschäftlichen Redlichkeit und des Wohlstands – des Mansion House – empfangen wurde.

Endlich kam der Willkommensruf, und unter der Führung des Oberbürgermeisters strömten die Gäste in den ägyptischen Saal, der tagsüber ein Ort der Trägheit und der Feierlichkeiten am Abend war.

Das Bankett wurde begonnen.

June, die später gestand, von den Roben und Diamanten des Oberbürgermeisters sehr beeindruckt zu sein, setzte sich auf eine Epergne voller köstlicher Frühlingsblumen. Sie genoss ihre zarten Düfte und Farben, während Bim träge auf einem Gelee lag. Die Meister von Gog und Magog, die sich dort an ihren Suppen, ihrem Fleisch und ihren Süßigkeiten erfreuten, hätten kaum geträumt, dass eine Fee und ein Gnom sie beobachteten. June dachte angestrengt über Sally und den Hunger in den Slums nach.

Eine ganze Stunde wurde verschlungen.

Die Liebesbecher wurden hereingebracht und auf die verschiedenen Tische verteilt. Jetzt war es an der Zeit zu handeln. June gab Bim ihren Zauberstab. Ihrem Befehl folgend tauchte er es tief in den Gewürzwein der Liebesbecher. Es war nie ein gewöhnliches Getränk, es kam mittlerweile fast dem Nektar gleich. Es war Magie darin und flüssige Herzenswärme, in der Tat ein liebevoller Kelch! Jeder trank die neue Ambrosia und reichte den Becher an seinen Nachbarn weiter. So verbreitete sich der Einfluss der Fee, und die angesehene Gesellschaft des einfachen Volkes verband sich in einer edleren Verbindung, als irgendjemand von ihnen es je kannte.

Der Spaß begann. Wie sympathisch schienen ihre Mitgäste! Was war das für eine schöne, helle und freundliche Welt! Sie dachten, diese Großzügigkeit sei ihre gewöhnliche postprandiale Befriedigung, genährt von warmem Fleisch und philisterhaften Getränken; aber die Fee an der Tafel wusste es besser. Später erkannten auch einige der Gäste den Unterschied, denn sie sind klug – diese Herren in der Stadt.

Der Toastmeister machte deutlich. Er hatte eine prächtige Stimme und einen großen, breiten Bart, der sich mit seiner Uhrkette verhedderte. Bim konnte nicht widerstehen. Er blickte voller Sehnsucht, dann klemmte er den Zauberstab unter seinen Ellbogen, machte einen fliegenden Satz auf die Armlehne des Bürgermeisterstuhls, rannte zur Rückenlehne und sprang auf den Bart los. Dort klammerte er sich fest, versteckte sich und blickte aus dem braunen Wald auf die Schar glücklicher Feinschmecker.

Die treuen Trinksprüche wurden ausgesprochen, bejubelt und gesungen. Es gab Gespräche und Laienmusik von Guildhall-Gelehrten.

Der Oberbürgermeister erhob sich, um den Toast des Abends auszusprechen: „Der Handel von London". Er war ein Bild von strahlendem Wohlstand, ein Mann von düsterem und scharlachrotem Aussehen. Er begann eine pompöse Rede.

„Meine Herren und Herren, der Oberbürgermeister und die alte Corporation of London haben bei ihren gastfreundlichen Vorstandsversammlungen oft ähnliche Begrüßungen wie diese begrüßt, doch noch nie zuvor, meine Herren und Herren, hatte noch nie zuvor ein Oberbürgermeister die hohe Ehre, sie begrüßen zu dürfen Sein Tisch ist eine angesehenere Versammlung von Handelsführern als der, der ihn jetzt ziert.

Der Redner blieb stehen, um einen Blick auf seine Notizen zu werfen. Ständiger Applaus verriet ihm, dass es ihm gut ging.

Emmanuel Oldstein, dessen Sitz etwas vom Redner entfernt war, beugte sich nach vorne, um besser hören zu können. Er – ein Marktführer! Gut!

„An diesem Tisch", fuhr der Oberbürgermeister mit einer Bewegung seiner weißen, fetten Hand fort, „sitzen Magnaten von Bankhäusern, Reeder, Händler aller Arten von Produkten, die von den entlegensten Enden der Erde hergebracht werden, Eisenbahnchefs, Vertreter von ..." Der Wohlstand des Vereinigten Königreichs – sagen wir mal des Britischen Empire – wird hier repräsentiert. Es ist ein glücklicher, ein sehr glücklicher Zustand.

Eine weitere Pause zum Lesen der Notizen; noch ein Händeklatschen und „Hört, hört." Zigarren wurden angezündet, Wein getrunken; Das Publikum war in besonders sympathischer Stimmung. Es ist schmeichelhaft und erfreulich, daran erinnert zu werden, dass man reich ist und – der Zauberstab im Liebeskelch hat seine Arbeit getan.

Die Fee, die das Fest leitete, war von dieser Zurschaustellung von Prosa ehrlich gesagt gelangweilt. Für ihre kritischen Ohren war es Blödsinn.

Irgendwie musste dieser gesprächige Herr gebraucht werden, um den herum fleißig Tabakduft brannte – wie können Männer diesen erstickenden Rauch erzeugen? Sie flog auf seine Schulter, schwebte einen bedächtigen Augenblick über seinem Kopf und krönte ihn sogleich mit der Feenkrone. Sie glänzte wie ein goldener Tropfen auf dem glänzenden kahlen Platz – ein herrlicher Kügelchen auf einer öden Kugel; aber keiner der Sterblichen konnte sie sehen.

Der Lord Mayor warf sofort seine Notizen hin. Er hatte das Vertrauen des Demosthenes gewonnen. Er lächelte und machte sich auf eine Anstrengung gefasst. Seine Wichtigtuerei war vergessen, sein Zögern verschwunden.

June vollbrachte ein Wunder. Und die Wunder gingen weiter. Noch nie zuvor hatte man bei einem Fest in Mansion House eine solche Rede gehört, wie sie jetzt gehalten werden sollte; aber jetzt wurde sie gehört – und mit Beifall bedacht. June flog zurück zum Tafelaufsatz, um zuzuhören. Sie hatte jetzt Grund, interessiert zu sein. Als Bim die Aktivitäten seiner Herrin sah, kroch er aus seinem Wirrwarr und setzte sich wieder mit gekreuzten Beinen auf den Tisch, um mit weit aufgerissenen Augen und weit aufgerissenem Mund zuzusehen und zuzuhören, bis die Wärme und der Rauch ihren Tribut forderten und er einschlief.

„Nun, meine Freunde und Mitbürger, möchte ich zu Ihnen als Mensch zu Mensch sprechen. Ich stelle eine klare Frage, und Sie werden die Wahrheit akzeptieren. Was nützt unser Reichtum, wenn er nicht gut genutzt wird? Wie kann er uns wahres Glück bringen, wenn er nicht auch anderen Glück bringt? Möchten Sie glauben, dass Ihr Besitz Not bei anderen bedeutet?"

„Nein!", rief Emmanuel Oldstein.

"NEIN!" riefen alle anderen.

„Natürlich nein. Sie sind wahre Männer. Fürsten des Handels! Und doch sehen Sie den Tatsachen ins Auge. Bringt unser Reichtum den anderen, die uns dabei helfen, ihn zu schaffen, auch nur annähernd eine angemessene Gegenleistung für ihre Arbeit in Form von Glück oder Güte? Das tut er nicht." !"

Männer erhoben sich von ihren Sitzen und riefen ihre Zustimmung zu dieser Äußerung.

War das die Tory City oder ein verbesserter Tower Hill?

Der Toastmeister – in seinem Privatleben ein sprechender Radikaler, der immer die Konservativen wählte – hörte beunruhigt und erstaunt zu. Er hatte nicht wie die Gäste aus dem Liebesbecher getrunken. Die Rede war ihnen nicht fremd; Sie verstanden, sie hatten Mitgefühl und unterstrichen es von Zeit zu Zeit mit mitreißendem Jubel. Es war genau das, was sie wollten.

Erzdiakon Pryde, der sein ganzes Leben lang den Fortschritt mit vielen Worten tief empfundenen Mitgefühls blockiert hatte, lächelte selig, klopfte auf den Tisch und ermutigte den Oberbürgermeister lautstark, seine Revolution fortzusetzen. Der Oberbürgermeister fuhr fort. Nein, er brach einen weiteren Rekord, schuf einen weiteren Präzedenzfall für das Mansion House, tat, was Mr. Pickwick tat – er stand auf seinem Stuhl, um besser gehört zu werden. Der Toastmeister schaute zu und hörte zu, tief betrübt.

„Es ist erst sechs Monate her, seit die Stadt mir die Ehre erwies, mich zum Oberrichter zu wählen. Ich habe versucht, meine Pflicht zu erfüllen. Ich habe versucht, der Stadt gute Dienste zu leisten."

„Das hast du, das hast du!"

„Die Hälfte meiner Amtszeit ist zu Ende. Die zweite Hälfte beginnt. In der verbleibenden Zeit habe ich vor, etwas zu tun, um mein Amtsjahr unvergesslicher und der Stadt würdiger denn je zu machen. Ich werde meine Chance und meinen Reichtum dazu nutzen." Geben Sie ein Beispiel und machen Sie einiges von dem Bösen rückgängig, das viele von uns gedankenlos getan haben. Ich bin darauf angewiesen, dass mir die Führer des Handels helfen, nicht wahr?

Er sah sich von seinem Stuhl, der olympischen Zitadelle, um und wurde ermutigt, weiterzumachen. Alle Gäste hörten gespannt zu. Zigarren gingen aus. Der Wein in den Gläsern wurde vergessen. Das Gesicht des Sprechers stand im Mittelpunkt von achthundert Augen.

„Geld ist eine gute Sache", fuhr er fort. „Es ist für wirtschaftliche Aktivitäten und das Geschäftsleben notwendig. In privaten Händen, gut genutzt, bringt es zahllosen Häusern Komfort, Freiheit und Glück. Lasst uns niemals die schönen Dinge des Lebens verachten!"

"Hört hört!" sagte Erzdiakon Pryde.

„Aber zu viel Reichtum in wenigen Händen ist ein Übel, das katastrophale Folgen hat. Wo gibt es größeres Unglück als bei diesen Multimillionären, insbesondere in Amerika, deren Masse an Besitztümern immer größer wird, wodurch ihre belästigenden Verantwortlichkeiten und Ängste zunehmen und sie verfolgen." Panische Ängste vor schnellem Ruin; nutzlos in seiner Weite, boshaft, gierig? Wie ein goldener Schrecken bringt dieses Frankenstein-Monster von übergroßem Reichtum Schlaflosigkeit, Wahnsinn, Tod mit sich, in seinem Zuge sieht man Geld als Last und als Fluch.

Sir Titus hielt erneut inne; und noch einmal schweifte er mit scharfem Blick über die Gesichter seiner Zuhörer. Der Raum war so still wie eine müde Kirche. Der Toastmeister teilte nun das Interesse der Gäste. June saß lächelnd auf der Epergne. Bim schnarchte lautlos.

„Es ist ein dreifacher Fluch, wenn es nach dem Tod seines Schöpfers auf die Kinder übergeht. Denken Sie an diese Opfer des Glücks und haben Sie Mitleid mit ihnen. Am Anfang sind sie froh, weil sie so viel besitzen. Sie planen den Genuss einer Unendlichkeit von Freuden." , und fragen sich, wie sie den Schatz ausgeben können, den ihre Väter ihnen hinterlassen haben. Die große Maschine läuft weiter, schmerzt und fehlt Das Gehirn, das ihre Operationen geleitet hat, ist verhältnismäßig schwach geworden. Das alte Genie gibt zweifellos sein Bestes, aber der Chef des Unternehmens ist tot Platz kann nicht besetzt werden."

„Hören, hören! Hören, hören! Hören, hören!"

Die Einigung kam polternd zustande, gefolgt von Appellen zum Schweigen.

„Es gibt Störungen in der Maschinerie, Arbeitsunruhen, Wut und Streiks. Ich muss Ihnen nicht näher auf die Folgen aufgeblähter Industrieorganisationen oder die unendlichen Schwierigkeiten eingehen, die Unternehmen mit Überkapitalisierung oder Inkompetenz bereiten. Lassen Sie mich zum jetzigen Zeitpunkt Geben Sie sich damit zufrieden, die Auswirkungen auf die vom Glück geplagten, unglücklichen Kinder zu erinnern. Ihr ganzes Leben lang wurde es ihnen nicht ermöglicht, aus dem Kontakt mit den Rauheiten zu lernen Sie sind verwöhnte Babys, verwöhnte Kinder, vergoldete

Jugendliche und wachsen mit Verantwortungen auf, die sie nicht wahrnehmen können, und sind ständig blind für Fakten, Opfer der Raubgier von Schurken, Marionetten der Mode, Werkzeugen und Narren. Verschwendung, verschwenderisch, moralisch ruiniert. Das größte Übel, das ein Mann anrichten kann, ist, seinen Söhnen so viel Geld zu hinterlassen, dass sie nicht mehr arbeiten müssen, und so verbringen sie ihr Leben damit, Aufregung gegen Langeweile auszuspielen. Es ist besser, arm an Verstand und Charakter zu sein, als reich mit dem Vermögen von Dives und Krösus. Ist es nicht so?

"Es ist!" stimmte der Erzdiakon zu und blickte auf die Nase. Er hatte eine schöne Stimme, die durch ständige Pastillen in Form gehalten wurde, so dass seine Zustimmung im ganzen Raum zu hören war.

"Hört hört!" riefen andere.

„Die nutzlosen Kinder der Überreichen sind, mit wenigen Ausnahmen, verschwenderisch, die Trottel skrupelloser Schurken – kein Fluch kann größer sein als die eklatanten und vielfältigen Ungerechtigkeiten, die aus übermäßigem Reichtum resultieren. Ich muss Sie nicht weiter an diese Tatsachen erinnern, denn Sie sind nachdenkliche und mitfühlende Menschen. Aber diesen Rat wage ich zu geben, und diesen Rat werde ich von nun an befolgen. Wenn Sie sich genug für Komfort, für legitime Industrieunternehmen und für die angemessene Ausbildung und Ausrüstung derer gesichert haben, die von Ihnen abhängig sind, halten Sie es dann nicht für besser, den Überschuss für das Gemeinwohl, für die Verbesserung der Umgebung und die Verbesserung Ihrer Nachbarn und Mitmenschen zu verwenden, anstatt Unmengen unnötigen Reichtums anzuhäufen und weiter anzuhäufen? Ich werde dies tun, ich verspreche mein Wort darauf. Morgen gehe ich in mein Büro und werde dafür sorgen, dass jeder meiner Angestellten einen angemessenen Lohn und eine sichere Zukunft hat, vorausgesetzt, er erfüllt seine Pflicht.“

Der anerkennende Applaus erklang so groß, dass er die Rede des Oberbürgermeisters unterbrach, dass Bim erschrocken aufwachte. Er setzte sich auf und sah sich erschrocken um; Doch als er June lachend zwischen ihren Blumen sitzen sah, wurde er wieder zum mutigen Gnom.

Er nahm den Zauberstab und schlenderte über den Tisch, wobei er im Vorbeigehen mutwillig die Hände der Männer berührte und sie dazu brachte, noch lauter zu klatschen und zu klopfen. Er war erfreut, über solche Kräfte zu verfügen. Es war eine Komödie wie aus dem Märchenland, eine Farce mit wirkungsvollem Ende.

Der Oberbürgermeister stieg von seinem Stuhl und hob sein Glas Champagner. Seine Stimme bekam neuen Ernst:

„Meine Herren und Herren, ich habe den Trinkspruch nicht vergessen, den ich Ihnen zu trinken gebe. „The Commerce of London" ist eine mächtige Tatsache, eine Hommage an unsere nationalen Energien und unseren ehrenwerten Namen. Er ist mächtig, doch seine Macht könnte größer sein Alles, was nötig ist, um das menschliche Glück zu sichern, ist ein wenig mehr Menschlichkeit, Mitgefühl, *Vorstellungskraft* und leichte Opfer . Wir, die Meister, können das nicht schaffen unsere Mittel und unser Reichtum werden deutlich gemindert, indem wir dafür sorgen, dass diejenigen, die von uns abhängig sind, in Anstand und Komfort leben können, und wir werden auch nichts verlieren, was es wert ist, behalten zu werden, wenn wir uns entschieden weigern, uns zu solch schäbigen Übeln wie Schwitzen, Müllsammeln, Wilderei herabzulassen; Katzenspekulationen und die Instandhaltung der Slums. Lassen Sie mich ein öffentliches Geständnis ablegen. Sie sind alt und schlecht gebaut. schlecht entwässert, vermietet. Ich weiß es gut, habe aber bis jetzt noch nie über die wahren Fakten darüber nachgedacht. Diese Häuser werden zerstört; An ihrer Stelle wurden Gebäude errichtet, die den derzeitigen Bewohnern angemessene und komfortable Wohnungen zu fairen Mieten bieten. Ich werde durch die Verbesserung, wenn überhaupt, nicht viel verlieren; aber das Glück, das ich dadurch erlangen werde, wird unermesslich sein. Von nun an wird es keine Skelette mehr in meinem Schrank geben. Meine Herren und Herren, soll ich diesen Kreuzzug alleine antreten? Werden Sie sich mir bei diesem Einsatz für das Wohl der Menschheit anschließen?"

Jeder Mann in der Versammlung, einschließlich des Toastmeisters, stand an seiner Stelle auf und rief „Ja!"

„Darf ich dann vorschlagen, dass jeder von Ihnen seine Speisekarte nimmt und Vorsätze darauf schreibt – keine Versprechen auf dem Kuchenboden, keine guten Vorsätze für das neue Jahr, sondern Vorsätze, die es zu erfüllen und mit Entschlossenheit einzuhalten gilt? Wenn ich in meiner Absicht versage , schreit mich und steinigt mich am Ende meines Amtsjahres; aber ich werde nicht scheitern!"

June flog, kniete auf dem Kopf des Oberbürgermeisters – so rund, glatt und glänzend – und küsste ihn entzückt. Daraufhin kam ihm eine neue Inspiration:

„Schreiben Sie über die Resolutionen: ‚Lasst uns London fit für die Feen machen!' Meine Herren und Herren, ich spreche Ihnen den Toast aus."

Sie tranken es in Stoßstangen.

Kapitel VII

ARCHIDIAKONALE FUNKTIONEN

Als die Aufregung, die der Rede des Oberbürgermeisters folgte, einigermaßen nachgelassen hatte, wurden hastig Bleistifte ausgeliehen und angespitzt.

Der Oberbürgermeister verfasste seine Beschlüsse mit Bravour.

„Das lasse ich einrahmen", sagte er und blickte mit geneigtem Kopf auf die beschriftete Speisekarte. Der Erzdiakon verfasste seine Verse in lateinischer Sprache. Emmanuel Oldstein – weit weg – begann seine Arbeit mit einem goldenen Bleistift, so groß wie eine Zigarre; und hielt dann verwirrt inne.

„Wie sagt ihr Feen – oh, und was sind Feen?'

Er hatte eine leichte Befürchtung, dass sie etwas mit dem Book of Common Prayer zu tun hatten.

Der Mann, den er ansprach, war eine Persönlichkeit, der Altmeister einer Stadtgesellschaft – die keine Halle mehr hatte und mit einem schwindenden Einkommen von siebzig Pfund pro Jahr gesegnet war.

„Die Feen", begann er mit ungeheurer Autorität – „Märchen, wissen Sie – ach! – die Feen –."

Bim, der zufällig seinen Teil des Tisches entlangwanderte, hörte dieses Zögern über das realste und wichtigste Thema unter Sonne und Mond, hob den Zauberstab und gab ihm einen strafenden Schlag auf die Fingerknöchel. Der ehemalige Meister war sofort eine informierte Autorität. Er redete wie ein Schulkind, das seine Lektion zu gut kennt, hastig und leichtfertig.

„Die Feen sind die nachahmenden Herrscher der Welt. Wo Schönheit ist, wo Reinheit ist, wo Liebe ist, da ist das Märchenland. Oberon ist der König, Titania Königin. Die kleinen Leute sind die einzigen lebenden Realitäten. Wir – Sie – Ich, diese anderen – sind Schatten, nur Schatten!" Er stoppte. „Darf ich Sie bitten, die Kerze weiterzugeben?" fragte er und zündete sich eine neue Zigarre an.

Oldstein war beeindruckt. Er schrieb seine Vorsätze – es waren zwangsläufig viele, da seine sozialen Mängel in der Vergangenheit zahlreich gewesen waren – mit Bestimmtheit und langsamer Sorgfalt in einer guten kaufmännischen Handschrift. Während er dies tat, lief die Musik, und es gab kurze, ekstatische, einfallslose Reden, die auf dem Vorbild des Oberbürgermeisters basierten. June wartete auf höheres Spiel.

Endlich erklang die Stimme des Toastmeisters für den letzten ihrer Redner.

„Meine Herren und Herren! Beten Sie um Stille für den Ehrwürdigen Erzdiakon Pryde!"

Der Geistliche ließ eine letzte Sprachpastille zwischen seine Lippen gleiten und nahm sie ruhig auf, während der Applaus, der sein Aufstehen begrüßte, anhielt. Das Händeklatschen und Tischklopfen endete unerwartet und abrupt, und er schluckte den Rest der Pastille mit einem Schluck hinunter.

„Meine Lords und Gentlemen, der Toast, den ich ausbringen darf, ist in besonderem Maße auch der Toast des Abends. Ich werde Sie bitten, mit mir auf die Gesundheit unseres Gastgebers, des sehr ehrenwerten Lord Mayor, zu trinken!"

Während dieser Worte war Bim am rechten Ärmel des Erzdiakons hochgeklettert. Das war ein schönes Stück Bergsteigen. Er kam sicher auf dem Gipfel an und hockte sich mit gekreuzten Beinen auf die rechte Schulter des Sprechers, stolz und erfreut, mit der Absicht, den Jubel mit Schwingen des Zauberstabs anzuführen. June beschloss, noch einmal Einfluss auf die Tafel auszuüben, also flatterte sie zum Kopf des Erzdiakons und krönte seine rabenschwarzen Locken ehrfürchtig mit der Krone; dann lehnte sie sich auf der sanften Neigung seiner linken Schulter zurück. Wieder war die Wirkung der Krone augenblicklich.

Zugegebenermaßen hatte der Erzdiakon eine Ansprache vorbereitet. Es sollte voller Bewunderung und sorgfältig durchdachter Improvisation sein. Es sollte ein griechisches Epigramm, zwei Zitate von Shakespeare, eines von Stow, eines aus der eigenen Version der „Georgics" des Erzdiakons, zwei alte Geschichten aus Punch und einen – irgendwie eingefügten – Verweis auf die Oxyrhynchus-Papyri geben . Der Abschluss war, wie geplant, ein goldenes Bild mit violetten Platten des weiten, weiten, umlaufenden Imperiums, mit dem üppigen Tisch des Oberbürgermeisters als Mittelpunkt. Diese Rede war wie die Heldin einer altmodischen Liebesgeschichte, wunderschön und dem Untergang geweiht.

Der Sprecher schnappte nach Luft, als die Krone ihn berührte, und rief: „Ähem!" Dann kamen die Worte in einem Strom von stürmischen, taumelnden, flüssigen, verbalen Wassern von Lodore. Er ballte die Faust und sah seine Zuhörer streng an.

„Dies ist kein konventioneller Abend. Der Oberbürgermeister – Ehre sei ihm! – hat ein Beispiel an Zielstrebigkeit und Tapferkeit gegeben, dem ich ohne zu zögern folgen werde. Es war einmal, liebe Freunde, ich war Pfarrer, blass und jung Das stimmt, aber auch ehrgeizig und hoffnungsvoll sah ich die Welt als eine riesige Wildnis, die darauf wartete, von ihrer Leere erlöst zu werden, um wieder mit blühenden Rosen geschmückt zu werden – aber egal Das habe ich mir damals gesagt: Hier bin ich, auserwählt, an der größten

Arbeit teilzunehmen, die ein Mensch leisten kann. Die Aufgabe, die ich zu erledigen habe, ist großartig . Ich werde es tun. Ich habe sieben Monate lang nicht so gearbeitet, wie ich es hätte tun sollen, dann habe ich durch Bewunderung und Teepartys meine frühen Hoffnungen vergessen und das Heilige vergessen Charakter – das verantwortungsvolle Privileg – meiner Berufung, und begann den langen Prozess sorgfältiger Höflichkeit, der mir weltliche Anerkennung, eine umfangreiche Korrespondenz, viele Absätze in den Zeitungen und ein nutzloses Leben beschert hat. Seht in mir einen Erzdiakon, der die Illusionen verloren hat! – einen Erzdiakon, der sie wiederfinden wird!"

Bim schwenkte seinen Zauberstab; Unter der Führung des Oberbürgermeisters brach in der aufgeregten Versammlung Applaus aus. Der Erzdiakon sah sich zufrieden um: Nicht oft fanden seine Worte so viel Anerkennung! Der Gedanke, dass auch er den Stuhl besteigen sollte, um besser sprechen zu können, schoss ihm durch den Kopf. Aber das sollte nicht sein. Archidiaconale Würde ist keine leichte Sache; selbst die Kraft des Juni hätte es kaum heben können.

Die herrschende Fee, die auf seiner linken Schulter lag und ihren Kopf an seinen Mantelkragen lehnte, vergaß im Wachtraum die Gegenwart. In ihrer Gedankenwelt wanderte sie erneut durch die Lichtungen des Märchenlandes, sonnendurchflutet, voller Blumen und strahlend im Tau; und sang einem Publikum aus Zaunkönigen und Eichhörnchen ein Lied. Der gleichmäßige Fluss klerikaler Reden schien ihren traumbeladenen Sinnen, obwohl so nah, nur das Rauschen des Windes durch verzauberte Zweige, das Rauschen eines fernen Meeres, das Murmeln von Wasserfällen, die auf angeschwollenen Flüssen trommelten – musikalisch, beruhigend.

„Meine Freunde, wir brauchen die Illusionen: Noch mehr als Dividenden brauchen wir die Träume. Haben wir, die Praktiker, nicht durch unsere bloße Sachlichkeit viel verloren? Wir waren zu vorsichtig, wir haben die Gabe von vernachlässigt Vision, und die Welt hat dadurch unermesslich verloren. Die Zeit ist sicherlich gekommen, in der Quijote wieder leben sollte. Wir wollen jemanden, der mutig und selbstlos genug ist, sich gegen die Windmühlen zu stellen, möglicherweise um die hässlichen Schatten zu zerstören, die Angst machen, und ganz sicher, um das Irrtum der Ritter zu erschaffen , und geben Sie Frau Grundy, der besseren Hälfte von Mammon, ihre richtige Entlassung. Ach, Brüder, wie viel verlange ich von der Konvention, die es zu erobern gilt. Es wäre einfacher, das Denkmal in eine Zigarette zu stecken - Fall, als die Formalitäten, den Snobismus und die Engstirnigkeit zu beseitigen – aufgrund mangelnder Sympathie und des Verlusts der Tastfähigkeit, wie Ruskin es nennt – die die Menschlichkeit des Menschen behindern – ja, ich muss Ihnen dieses Zitat geben --

„„Liebster Franz von Assisi, wäre er doch wieder hier!' – wäre er doch hier, um die selbstsüchtige Welt von heute zu versüßen, wie er das Mittelalter versüßte! Und nicht nur er. Wir wollen, dass die Heiligen – jeder einzelne – mit ihrer Selbstlosigkeit und Verzückung wiederkommen. Oh, könnten wir doch wieder Heiligenscheine um die Köpfe der Menschen sehen. Auch Jeanne d'Arc, die Lilienjungfrau von Domrémy, wir wollen sie; könnte sie doch zurückkehren und uns mit der Inspiration ihrer Stimmen helfen, die Tyrannen der Selbstsucht, der Lust, der törichten Formalität und der Gier abzuschütteln, die unser geliebtes Land belasten und gefährden!"

Der Archidiakon hielt inne – er genoss seine Redegewandtheit in vollen Zügen – um seine Lippen mit Wein zu befeuchten. Bim berührte die goldene Flüssigkeit mit dem Zauberstab und lenkte die Absicht des Sprechers in Feenrichtung.

„Johanna von 'oo, hat er gesagt? Johanna von was?", fragte Emmanuel den Altmeister.

„Still, Freund!" war die einzige Antwort, die er erhielt. Der Altmeister wollte eigentlich „Halt die Klappe!" sagen; aber der Einfluss im Liebeskelch zwang zu Euphemismen.

„Der Oberbürgermeister hat uns in einem Moment großartiger Inspiration – ja, großartiger Inspiration – befohlen, so zu leben und dafür zu sorgen, dass London für die Feen fit gemacht wird. Eine entzückende Idee! Lassen Sie uns diesem Gebot gerecht werden. Aber in erster Linie werden wir es tun Wir halten inne und denken nach? Was sind die Feen? Wahrlich, es wäre gut für uns und unsere Mitmenschen, wenn wir diese große Stadt, diesen Mittelpunkt des Imperiums – könnten wir diesen großzügigen Tisch nicht als den Kern dieses Mittelpunkts betrachten? – dieses einflussreiche Zentrum der weiten Welt zu einer Freude machen könnten an die zierlichen Bewohner des Märchenlandes? Wir können es schaffen; und, Freunde, wir werden es schaffen – ich wiederhole, wir werden es schaffen!"

Bim war angesichts dieser kühnen Ankündigung ziemlich außer sich. Es war unbeschreiblich erfreulich, einen echten Erzdiakon zu haben, der im Märchenland seinen Segen aussprach. Kein Vorstadtaristokrat, über den in einer Londoner Zeitung berichtet wurde, hätte sich stärker freuen können. Er verlor sich in Ekstase und zwang das Publikum, drei Minuten lang zu jubeln, bis es heiser wurde und sich albern vorkam. Der Erzdiakon nutzte die weit verbreitete Begeisterung, um eine weitere Sprachpastille zu essen.

„Die Feen werden bei unserem Unternehmen bei uns sein; auch die Engel. Diese beiden spirituellen Kräfte sind auf unserer Seite. Liebes Ich! Liebes Ich! Wie wunderbar es scheint! Nun zu den Fakten! Von meinem Büro aus beschäftige ich mich natürlich am meisten mit dem Materialismus über uns, ein Materialismus, der seinen Ausdruck in der hasserfüllten, selbstsicheren Hässlichkeit findet, die in unserem London im Überfluss herrscht, sowie in der unbekümmerten Sparsamkeit, der Trunkenheit und dem Laster, den gemeinen Aufregungen des Glücksspiels in seinen vielen Formen, dem Elend, die Armut, die Not, die weite Teile dieser unvergleichlichen Metropole zu einer Teufelsstadt machen. Jeder hier weiß, wie schade das alles ist, und die größere Schande, die über uns, den praktischen Männern, hängt Das Fortbestehen dieses Zustands ist ungerecht, doch wie lange wird es noch so weitergehen, wenn wir dem Herrn folgen Nach dem Vorbild des Bürgermeisters haben wir Resolutionen niedergeschrieben, die, wenn sie eingehalten werden, dieses Übel überall mildern und teilweise beenden werden. Je gründlicher wir unseren Absichten nachkommen und unsere freiwilligen Versprechen einlösen, desto eher wird das Ende dieser Ungerechtigkeiten kommen. Merken Sie sich das, meine Herren. Die Gier oder die Nachlässigkeit – letzteres eher als ersteres – einzelner Menschen hat das Chaos angerichtet. Allein die Selbstlosigkeit und die gewissenhafte Fürsorge einzelner Personen können es zunichte machen. Es nützt nichts, zu schreien, dass die Regierung die Arbeit macht."

"Hört hört!"

„Die Ministermaschinerie ist ein schwerfälliges Instrument. Sie braucht den Atem der Götter, um sie zu inspirieren, damit sie sich in die richtige Richtung bewegt, und kann dann plötzlich und schließlich auf erstaunlich menschliche Weise zusammenbrechen. Der Staat ist ein …" schläfriges, unkonventionelles Monster, das, wenn es sich verhält, dazu neigt, dies mit Gewalt und nur gelegentlich guten Ergebnissen zu tun. Es sind Einzelpersonen – Sie, ich, der Mann auf der Straße – die Dinge tun können, wenn wir wollen: und jetzt müssen wir es tun. Unsere Worte wurden von den Mercurien der Presse niedergeschrieben, um sie innerhalb einer Stunde in alle Teile Englands zu verbreiten, um schließlich die entlegensten Grenzen zu erreichen die Erde. Wir sind verpflichtet, unsere Worte in Ehren zu halten!"

Nach diesem Schluck Beredsamkeit musste der Erzdiakon erneut eine Pause einlegen. Aber das Publikum, dessen gebührende Aufregung durch Bims Drängen noch verstärkt wurde, schrie unaufhörlich: „Mach weiter! Mach weiter!" während June, weit entfernt von diesem Versuch prosaischer Staatskunst, von Feen träumte.

Sie war zurück im Violet Valley. Sie sah Oberon und Titania mit ihrem wunderbarsten Hofstaat. Sie hörte die silberne Melodie unzähliger Elfenstimmen, sie lauschte mit anbetender Absicht dem Triller und Pochen der Nachtigallen, sie kannte den Willkommensgruß der Blumen, den Atem eines sanften Windes, der über Gräser wehte; Und dann, durch die Freuden des Träumens, riefen diese Einflüsse zu ihr – riefen sie zu einem Flehen auf, ihre wilde, irrige Suche in dieser Welt aus Staub und Schatten zu verlassen und zum Glück und der Schönheit des alten geliebten Lebens zurückzukehren.

Fairyland flehte sie mit all seinen Stimmen eindringlich an; es zog ihr Herz mit seiner Magie an und weckte in ihr den Wunsch, wieder dorthin zurückzukehren; aber – nein, das sollte nicht sein!

Der Erzdiakon redete weiter. Bim war jetzt zufrieden. Er legte sich noch einmal hin, um sich auszuruhen.

„Ich werde dem Beispiel unseres Gastgebers folgen und Ihnen sagen, was ich tun soll. Mein Einkommen beträgt tausend im Jahr, mit einem Haus. Was will ich, selbst nachdem ich den Forderungen der notwendigen Gastfreundschaft nachgekommen bin, mit mehr als vierhundert pro Jahr? Ich Ich werde zwar auf einige Luxusgüter verzichten müssen, aber ich werde einen neuen Luxus gefunden haben – den besten aller Luxusgüter – zu wissen, dass ich durch die umfassendere Verwendung meines Einkommens Annehmlichkeiten genießen kann, die vorher unmöglich waren Indem ich jedem dieser verdienten Diener der Kirche jährlich fünfzig Pfund gebe, werde ich ihre Ängste lindern, sicherstellen, dass sie und ihre Familien einen besseren Standard an Komfort haben, und so diese, meine Kameraden, besser und besser machen Ich werde es zu einer Bedingung für die Gabe machen, dass jeder von ihnen mit den anderen Priestern und Pfarrern in seiner Gemeinde freundlich umgeht – was auch immer ihre Konfession sein mag, denn wie sehr wir uns auch unterscheiden müssen und werden Punkte der Lehre – bis die Wahrheit in der unsichtbaren Welt gefunden wird – sollten wir alle Soldaten unter einem Banner sein, vereint für die eine Sache, wenn auch in unterschiedlichen Regimentern, um das Richtige voranzutreiben, das Unrecht zu beenden, die Gefallenen aufzuerwecken, die Sünde zu bekämpfen, die Schwachen zu ermutigen, die Ursachen zu entdecken und zu zerstören, die unkontrolliert zu Hunger, Krankheit und Tod von Körper, Geist und Seele führen. Zu diesem Zweck sollten alle Männer und Frauen, Mitglieder der Kirchen und diejenigen, die dem Licht folgen, ohne einem organisierten Zweig der Kirche anzugehören, ineinander Kameraden sehen, vereint für das große Ziel, die Welt in Schönheit und Liebe erstrahlen zu lassen und Glück."

Bim, müde von seinem früheren Enthusiasmus, war allmählich in Schlummer versunken. Er hielt den Zauberstab fest, obwohl er schlief. June, auf der linken Schulter, war noch immer in Feenlichtungen. Deshalb war der Erzdiakon so ernst geworden, und sein Stil und seine Worte passten besser zu seinen Gamaschen.

Die Gäste folgten seiner Rede noch immer mit Spannung und wurden durch seine kühne, klare Rede in ihren neuen Idealen und mutigen Entschlüssen bestärkt. Es war das seltsamste Bankett, an dem sie je teilgenommen hatten, aber keiner von ihnen dachte das; und die unkonventionellen Ansprachen schienen genau das zu sein, was man hätte erwarten sollen.

„Noch ein persönliches Wort in meinen Schlussbemerkungen. Ich hatte viele Kritiker, die nicht gezögert haben zu sagen, dass ich der Bedeutung meines Namens gerecht geworden bin. Vielleicht habe ich das getan! Vielleicht hatten sie Recht. Aber glauben Sie mir, ich werde studieren." Ich kann jetzt, wie noch nie zuvor, erkennen, wie sehr ich mich geirrt habe, als ich die Demut vergaß. Für einen Geistlichen bedeutet es, seines Glaubens unwürdig zu sein Ich werde mich ernsthaft bemühen, so zu handeln, dass der ärmste Landstreicher, das ärmste Kind, der bescheidenste alte Mann oder die bescheidenste alte Frau in mir etwas Ähnliches sieht sich selbst, ein Kamerad und ein Helfer."

Er hielt inne und erinnerte sich an die Schlussrede, die er mühsam unter der Schreibtischlampe vorbereitet hatte; und beschloss, es aufzugeben. Er endete einfach.

„Es ist der Oberbürgermeister, der durch seine glückliche Führung und sein Beispiel etwas eingeleitet hat, von dem ich glaube, dass es für uns alle eine große Revolution ist. Meine Herren und Herren, ich bitte Sie, gemeinsam mit mir auf seine Gesundheit zu trinken."

Sie haben es getan.

KAPITEL VIII

MANN UND ÜBERMANN

Das Bankett endete mit einem Stimmengewirr. Die Gäste standen auf und brachten, in Gruppen stehend, eifrig ihre Ansichten über das Geschehen des Abends zum Ausdruck. Emmanuel Oldstein, dessen Wesen durch ungewöhnliche Kost und seltsame Appelle gemildert wurde, beeilte sich, dem Erzdiakon ein Loch ins Gesicht zu stecken und ein Denkmal der Versprechungen zu errichten. Der Geistliche war sehr mutig und lud ihn zum Tee ein – als die begeisterten Vorsätze in Erfüllung gingen.

Dies war der Beginn einer Revolution, die von einem Oberbürgermeister im Bunde mit einer Fee angerichtet wurde. Was könnten solche Mächte nicht tun, wenn sie häufiger zusammenarbeiten würden!

Sir Titus wünschte eine allgemeine gute Nacht und zog sich in seine Privatgemächer zurück, um die Bürgermeisterin von seinen Ansichten zu überzeugen – keine leichte Aufgabe, wie Sir Titus sehr wohl wusste. June brach mit Bim auf, der beim Gehen einen Arm voll frischer Frühlingsblumen ergriff, und die Sterblichen gingen ihrer Wege.

Die beiden aus Fairyland standen am Geländer des Mansion House und sahen zu, wie die Kutschen vorfuhren und davonfuhren, mit ihren aufgeregten Ladungen zielstrebiger Männer. Erst als der letzte verschwunden war und die Stadt ihren gewohnten verhältnismäßigen Frieden wieder einnahm, wandten sich June und er in Richtung Paradise Court.

Wie man dorthin kommt? Ein einsames Taxi wartete am Bürgersteig auf der anderen Straßenseite, der Chauffeur redete mit einem Faulenzer über Reifen und Rennpferde. Der Fahrer gehörte zu der unmöglichen Brigade, die ihre Überlegenheit gegenüber dem einfachen Volk dadurch zum Ausdruck brachte, dass sie es ablehnten, Passagiere zu akzeptieren, es sei denn, es passte ihnen gerade. Im Juni lehnte dieser Monarch der Straße die Gebete von fünf gestrandeten Wanderern aus keinem anderen Grund ab, als dass seine Ansichten über das bevorstehende Derby noch nicht vollständig dargelegt worden waren.

Also handelte sie. Sie nahm ihren Zauberstab und schwenkte ihn. Ein verwirrter Ausdruck huschte über das Gesicht des Mannes. Er bestieg den Fahrersitz, bewegte das Lenkrad, betätigte einen Hebel und fuhr dorthin, wo die Fee und der Gnom warteten. Der Herumschlender und ein interessierter Polizist, der herbeigeschlendert war, schauten verblüfft über diese geheimnisvolle Komödie.

Sie sahen zu, wie die Maschine anhielt, wie der Fahrer ausstieg und mit einer respektvollen Verbeugung vor – nichts – die Tür öffnete. Sie sahen, wie das

Taxi mit höchster Geschwindigkeit schnell nach Cornhill fuhr und nach Osten eilte. Als es außer Sichtweite geglitten war, stieß der Faulenzer einen ungläubigen Pfiff aus, und der Polizist fand Worte des Staunens. „Nun, ich bin überwältigt!" war das unzureichende, was er sagen konnte.

Ihr Erstaunen war nichts im Vergleich zu dem des Fahrers. Er war erstaunt. Ihm blieb nichts anderes übrig, als seinen Kurs fortzusetzen, indem er den Wagen kühn durch klappernde Straßen steuerte und wie von einem überwältigenden, unsichtbaren Einfluss gelenkt wurde, hier und da, über verschlungene, seltsame Wege, bis er instinktiv die Bremse betätigte und neben einem schäbigen Wirtshaus anhielt am Eingang einer Gasse.

Hastig, als hätte er Angst, wichtige Gäste warten zu lassen, sprang er von seinem Sitz auf, öffnete die Tür des scheinbar leeren Taxis erneut und machte erneut eine Ehrerbietung.

Dann, als die unsichtbaren Passagiere ausgestiegen waren, schloss er die Tür mit einem Knall und fluchte heftig, bis er Erleichterung verspürte.

June betrat keines der Häuser, aber mit Bim, der am Ende des Zauberstabs baumelte – sein linker Arm hielt immer noch die Blumen umklammert – flog sie auf das Dach und trug ihn mit sich.

Sofort kam eine Reaktion. Die Aufregung und das Interesse des Tagesablaufs hatten sie am Laufen gehalten; aber jetzt, als die Zeit der Ruhe gekommen war, verfiel sie in einen Zustand der Erstarrung und Depression. Sie vergaß ihre Triumphe, verlor das Hochgefühl, das der Erfolg in ihr ausgelöst hatte, und war sich noch mehr als nach ihrer ersten Ankunft der Grobheit und der fast hoffnungslosen Hässlichkeit bewusst, die sie bedrängte. Zum ersten Mal in ihrem wunderbaren Leben wurde sie vom Blues heimgesucht.

Das war eine Chance für Bim.

Die langen Schlafphasen hatten ihn erfrischt und er erwies sich als weniger empfindlich als June gegenüber den Auswirkungen ihrer Umgebung. Er nahm die Blumen und webte mit schnellen Fingern eine Feenlaube um sie. Die weißen und gelben Kelche und ein violettes Veilchen, erfrischt durch seine Zuneigung, lebten in Mitgefühl wieder auf. Als June Bims Hilfsbereitschaft bemerkte, fasste sie erneut Fröhlichkeit und Mut. Einen ganzen Tag lang blieb sie geplagt und müde; doch am folgenden Abend stand sie erneut vor ihrer Aufgabe.

Sie flog träge an den Rand eines Schornsteins und studierte die Welt um sich herum. Schwarze Dächer, heruntergekommene Häuser, leere Fenster und grelle Lichter auf allen Seiten: Über allem lag der Dunst, der ihr Angst gemacht hatte.

„Arme Menschheit!" Sie murmelte: „Tag und Nacht, Jahr für Jahr, von der Geburt bis zum Tod dazu verdammt, so eingemauert zu werden!"

Sie verschwendete jetzt keine Energie damit, Apostrophe auszusprechen, sondern schmiedete sofort Pläne. Sie kümmerte sich um die Blumen, die Bim vor dem Tod gerettet hatte.

Sie berührte die abgeschnittenen Enden und stärkte ihre Lebenskraft; Dann arrangierte sie liebevoll die besten davon auf dem staubigen Boden des Schornsteins. Es waren kostbare Besitztümer, Schätze, die es zu horten galt.

Bim hatte in einer Ecke des Hofes einen vergessenen Blumenkasten gesehen, den man vor Jahren in einem verlorenen Garten gesammelt hatte. Das würde genügen! Er ging, um etwas zu holen, während June auf der flachen Brüstung stand und auf den Hof unten blickte.

Dunkelheit, Schmutz, Verfall! Wie sehr das Leben in der Stadt! Sie schaute nach oben in den verwundeten Himmel. Zwei Planeten und der Mond leuchteten schwach durch den Londoner Rauch. Die Fee sehnte sich danach, über dieser Wolke zu sein, im azurblauen Ozean der Nacht zu schwimmen, näher an den Sternen zu sein, näher an den Idealen, weiter von den dreckharschenden Männern. Hoch, hoch und hoch!

Sie breitete ihre Flügel aus und stieg die Treppe der Feldlerche hinauf. Sie ging immer höher, jetzt wahnsinnig glücklich, und dachte an die Gedanken, die der Laverock singt. Für eine Weile vergaß sie Müdigkeit und Kummer völlig und kannte nur noch Lebensfreude und die Leidenschaft, dem Licht näher zu sein.

Ihre Flügel hörten nicht auf zu schlagen, bis sie aus dem Dunst herauskam und wieder die unbeschwerte Luft atmete, die für Menschen und Feen tatsächlich Leben bedeutet. Dann ruhte sie auf ausgebreiteten Flügeln und hing regungslos, ein Atom voller Lichtpotenzial, und brütete über den Meilen der grellen Stadt.

Ihr Herz wurde schwer und traurig wegen der Lasten der Menschen. Für sie war London eine zerstörte Wildnis, die hier und da von gelben Leuchtraketen erhellt wurde. Wo sich die Parks erstreckten, herrschte bloße Schwärze, unterbrochen von schwach schimmernden Teich- und Seeflächen, als der verschleierte Mondschein zufällig auf sie fiel. Die Themse war, abgesehen von gelegentlichen Schimmern reflektierten Mondlichts, ein graues Band, ein Keil, der durch die grelle Dunkelheit getrieben wurde, eine abschreckende Tatsache.

Darunter erstreckte" sich der rote Dunsthimmel, der sie im Elfenreich bedrückt hatte. Es war eine Barriere zwischen dem Menschen und den Sternen – schwer und spürbar. Die leuchtenden Welten, die der Nacht Magie verleihen, üben einen so starken Einfluss auf das Gute im Geiste aus und bringen Begeisterung und hohe Träume, dass das, was ihre Kontemplation behinderte, ein Übel war, das verbannt und zerstört werden musste. Also argumentierte June und überlegte, wie sie es beenden sollte. Feenhaftes Nachdenken! Doch ist es so sinnlos?

Sie war froh, ihren Blick zu ändern und über sich hinwegzusehen. Dort breitete es sich aus – Sternenstaub, das Firmament, Myriaden von Welten und Sonnen, überaus großartig, unendlich, erhebend, doch mit all der Aufregung der Seele, die es hervorrief, brachte es stärkende Demut. Wenn die Menschen ihre Augen und ihren Verstand nutzen und mehr vom Glanz des Universums sehen würden; Wenn sie die Sternbilder auf ihren jährlichen Umlaufbahnen beobachteten, den einzigartigen Sirius als Freund kannten, Arkturus erkannten und die Plejaden nach ihrer sommerlichen Abwesenheit begrüßten, wären dann nicht die Ideale edler, die Hoffnungen glücklicher und die Toleranz gegenüber Gemeinheit in ihren vielen Formen unmöglich?

Während die Fee in ihrer glückseligen Einsamkeit in der Luft ruhte, wurde sie sich einer allmählichen Fröhlichkeit bewusst, eines zusätzlichen Gefühls der Freude – subtiler als das, was ihre Geister seit ihrer Flucht aus dem Veilchental gesegnet hatte –, als sie sie besuchte. Es weckte sie aus Träumereien in die Realität.

Feen – ihr eigenes Volk – näherten sich und riefen sie. Ihre Stimmen und ihr Glanz waren besser als Perlen und Reichtum.

„Juni, unser Juni, komm zurück zu uns! Komm zurück! Komm zurück!"

Der Appell war mächtig. Mit fast der Geschwindigkeit des Lichts flogen die Feen. Es war die Truppe von Rittern, die ein halbes Jahrhundert stark waren und den Auftrag erhalten hatten, den Juni nach der Krönung der Heimat des Landes der Wildrosen zu dirigieren. Sie drehte sich freudig um, um sie zu begrüßen. Das Gleiche kam zum Gleichen. Die Sympathien schlossen sich zusammen. Sie waren ihr eigenes Volk, ihre Kameraden; Sie flehten sie an, ihren Kreuzzug in der Dunkelheit aufzugeben und zur Freude zurückzukehren.

Ihre Anwesenheit war willkommen, aber selbst dann konnte sie die Kinder und die anderen nicht vergessen, deren Not die Gaben der Feen erforderte. Als die Elfenwelt ihnen geholfen hatte, würde sie gerne zurückkehren, aber – noch nicht. Sie konnte Sally und ihre Freunde von Paradise Court oder die anderen dunklen Millionen, deren Bedürfnis nach Schönheit, Freude und Licht sie kannte, nicht verlassen.

Sie schloss ihre Flügel und sank auf die Erde, ließ die Ritter über der Wolke zurück, drehte sich um und rief vergeblich nach ihr. Sie blickten durch den

Schleier auf die Welt darunter und flogen widerwillig zurück ins Märchenland.

Sie fand Bim mit dem Hausbau beschäftigt. Er hatte etwas „rauchgetrocknetes" Moos von Dächern und Schornsteinen gesammelt und sich dabei über die kantige Welt gewundert, über die er geklettert war, und hatte daraus ein Bett für sie zusammengehämmert, mit Spinnweben als Bettdecke. Er überredete die frisch gepflanzten Blumen, sich wie zu Hause zu fühlen, und sang die ganze Zeit krächzend und fröhlich, als wäre ein zugiges Dach über Paradise Court dem Märchenland so nahe wie nötig. So ging es ihm damals, als er für June arbeitete.

Sie unterbrach ihn nicht – seine Aktivität und sein Glück waren Balsam und Kraft für sie –, sondern stieg durch den Kamin ins Zimmer hinab.

Sally schlief tief und fest, ebenso wie die beiden Männer und die Mutter des Babys. Der Säugling weinte schwach. Die beiden anderen Frauen waren wach und arbeiteten im Schein einer Kerze. Ihre Augen waren durch die flackernde Unsicherheit benommen und schwach, aber die Anstrengung musste sein. Ihr einziger Protest bestand darin, das weinende Kind zu verfluchen und zu tadeln. June, der sich nicht um die Wirtschaft kümmerte, schläferte sie ein und löschte klugerweise das Licht.

Sie gab den Schläfern Träume, um sie aufzumuntern und zu trösten. Sally war wieder einmal im Land des herrlichen Wasserfalls. Bill stapfte eine staubige Straße entlang, mit der Aussicht auf Bier. Dann beruhigte June das Baby, indem er seine Augen küsste, und schenkte dem hungrigen Milben den Trost des Schlafes.

Was sollte aus diesem Sterblichen werden, der geboren wurde, um verdorben und dem Untergang geweiht zu sein? Dort berührte sie unser größtes Problem. Die Tatsache des Lebens bedeutete für dieses kleine Ding Elend. Traurig bemerkte die Fee die eingefallenen Augen, die eingefallenen Wangen und die Gliedmaßen, die nicht dicker als Feuerholz waren, und überlegte, was sie tun sollte. Wenn dieses Kind so zurückgelassen würde, vernachlässigt und verhungert aufgrund der Nährstoffe, die seine Mutter ihm nur geben konnte, würde es sterben. Sollte das sein?

Sie wünschte, dass ein Teil des verschwendeten Futters aus dem Vorstand des Oberbürgermeisters den Kindern gegeben werden könnte, die Nahrung brauchten, und beschloss, sofort etwas für die vielen kleinen Opfer von Paradise Court zu holen.

Sie ging durch das Fenster, winkte ihm dabei zu, es zu öffnen und zu schließen, und war wie ein Licht auf ihrer Suche.

Sie huschte durch die stillen Straßen, erhob sich, um über die Stadt zu fliegen, streifte mit ihrem linken Flügel den Drachen auf dem Kirchturm der Bow Church, flatterte für einen nachdenklichen Moment über dem Westtor von St. Paul's und landete am Griffin.

Sie sah, wie Omnibusse und Taxis vorbeifuhren, und Ströme verspäteter Menschen. Sie schaute ihnen gespannt ins Gesicht, fand aber keines, das ihr gefiel. Also setzte sie ihren Flug am Strand fort und ruhte sich auf dem Geländer vor Charing Cross aus.

Zwei vergoldete Jugendliche stolzierten herbei, halfen und behinderten sich gegenseitig, die Arme verschränkt. Sie hatten weiße, leere Gesichter, die Mützen saßen schurkisch schräg auf ihren Köpfen, ihre schwarzen Umhänge waren offen und ließen breite Hemdenfronten mit glänzenden Diamantnieten erkennen.

Manchmal sangen sie einen anschwellenden Refrain, manchmal stritten sie sich verärgert, manchmal waren sie den Passanten gegenüber unhöflich. Sie waren Adoptivsöhne des Silenus, voller Unverschämtheit und Wein.

June ging hinunter zur Verbindungsstelle ihrer verschränkten Arme und stieß sie dreimal kräftig mit ihrem Zauberstab an, um ihnen gute Absichten in ihre benebelten Gehirne zu pflanzen.

Ihre Gedanken wurden klarer. Sie blieben stehen, taumelten und standen mit großer Anstrengung aufrecht wie echte Männer. Einer nahm sein Monokel und sagte: „Juhu!" Sie überquerten die Straße, ignorierten den zügigen Verkehr, als ob es ihn nicht gäbe, und betraten eine Konditorei, die jede Nacht bis zur Feenstunde geöffnet blieb.

Jeder zahlte zwei Sovereigns.

„Brötchen", sagte einer.

„Milch", verlangte der andere.

"Schokolade."

"Tassen!"

Die müden Kellnerinnen dachten, die Jugendlichen würden sich über sie lustig machen, aber als sie das Gold sahen und froh waren, den Rest an Scones und Brötchen los zu sein, stapelten sie alles, was sie hatten, vor diesen Kunden, brachten große Dosen Milch und Päckchen voller Schokolade , mit all den angeschlagenen, gesprungenen Tassen, die sie eilig finden und entsorgen konnten.

Einer dieser ahnungslosen Philanthropen starrte auf das Wechselgeld von sechs Pence und einem halben Penny, das ihm ein gewissenhafter Kassierer in die behandschuhte Hand gelegt hatte; der andere blickte durch seine Brille und war überrascht über die Menge ihrer Einkäufe. June billigte lächelnd ihre Taten und Absichten.

„Wir werden einen Growler haben!" sie erklärten gemeinsam.

Eine neugierige Schar von Kellnerinnen und Passanten half ihnen beim Beladen des Fahrzeugs, wiederholte ihren gemeinsamen Befehl, „in diese Richtung" – nach Osten – zu fahren, und schickte sie unter lachendem Jubel auf ihre Reise.

„Warum haben wir das gemacht?" sagte der eine zum anderen.

„Herr weiß", war die Antwort, „aber wir werden es schaffen."

Eingelullt von der Nähe des Taxis, dem Geruch der Brötchen, dem Klappern der Tassen und ihrem angeborenen Sinn für tugendhaftes Handeln steckte das glückliche Paar die Köpfe zusammen und schlief, bis es vom Rattern und Klappern des vorbeifahrenden Taxis geweckt wurde über einen Granitdamm.

Der Jehu kam zuerst zur Besinnung. June, der in seiner Brusttasche gestanden hatte, wo er illegal seine Dienstmarke aufbewahrt hatte, hielt ihn am Paradise Court an.

„Ich weiß nicht, warum ich es getan habe, aber ich habe es getan!" sagte er zu einem Polizisten, der herbeigeschlendert kam, als er ein wartendes Taxi sah.

Bim huschte vom Dach herunter.

„Setz dich auf seinen Kopf", befahl June ihm. Der Gnom saß auf dem Helm des Polizisten. „Lass ihn helfen!"

Die Jugendlichen zogen ihre Milchdosen heran und hoben sie herunter. Dann betraten der Kutscher, der Polizist und sie dreist den Hof, schlichen sich in jedes Zimmer eines jeden Hauses – es gibt nur wenige Schlösser in Paradise Court, und Riegel werden dort selten geschossen – und stellten jedem schlafenden Kind eine Tasse Milch hin Brötchen und ein Stück Schokolade – Überraschungen für ihr Erwachen.

Die guten Sachen reichten gerade für die Anzahl der Bedürftigen, es blieben fünf Brötchen übrig, die der Taxifahrer einsteckte.

Das menschliche Quartett verließ schließlich den Hof, strahlend vor Freundlichkeit.

„Ich könnte etwas trinken", sagte der Polizist und verdunkelte seine Bullaugenlaterne.

„Das Gleiche hier“, sagte der hitzige Wagenlenker.

„Und das sagen wir alle!“ riefen die Jugendlichen.

Der Polizist gab einen seltsamen Pfiff von sich. Ein oberes Fenster des Wirtshauses wurde leise geöffnet.

„'Oo geht da hin?‘ flüsterte Bung.

„Wir, Tim“, sagte der Polizist.

„Richtig-oh, Alfred! ‚arf a mo‘.“

Der Träger des Monokels brachte etwas Silber hervor.

„Ich bin dran“, sagte er; „vier Whiskys.“

Während diese Spender des Guten sich selbst belohnten, ging June zum Schlafen in ihr Nest.

„Dies ist der Beginn des neuen Märchenlandes“, sagte sie dankbar zu Bim, der strahlte.

KAPITEL IX

DER FORTSCHRITT VON OBERON

Das Bankett des Oberbürgermeisters ging in die Geschichte ein, obwohl die Zeitungen zunächst dazu neigten, ihm kaum Beachtung zu schenken. Wenn es in der Hundezeit passiert wäre, als attraktive „Kopie" für Urlaubsmüßiggänger äußerst begehrt waren, wäre es ohne besondere Anstrengung seitens der Feen von Journalisten aufgegriffen und zur leichten Wut einer Sommersaison geworden . Es hätte die Seeschlange überschwemmt, die Riesenstachelbeere zu einer unaufgeblasenen Blase gemacht und fantasievolle Pessimisten daran gehindert, sich alljährlichen Ängsten vor der Zukunft unserer Töchter und dem Scheitern unserer Ehen hinzugeben; hätte die gewöhnliche Silly Season zu einer Zeit echter, erholsamer und intellektueller Glückseligkeit gemacht.

Aber June achtete bei ihren Entscheidungen nicht auf die bloße Bequemlichkeit eines Redakteurs und erwischte die Machthaber von Fleet Street gerade dann, wenn sie am geschäftigsten waren. Das Parlament redete immer noch über den Haushalt und verschärfte damit die Probleme von Tadpole und Taper; eine kleine Parlamentswahl – drei Nachwahlen gleichzeitig – war im Gange; die Sommerwelt des Sports kam in Schwung; ein Erdbeben hatte die Insel Zikki-baboo verwüstet; die Eingeborenen an der Nordwestgrenze Indiens waren wieder einmal mit ihren Scharfschützen beschäftigt gewesen und hatten die Entsendung einer neuen Strafexpedition eingefordert; Gertie Feathergirl von der Gaiety hatte sich romantisch mit dem Hon verlobt. Stanley Stallboys, und hatte – zur Freude einer überschwänglichen Menge – ihre letzten Auftritte, bevor sie sich ins Privatleben und in die Leitung eines Automobilgeschäfts zurückzog; Der Allergroßherzog von Hotzenbosch hatte eine Postkarte mit der Aufschrift „Privat" geschrieben, die den schnellen Einsatz zweier Fliegerstaffeln erforderlich machte: Kurz gesagt, alles, was in dieser überfüllten Zeit passieren konnte, geschah; und Nachrichtenredakteure begannen sich zu fragen, warum sie lebten.

Dann kam June in die Stadt und was passieren musste, geschah! Der Oberbürgermeister hielt seine Rede, der Erzdiakon folgte seinem Beispiel. Eine Revolution der Ideale brach aus. Was sollte Fleet Street tun? Sollte der Umstand auffallen; oder in ein paar scherzhafte Absätze interniert? Wie schade, sagten sie, es sei nicht aufbewahrt worden, bis das Jahr in seiner Wildnis war!

Die Fakten waren zu wichtig, um vergraben und ignoriert zu werden. Ein Oberbürgermeister ist nicht originell, ein Erzdiakon nicht auf der Höhe, und das umsonst! Redakteure können die meisten Dinge tun; aber jeder Versuch ihrerseits, den Einfluss der Feen zu ersticken, ist ebenso vergeblich wie der Besen von Mrs. Partington; es zeigt lediglich, dass sie doch nur Menschen sind.

Über das Bankett und seine Tendenzen musste berichtet und mit Schlagzeilen kommentiert werden. Also griffen die Zeitungen es auf.

Das Parlament, Gertie Feathergirl, Krieg, aktuelle und diplomatische Angelegenheiten sowie alle anderen Angelegenheiten von vorübergehender Bedeutung waren gezwungen, in der Tagespresse und im öffentlichen Interesse die ihr gebührenden untergeordneten Plätze einzunehmen.

Die beste Zeitung, die Sie und ich unterstützen, oh Leser, hat den Kreuzzug der Presse begonnen. Auf der Hauptseite befanden sich vier Spalten mit Beschreibung und Beschwerde; und das war die Überschrift:

OBERON WIRD KÖNIG SEIN.

Und die ganze Zeit über war Oberon in dem einen oder anderen seiner Schlösser – in Irland, in Wales, in Spanien, in dem düsteren Land, in dem die Träume entstehen, in Weissnichtwo – und lebte das Märchenleben, erschuf die Vögel, Blumen und Wolken und Flüsse glücklicher; Dennoch vergisst er niemals den Zehnten eines Augenblicks den Wahnsinn des Juni.

Die bestimmte Zeitung, mit der wir nichts zu tun haben wollen, oh Leser – die Zeitung, deren Meinungen wir verachten und bedauern – spottete über die Feen in ihrer gewohnt selbstsicheren Art, wie zu erwarten war! Es gab vor, die Bitte des Oberbürgermeisters als das angenehme Gefühl eines gutbürgerlichen Herrn zu betrachten, und spielte mit einer Anführerin, in der Titania als Mythos und die Feen als Früchte eines Albtraums bezeichnet wurden.

Ein solches Verhalten einer vielgelesenen Zeitschrift musste verantwortet werden.

Zugegebenermaßen behandelte June seine ikonoklastische Persiflage mit der Duldung der Verachtung. Auch sie las keine Zeitung; Aber Erzdiakon Pryde, der erkannte, dass Sir Titus sich nicht herablassen würde, sich gegen einen solchen Angriff zu verteidigen, und der sich daran erinnerte, dass auch er an dieser halbgroschen Verurteilung beteiligt war, rief ein Taxi, packte eine Schnupftabakdose mit Sprachpastillen und fuhr voller Hitze los und zum Hauptquartier der beleidigenden Zeitung geschickt.

Er wurde vom Kommissar am Tor mit einem militärischen Gruß begrüßt; Dreimal fotografiert – beim Bezahlen des Taxifahrers, beim Essen einer Lutschtablette und beim Überreichen seiner Karte an einen Jugendlichen im Ermittlungsbüro. Als er das Redaktionsheiligtum betrat, ließ man ihn dazu überreden, für zwei Blitzlichtfotos zu posieren – eines zeigte ihn in einem ernsthaften Gespräch mit dem großen Mann, das andere zeigte seine Hand auf dem zerzausten Kopf eines Druckerteufels.

Diese Bilder sollten ein von einem Stenographen diktiertes „Interview" veranschaulichen, das die Ideen und Absichten des Erzdiakons im Zusammenhang mit seinen und den neuen Entscheidungen des Oberbürgermeisters erläuterte und so dem Herausgeber einen Vorwand für eine *Kehrtwende lieferte* .

Der Erzdiakon war in einem glühenden Enthusiasmus. Diese herausragende Nützlichkeit oder nützliche Hervorhebung war erfreulich. Er versprach, seine Speisekarte zu schicken , damit die eingeschriebenen Resolutionen für die morgige Ausgabe als Faksimile reproduziert werden könnten; und endete damit, dass ich den Herausgeber zum Tee aufforderte.

Als er nach Hause ging, war er sich mehr denn je bewusst, dass er ein einflussreicher und arbeitsreicher Mann war.

So gelangte sogar die Zeitung, die Sie und ich, oh Leser, gewöhnlich nicht mögen und ignorieren, auf die Seite des Lichts.

Die großen Organe der Presse ließen mit erstaunlicher Einstimmigkeit ihre Maschinen laufen, bliesen Trompeten und schlugen Trommeln im Interesse der Feenreform. Es war keine plötzliche Angelegenheit, diese großartige Kombination; sondern ein allmähliches, umfassendes Erwachen des Nutzens, der Freude und der Notwendigkeit, die Anliegen des Elfentums zu predigen.

Die nüchternen Wochenzeitungen folgten mit einer solchen Autorität, dass sie zu glauben schienen, die Führung zu übernehmen. Sie hatten kein Zögern. Auch die Monats- und Quartalszeitschriften setzten den Chor zu gegebener Zeit fort. Es dauerte etwa vier Monate, bis dieser Einflusstrend zur Vollendung gelangte, doch dann ging die Sache weiter wie eine Flutwelle.

Oberon und Titania, die sich der neu entfachten Wut auf die Güte der Feen seltsamerweise nicht bewusst waren, wurden zu sozialen Faktoren; Sie verließen das exklusive Revier der Folkloristen und wurden zu den Lieblingen der Zeitschriften, den Lieblingen der Mode, ob hoch oder niedrig.

Aber das ähnelt stark der Vorwegnahme, dem Schreckgespenst des nüchternen Historikers, und so kehren wir in die Gegenwart zurück, wie sie war.

Für Emmanuel Oldstein war die Wahrung seiner Ideale eine schwierige Angelegenheit. Seine mitternächtliche Begeisterung hatte seltsamerweise nachgelassen, als der Milchmann seinen Gesang erklang.

Der Frühstückstisch am nächsten Morgen glich einem Schlachtfeld; Es gab Stürme in fünf Teetassen. Seine Familie widersetzte sich seinen guten Absichten mit Ernst, gebrochenem Englisch und einigen Zitaten aus dem Pentateuch und hielt ihn dadurch durch die Regel des Widerspruchs an seinem Ziel fest. Ihre Hartnäckigkeit stärkte seine. Er blieb tapfer bei seinen Waffen und begann seinen Kurs sofort mit der Verdoppelung von Ernie Jenkins' Lohn, was es diesem jungen Patrioten ermöglichte, seinen Genuss von bitterem Bier zu vergrößern, drei saubere Kragen pro Woche zu tragen und Emily zu versprechen – mit ein paar Absicherungen „wenns" – dass sie eines Tages „Mrs. J." sein könnte.

Emmanuels Familie gab seinen Wünschen nach, als er sie kaufte. Er schenkte Frau Oldstein ein lila Seidenkleid mit Gagatbesatz, einen großen Armreif und eine goldene Uhr, die so klein war, dass sich ihr Uhrwerk nie bewegen konnte. Max, der sich in Bezug auf den „Flum des Gouverneurs" zu seltsamen Maßen an unverschämtem Sarkasmus anmaßte, erhielt eine kleine Teilhaberschaft im Handelshaus, vorausgesetzt, dass er in allen seinen Geschäften nicht nur gerecht, sondern auch großzügig war.

Er stimmte schnell zu und wurde ein überheblicher Mensch, der alte Bekannte vergaß.

Die Einhaltung der Vorsätze war für den alten Mann sicherlich eine harte und bittere Angelegenheit; aber es tat ihm gut. Er verlor nie das Versprechen aus den Augen, mit dem Erzdiakon Tee zu trinken.

Die härteste Anstrengung kam, als die frommen Leute von nebenan den Köder schluckten und Jabez Gordon aus der Jermyn Street um einen Kredit baten – „um ihre Bemühungen für die Sache auszuweiten".

Emmanuel informierte Hannah unklugerweise über die Tatsache. Ihre Augen strahlten vor wütendem Glück. Zu guter Letzt! Zu guter Letzt!

„Jetzt mach sie kaputt, Pa!" flehte sie in ihrer gebieterischen Art.

„Ja, mein Lieber!" sagte er ausweichend; und setzte eilig seinen Hut auf, um bei einem Spaziergang um die Plätze mit sich selbst zu kommunizieren. Hier war ein Pass!

Die unsterbliche Erinnerung an die Verfolgung, die sein Volk jahrhundertelang ertragen musste, flammte in ihm auf. Jahrelanger Kleinhandel und scharfsinnige Finanzpraktiken hatten seinen ererbten Rassenhass nicht ganz bezwungen. Und von allen antisemitischen Verfolgern war keiner so aufreizend wie diese verliebten, verächtlichen Sentimentalisten – die Nadelstichfanatiker –, die hofften, ihn zu „bekehren", indem sie ihn aufforderten, die Breite seines eigenen, auf Jahrhunderten basierenden Glaubens auszutauschen der nationalen Opfer- und Kampfgeschichte, für ihr traditionsloses, einfallsloses, saftloses Sektierertum. Es war eine harte Anstrengung, diese Menschen in diesem Moment möglicher Rache zu verschonen.

Shylock hatte im 20. Jahrhundert seine Chance.

Als Emmanuel wieder nach Hause kam, war er noch unentschlossen. In seiner Brust tobte ein uralter Kampf. In dieser Nacht schlief er mit einem Stapel der Angriffsmissionsmitteilungen neben seinem Kissen, drehte sich um und träumte unruhig, während er Jiddisch murmelte.

Während des Frühstücks fasste er einen Entschluss, den er für sich behielt.

„Vater, ich bin froh, dass du sie bestrafen kannst", sagte Hannah vielsagend, während sie ihm in seinen Außenmantel half. Das war die einzige Bemerkung, die zu diesem Thema gemacht wurde. Klugerweise schwieg er.

Er schrieb aus seinem Finanzbüro in der Jermyn Street – auf den ersten Blick könnte man meinen, es sei ein Verkaufsort für starke Zigarren und seltsame Rotweine – an den scheinheiligen jungen Mann und lud Herrn Lemuel Buskin Junior ein, bei Jabez Gordon vorbeizuschauen. um die kleine Geschäftssache zu vervollständigen, über die Herr Lemuel Buskin Junior geschrieben hatte.

Dann ging Oldstein weiter in die Stadt und bekam von Max eine Liste der Arbeiter – der verschwitzten Arbeiter –, die ihr Leben für die Schaffung seines Reichtums gegeben hatten. Er besuchte sie alle, untersuchte ihren Zustand und tat alles, was er konnte – sei es wenig oder viel –, um ihre Wünsche und Leiden zu lindern. Die letzte auf dieser Liste der gemeinen, armen Leute war Sally Wilkins von Paradise Court. Er hatte bereits vereinbart oder sich zum Ziel gesetzt, jedem seiner Angestellten einen existenzsichernden Lohn zu zahlen, unabhängig von der Folge, dass die Preise steigen und möglicherweise Kunden verloren gehen. Es war eine mutige Politik. Für Emmanuel Oldstein, noch mehr für Max, kam es einer unentschuldbaren Sünde gleich. Für irgendetwas mehr als nötig zu bezahlen, wäre eine Lästerung der Götter der Ökonomie. Aber er bestand darauf und tat es. Um ein letztes Mal vorwegzunehmen, zahlte die Police.

Emmanuels Blut floss in die Höhe. Er hatte seine schriftlichen Beschlüsse stets vor Augen, wohin er auch ging. Sie und die Speisekarte erinnerten ihn an den Appell des Oberbürgermeisters, an seine eigenen Versprechen, an seine Hoffnungen auf bürgerlichen Aufstieg, an die Einladung des Erzdiakons zum Tee. Wieder tobte in dieser Nacht ein Kampf in seiner Brust. Hannah behielt ihn im Auge.

Am nächsten Morgen kamen Geldverleiher und Opfer gleichzeitig aus ihrer Haustür. Keiner von beiden schien den anderen zu bemerken – gemäß den

Regeln des ungeschriebenen Gesetzes, das die Beziehungslosigkeit von Nachbarn regelt. Keiner ist so weit weg wie auf der anderen Seite einer Partymauer!

Der Erbe der Buskins war weniger schön als gut. Seine Nase war der Hinweis auf seinen Geist. Es zeigte himmelwärts. Seine Gedanken bestanden aus Texten und Depressionen. Er hatte eine traurige Seele, verlor aber nie die fromme Hoffnung. Er sehnte sich danach, dass Sünder mit ihm auf den Perlenpfaden gehen würden, und erkannte die Unartigen, als er ihnen begegnete. Es war also jedenfalls nicht zu erwarten, dass er Oldstein bemerken würde, der ihn in jeder Hinsicht beleidigte und seine religiösen Antipathien weckte. Lemuel war einer von denen, deren Gedanken die Höhen der Schornsteine erreichen; Sie steigen in die Höhe, sind aber mit Schmutz übersät.

Emmanuel bemerkte ihn. Die scharfen Augen des Juden lasen mit einem Blick die Geschichte, die die Kleidung des anderen erzählte. Lemuel trug Schwarz – seine Sonntagskleidung. Der Mantel hatte einen Schwanz; der Hut war aus Seide. Er trug braune Handschuhe und den schön zusammengerollten Regenschirm seiner Mutter. Sein kleiner glatter gelber Schnurrbart war nach oben gedreht; Die Barthaare, die Hannahs Zorn und Verachtung erregten, waren sorgfältig gestutzt. Er trug eine Krawatte mit Schottenmuster – als Gefallen an den Schotten Jabez Gordon.

Oldstein grunzte – Freude lag in seiner Nase –, als sie gemeinsam in einen Omnibus stiegen. Der Kaufmann holte sein Notizbuch heraus und kontrollierte bald die Zahlen, während Lemuel auf die Anzeigen oder die Preistabelle starrte, vorsichtig über die Falte seiner Hose strich und nervös an den Spitzen seines Kragens herumfingerte.

Der Omnibus hielt am Piccadilly Circus; sie stiegen aus. Lemuel musste nach dem Weg zur Jermyn Street fragen; Oldstein wusste es und war schon bald in seinem Büro und beschäftigte sich eifrig mit einem Stapel Briefe. Fünf Minuten später brachte sein einziger Angestellter – ein großartiges Geschöpf, dessen größter Vorteil die Fähigkeit war, bei sehr wenig Stil stilvoll zu sein – Buskins Namen herein.

„Er muss warten", sagte der Meister schroff, „während ich Briefe diktiere. Beeilen Sie sich!"

Er legte feierlich den Stapel Missionsmitteilungen vor sich auf den Schreibtisch und kümmerte sich aufmerksam um seine Korrespondenz.

Lemuel wartete mit der erbärmlichen Geduld eines verlassenen Lammes. Sein kleines Herz flatterte aufgeregt. Er hatte seltsame Angst. Er war es nicht gewohnt, Geschäfte zu machen. Er hätte sechs Pence dafür gegeben, sich selbst in einem Spiegel zu sehen, um sicherzustellen, dass sein Haar ordentlich und seine Krawatte glatt war. Er beäugte die schmuddeligen Möbel des stickigen Zimmers und spürte, wie ihm der Mut schwand. Er hatte erwartet, noch mehr Schmuck zu sehen; aber er hatte gelesen, dass die wirklich Reichen sich am wenigsten zur Schau stellen.

Er richtete seinen Blick fest auf die Tür, durch die der Angestellte gegangen war, und betrachtete sie mit einer Mischung aus Angst und Sehnsucht. „Lasciate ogni speranza, voi ch' entrate" hätte durchaus darüber stehen können.

Zwanzig Minuten vergingen – Pater Time verlängerte, um seiner Ungeduld zu trotzen, jede einzelne der zwölfhundert Sekunden gewaltig –, bevor der prächtige Angestellte die Tür wieder öffnete, demonstrativ ein unordentliches Stenografiebuch zuschlug und sagte: „Willst du reingehen?"

Lemuel Buskin erhob sich zitternd. Seine Knie schienen ihre Kraft vergessen zu haben. Aber er erinnerte sich an den Rat seiner Mutter, nahm all seinen Mut zusammen und wiederholte im Geiste den anregenden Refrain einer Hymne. Als er das Privatbüro betrat und den angebotenen Platz einnahm, war er in einem solchen Wirbel der Verwirrung, dass er die Person des Finanziers nicht sofort erkannte.

Plötzlich wurde ihm Oldsteins Identität bewusst und errötete.

„Ich bin gekommen, um Mr. Gordon zu sehen!"

„Ich bin Mitther Gordon!"

„Ja-Jabez Gordon?"

„Jabez Gordon! und du bist Mithter Buthkin."

„Aber du – ich – oh!"

„Genau! Oh! Das ist genau das Richtige. Mithter Buthkin, ich freue mich für dich. Wir sind alte Bekannte, das sind wir, auch wenn du es vielleicht nicht weißt! Du fragst meine Tochter ‚Annah', wie sehr wir dir zu Dank verpflichtet sind." „Meine Anna sieht dich als einen Bruder an, als einen christlichen Bruder?" – Emmanuel schlug mit einer schmuddeligen Hand auf den Stapel Missionsmitteilungen. Lemuels letzter Hauch von Mut verflüchtigte sich schnell; Aber Oldstein forderte mit der Frage seinen Fanatismus heraus.

„Ich bin stolz, ein Arbeiter im Weinberg zu sein!" war die mürrische trotzige Antwort.

„Das kann durchaus sein! Aber Sie sind ein ungelernter Arbeiter, Mr. Buthkin. Jetzt bin ich froh, dass Sie angerufen haben, denn ich möchte mit

Ihnen reden; Sie werden mir zuhören, und dann können wir es mit Ihnen zu tun haben." "

Lemuel, überrascht und unvorbereitet, war von Oldsteins Entscheidung und Rede eingeschüchtert. Er hatte Bitterkeit auf der Zunge, verzichtete aber auf jede Erwiderung.

„Glauben Sie an die Feen, Mithter Buthkin?" war die unerwartete Frage.

Lemuel konnte nur starren und staunen.

"Gib mir eine Antwort!"

„Sicherlich nicht!"

„Das ist schade. Das tue ich."

„Ich glaube an höhere Dinge."

„Und werden Sie ihnen gerecht?"

Lemuel keuchte.

„Ich bin nicht hergekommen, um beleidigt zu werden."

„Nein, Mithter Buthkin, und ich gehe nicht nach Hause, um mich mit den Dingen – erkennst du sie? – in meinem Briefkasten zu beschäftigen. Wer hat sie da hingelegt? Schau sie dir gut an! Das hast du . Warum? Weil du ein kleiner Trottel bist – ich lasse deine Eltern außen vor, denn sie sind zu alt, um es besser zu wissen –, du bist ein kleiner Trottel, der sich anmaßt, nachzudenken Dass Ihr Glaube die ganze und einzig wahre Wahrheit ist, und dass mein Glaube – den meine Väter und ihre Väter Jahr für Jahr, lange bevor London mehr als nur eine Pfütze war, vertreten haben – ich weiß nicht, was Sie Denke es so. Du kannst es nicht begreifen, Mithter Buthkin, nein, das kannst du nicht!"

Der alte Mann hielt inne und beobachtete sein Opfer aufmerksam. Dann brach er in leidenschaftliche Reden aus.

„Ihr sollt euch bekehren! Ihr wollt euch solche Christen wie euch selbst machen – Plagegeister auf der Straße – ihr redet, brüllt, redet gemeinnützig über unseren Nächsten! Um euch zu bekehren! Pater Abraham! Ich wäre lieber ein Verfolgter Jude, gesteinigt, ausgehungert, geschlagen, gefressen – so wie wir seit tausendstel Jahren gefressen, gehungert und gesteinigt wurden – als solch ein Christ, selbst wenn ich ein verdammter , verrottender Kerl wäre! Stinke für immer in der Gehenna, ich würde nicht so ein Christ sein, Mithter Buthkin!"

Lemuel zögerte, gehorchte aber. Er hasste und fürchtete diesen alten Mann voller Wut, dessen Stimme vor Leidenschaft kraftvoll geworden war. Irgendwie schien das Arsenal an Texten unzureichend zu sein.

„Ich habe dir gerade gesagt, dass du an die Feen glaubst, und du hast ‚Nein‘ gesagt." Nun, ich glaube an sie, und das ist gut für dich. Ich wollte dich dafür bestrafen, dass du uns damit beunruhigst. Es ist nicht so einfach, dich zu töten Das Leben eines Finanziers, um einen armen Mann zu vernichten, wenn er wollte, hätte ich Ihnen wegen Ihrer Grausamkeit gegenüber Ihnen Geld zu einem solchen Zinssatz und zu so raffinierten Bedingungen geliehen , dass du es nicht hättest zurückzahlen können, und ich hätte dich mit Leib und Seele aufgekauft, aber neulich habe ich mit dem Herrn Oberbürgermeister im Herrenhaus gegessen Mein Freund, der Ehrwürdige Erzdiakon Pryde, der mich zum Tee eingeladen hat. Sie haben gelesen, was in den Zeitungen stand: „Haben Sie dort nicht alle Vorsätze gemacht, und ich habe, wie die anderen, Versprechen gegeben, die ich auch wahrnehme?" Zum Glück, Mr. Buthkin, gebe ich Ihnen zunächst einen Schein. Was für ein gewöhnliches Papier Sie dafür verwenden Ich wette, es könnte Ihnen die Möglichkeit geben, für den von Ihnen gezahlten Preis eine viel bessere Qualität zu kaufen! Verbrennt sie! Nimm sie mit nach Hause und verbrenne sie! Und wenn Sie möchten, reden wir jetzt über Bithness. Mithter Buthkin, ich war froh, dass Sie mir geschrieben haben. Ha, ha!" Sein Lachen war nicht musikalisch. „Sie müssen angenehm überrascht gewesen sein, als Sie herausfanden, dass Jabez Gordon ich war!" „Annah würde auch lachen, wenn ich ihr sagen würde, wie du aussiehst." Aber Bithness jetzt!"

Lemuel, der sich gerade schlaff gefühlt hatte, bemühte sich, aufzustehen. Der freundliche Ton in Oldsteins Stimme war für ihn wie Balsam in Gilead.

„Sie wollen ein Hundertpfund – um die Sache zu verbreiten, wie Sie es nennen. Nun, ich werde Ihnen kein Geld leihen, um irgendeine Sache zu verbreiten, aber ich werde besser sein als meine Schuldverschreibung: Ich leihe Ihnen ein Hundertpfund zu 10 Prozent – 50 Prozent. Das wäre niedrig genug, zu niedrig für solch eine miese Sicherheit, die Sie geben können – unter der Bedingung, dass Sie damit die Schulden Ihrer Familie bezahlen. Ich weiß über sie Bescheid, Mithter Buthkin; E. Oldstein ist ein kenntnisreicher. Und auch, dass nicht ein einziger Penny davon dazu verwendet wird, irgendjemanden zu bekehren. Ich habe noch nie ein solches Angebot gemacht, und wenn mir jemand vor einem Jahr gesagt hätte, dass ich es tun würde, hätte ich ihm etwas gesagt. Sie können der Fee dafür danken. Aber das ist noch nicht alles! Ich gebe Ihnen zehn Pfund auf einmal – da sind sie, nette dicke gelbe Jungs, nicht wahr? sie? – um Nahrung und Kleidung für arme Christen zu kaufen – Christen, wohlgemerkt! – die es brauchen. Ich verspreche Ihnen, das Geld ehrlich zu verteilen. Legen Sie es sorgfältig weg, Mithter Buthkin. Heute Abend können Sie zu mir nach Hause kommen – es ist neben Ihrem – Nummer achtundvierzig, und das Darlehen abholen und das Dokument unterschreiben. In der Tat, Mithter Buthkin, behandle ich Sie wunderbar gut – die Fee hat mich dazu gezwungen! – aber denken Sie an meine Worte, werfen Sie kein weiteres Papier irgendeiner Art in meinen Briefkasten, oder lassen Sie mich Sie dabei erwischen, wie Sie sogar eine Rechnung über die Bekehrung der Juden drucken – und Fee hin oder her – ich werde Sie vernichten!"

Oldstein setzte sich erschöpft hin. Er nahm eine starke Zigarre aus einer Schublade, schnitt sie an und zündete sie mit zitternden Fingern an.

In Lemuels Geist herrschte Aufruhr der Verwirrung. Gewissensbisse, Dankbarkeit und Angst überkamen ihn. Er erhob sich mechanisch, nahm die zehn Sovereigns auf, steckte sie ein und drückte schwach Oldsteins ausgestreckte Hand.

„Rauchen Sie, Mr. Buthkin?" fragte Emmanuel.

"NEIN!"

„Raucht dein Vater?"

"NEIN!"

„Das ist sehr schade. So gut für die Erde! Wenn du jederzeit deine Zigarre kaufen möchtest, echte Avanah, könnte ich dir eine Unred besorgen – gut, wohlgemerkt; stark, mit einem Geschmack-" – zu einem sehr günstigen Preis. „Annah wird sich freuen, dich zu sehen!"

Lemuel ging den ganzen Weg nach Hause und sagte mehr als einmal: „Dash!"

KAPITEL X

DIE WICHTIGKEIT VON BIM

Es dauerte einige Wochen, bis Emmanuel Oldstein seine gute Absicht, Paradise Court zu besuchen, in die Tat umsetzen konnte. Sally war die letzte auf seiner Liste, und erst als Junis Namensmonat zur Hälfte vorüber war, konnte er zu ihr kommen.

In der Zwischenzeit war einiges geschehen. Die Zeitungskampagne verlief gut und die beiden aus Fairyland nutzten ihre Bemühungen, um sie voranzutreiben.

Der Gnom erlangte in Paradise Court immer mehr Einfluss. Es war insbesondere seine Provinz. June konnte mit ihren Flügeln und ihrer Magie ein weites Gebiet erkunden; Aber mit seinen kleinen Maßen und Einschränkungen musste er unbedingt zu Hause bleiben. Teilweise durch Zufall löste er eine Revolution aus, die einen wichtigen Einfluss auf den Wiederaufbau Londons haben sollte. So ist es passiert.

Der alte Blumenkasten, von dem er die Vorlage für ihren blühenden Dachgarten genommen hatte, war ein verblasstes, heruntergekommenes Ding; andernfalls wäre die spärliche Holzmenge sicherlich schon vor langer Zeit zerbrochen und als Brennstoff verwendet worden. Jahrelang hatte es in einer feuchten Ecke gestanden, unfruchtbar und vergessen. Dann trug Bim in einem Anfall von Scherz ein Veilchen herunter, das einzige, das im Mansion House versammelt war, und pflanzte es. June hatte ihm Lebenskraft verliehen; Mit der Hartnäckigkeit seiner Art hatte es gekämpft, gedieh und erblühte.

Es war der Schatz des Gnoms. Er war stolz auf sein Wesen und kümmerte sich auf eine verwöhnte, elterliche Art um es, wobei er seine wenigen Qualitäten übertrieb und glücklicherweise blind gegenüber seinen Mängeln war.

Einige Tage lang errötete es unauffällig blau; und trat dann in eine herausragende Stellung, die ihm halb Freude, halb Angst machte.

Poll Skinner warf ihren ehemannschwarzen Blick darauf.

„Herrgott!" Sie rief: „Ein Voilet!"

Sie betrachtete die Blume und fiel daraufhin in einen Traum. Ein Veilchen im Paradise Court! Zum ersten Mal seit Jahren war sie aus der hässlichen Gegenwart herausgekommen, weg von dem niederträchtigen Leben um sie herum.

Erinnerungen an alte Zeiten, saubere Tage, wieder lebendig. Sie sah sich selbst so, wie sie war, bevor Sünde, Not und Selbstsucht sie beansprucht und gefangen gehalten hatten. Wie sie war! Wie sie war! Sie erinnerte sich an das Cottage ihres Vaters mit seinem Garten voller Nelken und Mauerblümchen. Sie erinnerte sich an einen Wald in der Nähe einer mit Efeu bewachsenen Kirche; und war wieder ein Mädchen, das nach Primeln, Glockenblumen und Veilchen jagte. Sie erinnerte sich an ihre weiße Schürze und an ihre Geschicklichkeit beim Weben von Gänseblümchenketten. Wie rein war dieses jungfräuliche Leben in jeder Hinsicht! Und jetzt ---- Paradise Court! Alkohol und der Teufel hatten ihren Tribut gefordert! Gott!

Poll bemerkte Tränen in ihren Augen, als sie in der Gegenwart erwachte. Sie wischte sich mit schmutzigen Händen über das Gesicht und hinterließ Spuren.

„Verdammt, da ist der alte Poll schon wieder betrunken!" sagte einer der Ritter des Ortes, ein massiger Kerl, der sich Hafenarbeiter nannte, dessen müßige Hände jedoch fast in seinen Taschen steckten. „Was starrst du an, Poll?"

Die Umfrage deutete auf die Blume hin. Er sah es und streckte eine Hand aus.

„Da gibt es nicht viel zu meckern!"

„Lass es sein, Mike!" sie weinte aus Angst vor seiner Zerstörungskraft. „Lass es sein! Es ist ein Voilet!"

„Ein was? Lass uns einen Blick darauf werfen! Wen schiebst du? Ich möchte es mir ansehen." Sie wehrte sich gegen ihn. „Ich werde dir die Augen abwischen, wenn du es nicht tust!"

Er drängte mit aller Kraft vorwärts, in der Absicht, die Blume zu ergreifen und zu zerquetschen, in schamlosem Unfug. Aber Poll kämpfte wie eine Katzenfrau darum, ihn daran zu hindern. Er verlor die Beherrschung und schlug ihr ins Gesicht. Sie schrie und schrie, riss ihm mit ihren Nägeln die Stirn auf und versuchte, ihn zu beißen. Ihr Haar löste sich. Auf ihrer Wange war Blut. Das Tier ging aus dem Menschen hervor.

Der Tumult der schlurfenden Füße und der üblen Reden brachte andere Anwesende zu Türen und Fenstern. Frauen, die nichts über den Grund des Kampfes wussten, schlossen sich Polls Stimme an und verurteilten Mike energisch. Die Männer – tapfere Kerle! – sahen zu und grinsten. Einer entfernte sich vom Schauplatz der Begegnung; das war Skinner, Polls natürlicher Beschützer und angeblicher Ehemann. Er ging in die Gastwirtschaft und bestellte Bier.

Der Kampf endete, als Mike sein Ziel erreicht hatte und die Blume ergriff. Er warf es auf den Bürgersteig und zerschmetterte es mit seinem Stiefel. Dann ging er gemütlich weg, um nach dem Sieg eine Erfrischung zu genießen. Sein Durst hatte eine Entschuldigung gefunden. Polls Wut verwandelte sich in lautstarke Tränen. Sie betrat ihr einziges Zimmer, warf ein rostiges Bügeleisen auf den Boden und nörgelte die Kinder an.

Bim hatte diesen Tumult von der Brüstung oben aus beobachtet. Er streckte sich auf dem Betonwerk aus, spähte auf das Wirrwarr der Köpfe unten und fürchtete sich zutiefst. Er bedauerte zutiefst, dass June nicht da war. Sie hätte auf der Seite von Poll und den Veilchen gekämpft und ihnen den Sieg beschert. Wäre nur ihr Zauberstab zurückgeblieben, hätte er wirksam eingreifen können und können. Aber es konnte nichts getan werden. Als er sah, wie die Brutalität siegte, ging er verstimmt zurück in den Garten der Feen und grübelte über hässliche Dinge.

Der Blues trieb ihn in ein braunes Arbeitszimmer. Er entschied, dass die Affäre damit nicht enden sollte. Er riss eine verbliebene Primel aus und kroch mit ihr hinunter. Er entfernte vorsichtig den Schimmel in der Schachtel, um ihn wieder frisch zu machen, und pflanzte die gelbe Blume ein – die Oriflamme der Feen.

Zurück zur Brüstung kletterte er, um abzuwarten und zuzusehen.

Stunden vergingen. An diesem Tag passierte nichts, was seine Geduld belohnen könnte. Die Leute von Paradise Court sind nicht aufmerksam. Die Primel lebte und leuchtete ohne Wertschätzung, bis June am nächsten Tag auf magische Weise die Aufmerksamkeit auf sie lenkte. Einige Kinder erblickten es zuerst und stocherten neugierig mit Stöcken darin herum. Für sie war es ein neues Wunder.

Poll sah die Gruppe um die Kiste herum und kam, um nachzuschauen. Der Zorn von gestern erwachte in ihr wieder zum Leben. Die Kinder wichen in ihrer Weisheit von der Virago ab, die die Kiste zum Fensterbrett trug und sie dort abstellte; und schrie dann mit herausfordernder Stimme:

„Hier ist eine Primel! Wenn irgendjemand das berührt, bei Gott, werde ich ihn ermorden!"

Mike, der gestern seinen Kampf gewonnen hatte, war heute ziemlich gut gelaunt. Er schlenderte auf die Blume zu und lachte.

„Ich werde es nicht anfassen, Poll. Du kannst deine dürftige Primel haben", und ging, um noch etwas zu trinken.

Poll zögerte, dann folgte er ihm: Ihre Fehde ging im Bier unter.

Die Primel lebte eine Woche lang und hatte eine Art ununterbrochenen Empfang. Bim war stolz wie ein Pfau darauf. Er starrte mit steifem Nacken über die Brüstung und lauschte angestrengt den Komplimenten und dem Lob. Jeder im Hof stattete ihm einen täglichen Besuch ab und zollte ihm ungebührliche Anerkennung. Die Kinder ließen sich kaum dazu bewegen, die Hände davon zu lassen. Es juckte sie in den Fingern zu zupfen; aber Poll Skinner war eine Macht, die man fürchten musste. Sie blieb nüchtern, um die bessere Wächterin zu sein.

Mike lenkte plötzlich das Interesse von Paradise Court auf seine Wohnung, indem er drei Blumentöpfe mit Hyazinthen mit nach Hause brachte – wie er an sie kam, sollte besser nicht gefragt werden. Als zur gleichen Zeit die Primel verwelkte und ihre Pflanze keine Knospen zu versprechen versprach, war Poll betrübt. Das Gleichgewicht ihrer Welt war aus den Fugen geraten. Mike hielt den Mittelpunkt der Hemisphäre.

Sie betrank sich mit Gin und schlug ihre Kinder furchtbar; aber die Rückkehr der nüchternen Vernunft brachte neue Ideen. Poll war der Situation gewachsen. Sie schickte ihren „alten Mann" auf einen entfernten Kirchhof, um eine gute neue Form zu stehlen; und dann von der Frau des Zöllners eine Rosenpflanze gekauft – tatsächlich gekauft –, die garantiert blüht.

Poll brachte es triumphierend nach Hause, während Paradise Court lächelte.

Mikes Hyazinthen mussten nun – im Vergleich zu Polls Adelspflanze – im öffentlichen Interesse einen sehr weit zurückliegenden zweiten Platz einnehmen. Und es hatte keinen Sinn, Repressalien zu ergreifen. Weder sein Verstand noch sein Reichtum würden es ihm ermöglichen, es besser zu machen als Poll. Darüber hinaus breitete sich die Blumenmode aus. Drei andere Bewohner der Kolonie hatten grobe Blumenkästen mit Grünzeug darin aufgestellt; und die Kinder, die ihren Älteren unbedingt folgen wollten, fanden Dosen, Marmeladentöpfe und Einmachgläser und pflanzten alles hinein, was sie kriegen konnten; Gras, wenn nichts Blumenartiges vorhanden wäre.

Bim fühlte sich einen Zentimeter größer; Jetzt, da sein Einfluss auf Paradise Court so offensichtlich geworden war, trat er mit leichterem Schritt auf. Er arbeitete mit salutistischem Eifer daran, den Menschen zu helfen; Sie ergänzten und milderten ihre Energien und ermutigten die Blumen zum Leben. Stundenlang saß er in gesegneter Unsichtbarkeit bei der einen oder anderen Pflanze, genoss die an sie gerichteten bewundernden Bemerkungen und teilte die allgemeine Zufriedenheit.

Familien kamen und redeten über unkrautige grüne Dinge, als würden sie Kastanienbäume ausbreiten; während diejenigen Mitglieder der Gemeinschaft, die „hüpfen" gegangen waren und tatsächliche Erfahrungen mit dem Leben in der Wildnis und den Tatsachen des Waldes gemacht hatten, als Reisende und Orakel betrachtet wurden. Sie nutzten ihre Möglichkeiten und erzählten pflanzliche Gegenstücke zu bestimmten Fischgeschichten. Bims gesegnetes Eingreifen verursachte sicherlich einige weiße Heimlichkeiten und eine Vielzahl von Tarradiddles.

Auch der indirekte Einfluss des Gnoms war noch nicht zu Ende.

„Arry Bailey war das Instrument des nächsten progressiven Schritts." Er hatte ein paar Kapuzinerkresse und wollte sie unbedingt in Girlanden um sein Fenster klettern lassen. Er benutzte Nägel, Schnüre, Zunge und Kleber. Endlich gelang es ihm. Eine Zeit lang waren seine Kapuzinerkressen der letzte Schrei. Ihre leuchtenden Farben und ihr schnelles Wachstum machten sie beliebt. Aber Bailey, dessen ästhetischer Sinn sich nach Jahren des Winterschlafs offenbar erholt hatte, hatte das Gefühl, dass etwas fehlte. Er rauchte drei Unzen Shag und kratzte sich stundenlang am Kinn, bevor ihm klar wurde, was es war.

Dann sagte er „Beim Kaugummi" – das war alles, was er sagte – und überraschte das Gericht, indem er sein Fenster putzte. Eine der Scheiben war stark gesprungen, das Zeichen eines mitternächtlichen Streits; Also maß er – was noch überraschender war – den Spalt aus, kaufte Glas und Kitt und bewirtete sonntags eine Schar ärgerlicher, neidischer Zuschauer, indem er ihn selbst reparierte und damit ein unbeholfen gutes Geschäft machte.

Baileys reformatorischer Akt löste Kritik und Nachahmung aus – bei Paradise Court handelt es sich größtenteils um Nachahmung. Bevor weitere sieben Tage anbrachen und es dunkel wurde, war auf keinem Stockwerk des Hofes ein Fenster geputzt und poliert worden. Wo kein Geld zum Ausbessern vorhanden war, wurde neues Papier – vorzugsweise illustriert – an kaputten Stellen angebracht, Fensterbänke und Türschwellen wurden geweißt.

Die Bewohner begannen, stolz zu sein, sich aufzuführen und sich den Hals zu waschen.

Vorhänge in allen Formen und Farben tauchten auf, die Räume wurden aufgeräumt: die Häuser erträglich. Männer blieben drinnen, um Pfeife zu rauchen und zu klatschen, und gingen seltener in die Gastwirtschaft. Nicht, dass die Verbesserung so schnell erfolgte, dass sie heftig wirkte. Paradise Court war, ist und wird bis zur Trumpfwahl eine Heimat des Konservatismus sein. Seine Bewegung ist die eines Gletschers. Dennoch bewegt es sich, und das tat es auch. Obwohl Trunkenheit und Schlamperei, verbunden mit brutalen Worten und Kämpfen, immer noch allzu häufig vorkamen, kam es zu einer echten Verbesserung und einem stillen Wachstum der

Selbstachtung, die nach Ablauf der Monate bemerkenswerte Früchte getragen hatte. Bravo, Bim!

Der Gnom weitete seine Bemühungen weiter aus und ließ in den Gassen und anderen trostlosen Gegenden Londons ständig Blumen vor den Kindern nieder, damit sie aufgehoben, mit nach Hause genommen, geschätzt, geliebt und begehrt würden.

June lernte von ihm und folgte gerne seinem Beispiel. Sie streute Liebe bringende Blüten und Blüten – die ohne Erlaubnis in den Parks gesammelt wurden – überall dort, wo es braune, schlichte Wände und Hässlichkeit gab. Sie wollte, dass die Feen zu ihren alten Rechten und ihrer Herrschaft zurückkehren; aber ich hatte das Gefühl, dass sie auf keinen Fall dort bleiben würden, wo Blumen vergessen wurden.

Sie sehnte sich verzweifelt nach der Rückkehr der Elfen zu ihrer alten Herrschaft über die Stadt.

Eines Abends machte eine Firma aus Elfland große Anziehungskraft auf sie. Es war eine volle Stunde und mehr nach Mitternacht und absolut dunkel. Kein Mond schien vor Ort, keine Sterne spendeten Helligkeit vom Himmel.

Bim lag ausgestreckt auf der Dachrinne und war in seine Träume versunken. Sein Kopf ruhte auf dem verlassenen Nest eines Spatzen. June war in ihrer Laube, zu müde für Visionen, sogar zu müde zum Schlafen. Sie war im Herzen müde, durch und durch, absolut müde! Ihr einziger Trost waren die Blumen, die um sie herum leuchteten. Sie spürte die Einsamkeit Londons. Märchenhafte Erinnerungen riefen und riefen und riefen nach ihr. Sie war der Lasten müde. Diese Pilgerfahrt in die dunkle Stadt war trostlos, schwer, schmerzlich und schrecklich. Aber trotzdem musste sie bleiben.

Ihre scharfen Ohren hörten in der Ferne das Rascheln vieler Feenflügel. Nur jemand mit sensiblem Mitgefühl und wirklichem Gespür für das Wehen konnte sie aus so großer Entfernung hören. Sie saß da und sah Elfen fliegen. Sie waren in Dunst gehüllt, hoch oben am Himmel. Würden sie das trübe Blätterdach durchdringen? Waren sie eine späte Antwort auf ihre Bitten, um mit der Last zu helfen und an der Aufgabe mitzuwirken, die Schönheit der Wildnis wiederherzustellen?

Sie sah zu, wie sie in fernem Licht in der Luft kreisten, sich krümmten und herabstiegen. Sie ergriff ihren Zauberstab und verfolgte aufmerksam ihre Fortschritte, hoffte alles und sehnte sich danach, wieder bei ihnen zu sein.

Die Blumen um Junes Bett, die Blumen im Hof darunter hoben freudig ihre Köpfe zur Begrüßung. Sie erfrischten sichtlich. Bim seufzte im Schlaf und drehte sich bequem um, während er schlief.

Die Elfen ließen sich auf den Dächern ringsum nieder. Es waren Tausende davon. Die Hälfte der Bewohner des Veilchentals, des Landes der Wildrosen und anderer Teile des Märchenlandes muss dort gewesen sein. Sie waren zahlreich, unzählig und gruppierten sich auf Schornsteinrändern, an Häuserecken, auf Straßenlaternen und Fensterbänken und machten aus langweiligem Alltäglichem eine bemerkenswerte Bilderserie. Die ganze Zeit über sangen sie Lieder von süßer Anziehung.

June setzte ihre Krone auf, während sie in der Luft schwebten und sich niederließen, und stand auf, um sie zu begrüßen. Einige Spatzen, überrascht von dem ungewohnten Schauspiel, wachten auf und begannen zu zwitschern. Es war armselige Musik, eintönig könnte man es nennen: aber sie erfüllte ihren Zweck. London hatte leider nichts Besseres und die Spatzen taten ihr Bestes. Die Güte der Feen übersah die Mängel.

Plötzlich herrschte Stille: Elfen und Vögel verstummten.

„Willkommen, liebe Kameraden aus dem Märchenland!", sagte June. „Ich freue mich, dass ihr mich in diesen Schatten besucht habt. Werdet ihr bleiben und helfen, London wieder an Oberon zurückzugeben?"

„Nein, nein", antworteten hundert Stimmen, schlank und silbrig, von hier und von dort.

„Juni, unser Juni!" Dann rief ein funkelnder Ritter zu ihr. „Dein Weg hat Trübsinn in die Elfenländer gebracht. Oberon und Titania sind seit deiner Flucht betrübt und abwesend; alle anderen von uns haben die Veränderungen gespürt. Komm zurück zu uns! Es ist, als würde man in einem Tal mit Sonnenschein und Mondlicht leben." Immer weg; als würde man in einem Wald leben, in dem die Blumen aus Mangel an Segen und Tau verwelkt sind. Komm zurück, komm zurück!

„Komm zurück, komm zurück!" wiederholte der breite Chor klagend und flehend.

Die Uhren schlugen zwei. Vom Meer kam ein kalter Wind.

„Schwestern und Ritter aus den entzückenden Ländern", antwortete June. „Deine Stimmen zu hören ist Musik für ein Herz, das nach Melodie hungert. Wieder und für immer bei dir zu sein, ist der Traum dieser Tage und Nächte. O Märchenland, Märchenland! Aber für mich kann das nicht sein, bis zu dieser Weltstadt Auch die Eitelkeit und die Dunkelheit gehören zu uns. Helfen Sie uns und arbeiten Sie mit uns. Wir wurden bereits belohnt – Bim und ich Vorher konnten sie nicht gewinnen. Ihre Marionettenglieder beugen sich wieder dem Licht zu, um mit der Schönheit zu leben und sie zu lieben . Hab Geduld mit uns und hilf ihnen, bevor der nächste Mai kommt, ich muss diese Krone abliefern, liebe Ritter und Elfenschwestern, also arbeite mit uns zusammen, damit Oberon wieder über London herrschen kann.

Als Antwort erklang ein Märchenlied aus der Versammlung, immer höher, durchdrang die Wolke über ihnen und entdeckte die Sterne. June freute sich über die Anhörung, obwohl es immer noch ein Appell an sie war – ein sehnsüchtiger Appell an sie –, mit ihrem Wahnsinn Schluss zu machen, sich Oberon zu unterwerfen und zurückzukehren. June fühlte sich allein.

Das neue Lied weckte Bim. Er setzte sich plötzlich auf und spitzte vor gespannter Aufmerksamkeit die Ohren. Feen in London!

Er kletterte verblüfft das schräge Dach hinauf und kniete neben June nieder. Sie legte ihm die Hände auf die Schultern. Die beiden warteten und schauten zu.

Zu zweit und zu dritt öffneten die Feen widerwillig ihre Flügel und gingen weg. Über die Häuser zogen sie, eine glitzernde, traurige Prozession. Höher und höher und immer weiter flogen sie. Der Klang ihres Refrains wurde allmählich leiser, bis wieder Stille herrschte – die Stille des schlaflosen Londons.

Gegangen!

June blickte auf ihren Blumengarten. Traurig kroch der Gnom davon, hockte sich neben den Kamin und ließ die Füße baumeln. Er verspürte ein tiefes Stück Melancholie.

„Das war ein sehr schöner Traum", sagte er tröstend; und fand die Worte nicht tröstlich.

„Lasst uns Dinge tun", riet June.

KAPITEL XI

EIN PROSA-ZWISCHENSPIEL

Oldstein kam schließlich nach Paradise Court, und das Ergebnis waren zwei gute Dinge: Sally wurde aus ihrem Sklavenleben herausgeholt und auf Kosten ihres ehemaligen Schulleiters in ein Internat geschickt, und June ging mit dem Erzdiakon zum Tee.

Emmanuel hatte sechs Wochen lang seine Ideale verwirklicht. Es war die schwerste Aufgabe für ihn, aber seine Hartnäckigkeit brachte ihn durch. Er hatte tatsächlich Gefallen daran gefunden, Gutes zu tun, und erkannte die subtilen Freuden, die in Großzügigkeit stecken. Er entwickelte die Angewohnheit – die er indirekt aus den guten Praktiken von Dr. Johnson gelernt hatte –, Schokolade und Pennys in der Tasche zu behalten und die eine oder andere davon heimlich in den Schoß, in die Taschen oder in die Hände von Kindern fallen zu lassen. June war bis zum Lächeln stolz auf diese, ihre unwahrscheinlichste Schülerin. Er erledigte die Arbeit der Feen so angenehm.

Und Tugend brachte andere Belohnungen mit sich – wie es in einer ordnungsgemäß geregelten Existenz der Fall sein muss. Emmanuel gab und gab und verfügte immer noch über einen goldenen Reichtumsreservoir zur Kapitalnutzung und zum Vergnügen.

Schließlich fühlte er sich berechtigt, die Einladung des Archidiaconal zum Tee anzunehmen. Er ebnete den Weg der Begrüßung, wie es für ihn typisch ist, indem er ein ausdrückliches Erinnerungs- und Erklärungsschreiben verschickte, und ging von Paradise Court zu den blauen Straßenbahnwagen, die dort fuhren. Nachdem er hierher geritten und dorthin gegangen war, erreichte er die Kanonenkirche.

June und Bim begleiteten ihn; die Fee auf der Krempe seines glänzenden Hutes, der Gnom in der prallen Brusttasche. Bim blickte mit unstillbarer Neugier auf die vorbeiziehende Phantasmagorie menschlicher Schatten. Was war das für eine seltsame graue Komödie!

Die Straßen Londons waren für Bim immer noch eine unruhige Geisterwelt. Er konnte ein unüberwindliches Vorurteil gegenüber Schatten nicht überwinden. Sie wurden aus der Dunkelheit geboren; Zumindest mochte er es, wenn es im Mondlicht war.

Sie kamen in den Garten des Erzdiakons. Seine köstliche Friedlichkeit war bis Juni das erste, was im Cockneydom an Elfenlichtungen erinnerte. Verzauberung schien darüber zu brüten.

Die alten Bäume und jungen, staubigen Blumen und das Zwitschern der Spatzen – nur Spatzen – um sie herum verliehen dem Summen des fernen Verkehrs eine neue Bedeutung. Es machte die Medley-Musik. Die altmodische Atmosphäre gesegneter Ruhe spendete beiden Trost. Es gab Juni Hoffnung. Es gab ihr zum ersten Mal völlige Zuversicht, ihr Ziel zu erreichen.

Warum sollte nicht ein ähnlicher Friedensgeist über jeden Garten und öffentlichen Park in London herrschen? Wo immer es regierte, gab es Zufluchtsorte für müde Geister und strapazierte Nerven – Zufluchtsorte vor Aufruhr und Vulgarität. Wenn Oberons Herrschaft zurückkehrte, wäre alles und jedes dieser Art möglich; und etwas wurde begonnen.

Emmanuel drückte den Knopf der Türklingel; und als er das getan hatte, zitterte er. Ein Lakai mit Begräbnisgesicht erschien und führte ihn herein.

Der Charme des Gartens herrschte auch im Inneren des Hauses. Eine silberne Uhr sang fünf. Es erinnerte June an Titanias Stimme, als die Feenkönigin einst ein Blauglockental mit einem vorbeiziehenden Lied überrascht hatte.

June trat mit Oldstein ein. Bim blieb im Garten und spielte zu ihrer furchtbaren Freude mit ein paar Spatzen Kater in der Ecke.

Offensichtlich war der Lakai mit dem Gast seines Herrn nicht einverstanden. Als er vor Emmanuel marschierte, lag in seinem Benehmen ein unnötiger Hauch nachgeahmter Herrlichkeit. Sein Körper schien nur ein idiotisches Rückgrat zu sein. Sein Gesicht zeigte einen gönnerhaften Ausdruck. June, empört über seine erhabene Grobheit, warf eine Handvoll Magie über ihn und sah zu, wie die Einbildung schwand. Die Salzsäule wandte sich dem Menschen zu. Danach war er nie mehr nur ein Lakai, sondern wurde im Laufe der Zeit Sonntagsschullehrer.

„Erfreut, erfreut!" sagte der Erzdiakon und drückte Herrn Oldsteins Hand. Ohne die Feen wäre der Empfang sicherlich weniger herzlich ausgefallen; aber seit dem Abend des 1. Mai hatte es Veränderungen gegeben. Der Geistliche wurde seinem Glauben gerecht. Er begrüßte Oldstein herzlich und fragte sich, warum er gekommen war.

Emmanuel war beeindruckt und verzaubert. Niemals hätte er geglaubt, dass das Leben so rein und kostbar sein könnte, wie er es hier vorfand. Er fühlte sich, der arme Mann im Egoismus demütiger Unwissenheit, wie ein vulgärer Eindringling; und zum ersten Mal in seinem Leben wurde ihm bewusst, dass seine Hände groß und seine Manieren nicht gerade geschliffen waren. Die Ringe, die er trug, machten seine Finger irgendwie hässlicher.

Tee wurde auf einem Silbertablett gebracht. Das Essen war köstlich unzureichend. Der Archidiakon nippte an einer Tasse und sprach lange Worte. Oldstein sagte „Yeth", murmelte etwas zu seinen Butterbrotscheiben hinüber und hörte nichts. Er ärgerte sich innerlich, dass er in diesen anglo-himmlischen Ort gestolpert war. So ging es eine Zeit lang weiter.

Der Archidiakon langweilte sich.

Als die Fee sah, dass die Dinge nicht stimmten, beeilte sie sich, sie in Ordnung zu bringen. Sie schwebte vor dem Kopf des Erzdiakons – ihre sich bewegenden Flügel erzeugten Musik, die nur Feen hören konnten – und berührten seine Lippen mit ihrem Zauberstab. Sie erkannte, dass er der Mann war, der das Gespräch führen sollte. Er wurde sofort geselliger.

„Spielen Sie Golf?" er hat gefragt.

„Nein, aber ich habe Golfbälle."

„Ah, du solltest spielen. Du solltest meinem neuen Verband beitreten, der jedes Mitglied verpflichtet, pro Runde nur einen Schläger – vorzugsweise den Mashie – zu verwenden."

Solange der Tee lief, blieb Golf das Thema. Der Erzdiakon hielt das Gespräch am Laufen.

„Unsere Bewegung der Feenreform geht also bewundernswert voran", rief Dr. Pryde aus und kam endlich zum eigentlichen Thema, als er aufstand, sich streckte und neben dem Kaminsims posierte. „Wir sind Kameraden unter Oberons Banner – Kameraden in einer wachsenden und siegreichen Armee."

Er bewunderte seine rollenden Perioden und holte seine Schachtel mit Lutschtabletten aus einer Schublade.

„Ja", sagte der andere, der immer noch das Gefühl hatte, seine Füße seien nur Stiefel.

„Ich habe heute Morgen einen Brief vom Oberbürgermeister erhalten. Sir Titus – ein wunderbarer Mann, ein wunderbarer Mann, wirklich einer von uns! – gründet eine neue Liga – Titanias Leibwächter, die sie heißt, bestehend aus allen Arten und Ständen alte Männer und Mädchen, junge Männer und Kinder; um die Schönheitsfehler zu beseitigen – „hässlich" ist Alices Wort, nicht meines – die London hässlich machen."

Er hörte mit seinem pompösen Gerede auf, um pompös zu wirken. Er fing sein Spiegelbild ein und verbesserte sein Verhalten.

„Yeth", erneut stockte Emmanuel. Er wollte seine Ansichten äußern, aber in diesem gegenwärtigen Zustand der Schüchternheit und Nervosität schien sein Geist nur ein Wirbel und Pudding zu sein.

„Apropos Alice, im wirklichen Leben könnten wir etwas mehr Durcheinander vertragen, nicht wahr?" June lächelte. Hier war der Beweis, dass sie ihn hatte. „Ich wünschte, Harlekin würde mit seinem Zauberstab einige unserer Geschäftsleute und Bumbles verwandeln und ihnen mehr Mitgefühl und Verstand verleihen."

„'Ohr, 'Ohr!'

„Was im Allgemeinen — fast vor allem anderen — gewünscht wird, ist die Fähigkeit, aus dem Trubel des Alltäglichen herauszukommen und die Fakten aus einem neuen Blickwinkel zu betrachten. Wie blind wir für das Offensichtliche sind! Es ist jeden Tag möglich." Vorübergehen und eine Aussicht nicht bemerken, zu deren Besichtigung wir, wenn sie in einem anderen Land wäre, tagelang in Unbehagen reisen müssten. Und warum? — Ich frage Sie, warum?" Er blickte zur Decke und wedelte anmutig mit der Hand.

„Das weiß ich!"

Der Erzdiakon zog die Brauen zusammen und blickte mit einem Ausdruck sanften Protests auf seinen Unterbrecher herab.

„Die Frage war rhetorisch, Herr Oldstein", sagte er mit leichtem Vorwurf. „Ich wiederhole: Warum? Weil wir so daran gewöhnt sind. Ein Londoner wird im Mai oder Juni mehr Schönheit in einem Wald sehen als der Mann, der an seinem Rand lebt; aber bringen Sie den Bauern nach London, und er wird den Mund aufmachen Ehrfurcht vor Gebäuden voller Schönheit und Geschichte, bei denen die Cockneys die billigeren Streichhölzer anzünden. Vertrautheit führt zur Blindheit.

„Ja."

„Das tut es tatsächlich! Das erste ist, den Gebrauch der Augen zu lehren, das nächste die Freuden der Vorstellungskraft. Das sind indirekt die Zwecke, für die die neue Bewegung des Oberbürgermeisters — Titanias Leibwächter — ins Leben gerufen wurde. Was für eine Arbeit wir leisten der Leibwächter — ich bin sein Geistlicher — was für eine Arbeit wir tun müssen, um sicherzustellen, dass die Vertreter der Stadträte das Evangelium der Süße und des Lichts erfüllen, um sicherzustellen, dass in Zukunft keine Häuser mehr abscheulich sein werden. oder Widersprüche im Stil zueinander — das braune viktorianische Zeitalter der Architektur ist vorbei; man muss darauf bestehen, dass das Äußere sauber und, wo möglich, bunt gestrichen ist, und dass man Maßnahmen ergreifen muss, um Rauch, Staub und Fliegen zu beseitigen; Blumenzwiebeln und blühende Pflanzen und Preise für die beliebtesten Gärten und Fenster;

„Lieber, Schatz! Es wird viel kosten!" dachte Emmanuel.

„Es gibt schon am Anfang viel zu tun. Dann die nächste Stufe. Monstrositäten in Häusern, Höfen und Slums zu beseitigen und ganz allgemein Mr. Jerry Builder auszuschalten. Was für eine Arbeit! Alle bis auf ein paar Statuen, die die Stirn runzeln Auf unseren Plätzen und in unseren Gärten müssen für die Straßenreparatur kleine Stücke abgerissen werden. Überall in London und in ganz England gibt es Statuen, die ihr Gewicht im Schlamm nicht wert sind – sinnlose Denkmäler für das, was allgemein vergessen wird: geschmacklos, hinderlich. Dumm. Nieder mit den bronzenen Herren in Hammelkotelett-Schnurrhaaren und römischen Togen, die wie traurige Pecksniffs posieren.“

„'Ohr, 'Ohr!' sagte Mr. Oldstein, der sich endlich wie zu Hause zu fühlen begann, obwohl Pecksniff war, Gott segne Sie! für sein Leben wusste er es nicht.

June hatte ihren Zauberstab tatsächlich wirkungsvoll eingesetzt. Gastgeber in seiner Beredsamkeit und Gast in seiner Wertschätzung strahlten einander an, beide erfreut. Der Archidiakon war entzückt von seinem Redefluss. Die Tatsache, dass seine neuen, von Elfen inspirierten Ideen für ihn neu waren, steigerte das Interesse und die respektvolle Bewunderung, mit der er seinen eigenen Äußerungen immer zuhörte. In seiner Aufregung vergaß er tatsächlich die Lutschtabletten und bemerkte die Bewunderung, die in Oldsteins Augen leuchtete. Er fühlte sich als Reformer, als Erbauer des Fortschritts, als Kraft und Licht auf der Seite der Engel. Er war mit sich zufrieden.

Die Fee war mit ihrer Arbeit zufrieden. Sie flatterte singend durch das offene Fenster, um die schlummernden Freuden des Gartens zu erwecken. Sie verweilte zwischen den Blumen, um ihnen Erfrischung und Glanz zu verleihen, und schwebte über den Zweigen der Bäume, studierte ihren Zustand und bewunderte ihre lange Geduld.

Sie rief Bim zu sich, gab ihm ihren Zauberstab und schickte ihn auf Wanderschaft durch die Welt. Die Spatzen zwitscherten „Gute Nacht“ und machten sich auf den Weg, um sich auszuruhen, bevor ein weiterer Tag voller Kampf, Streit und Schlemmen begann.

Unterdessen machte der Erzdiakon fröhlich weiter.

„Jede Form eines steinernen Denkmals ist zwecklos“, erklärte er und strich sein Haar zurück. „Der Tag muss kommen, an dem sie nur noch Bauholz sind und an die Torheit erinnern. Die Erbauer der Pyramiden sind jetzt nur noch Namen. Die Pharaonen hofften, sich durch den Bau dieser kolossalen Gräber ewigen Ruhm zu erkaufen; wir aber erinnern uns an die Grausamkeiten – das Blut.“ und das Leid, das in ihre Gebäude eindrang, betrachten Sie sie nur als kolossale Erinnerungsstücke der Schande.“

Der Erzdiakon runzelte die Stirn, schüttelte den Kopf und verspürte den künstlerischen Ruf nach einer bedeutungsvollen Pause.

Oldstein war angefeuert von dem Hinweis auf die ersten Unterdrücker seines Volkes. Er vergaß seine peinliche Schüchternheit und brach mit energischen Bekundungen der Zustimmung und Zustimmung aus. Er wurde jetzt nicht zurechtgewiesen. Auch für die Auserwählten ist Applaus erträglich. Der Erzdiakon strahlte gnädig.

Dann kehrte June in den Raum zurück und erkannte, dass das Privileg des Redens bisher zum Monopol gemacht worden war, und warf einen Zauber auf Emmanuel.

Ihr Wille war ein Gesetz, dem man gehorchte.

Der Erzdiakon war nicht nur stumm, sondern wurde auch verbal belagert. Er versuchte, Ausfälle zu machen, um den Faden seiner Argumentation wieder aufzunehmen; Doch bis Junes Zauber verflogen war, erwies sich Oldsteins Beredsamkeit als unwiderstehlich. Sein Gastgeber konnte nur in seinem Schreibtisch und seinen Taschen nach der Pastillenschachtel suchen, die auf dem Kaminsims hinter ihm stand, und gelegentlich mit „Ja" zustimmen.

„Das war ein toller Abend im Mansion Outh", erklärte er. „Ich werde es nie vergessen; und, Mither Erzdiakon, nichts hat mich während des gesamten Verfahrens so beeindruckt wie Ihr Aufruf zur Wohltätigkeit unter den Arbeitern für die Gerechtigkeit. Ich sagte zu Mythelf: ‚Das ist ein Mann' – ich sagte –" und das ist ein Lethon! Wenn dieser Würdenträger der Kirche mutig genug ist, das zu tun, gibt es „Ope". Ich sagte jedoch zu Mythelf: „Es gibt nicht viele Pfarrer, die den Mut haben, einen solchen Appell an Menschen zu richten, die sie am liebsten beim Wort nehmen würden." Aber du hast es geschafft, Mithter Pryde! In meiner Synagoge wurden deine Worte jedenfalls umgesetzt."

"Ja?" Diese Hommage an seinen Einfluss war entzückend und schmeichelhaft. Es kompensierte die Sprachunterbrechung.

„Ja! Unser Pfarrer hat sich letzte Woche alle Mühe gegeben, beim örtlichen Kirchenvorsteher ein paar Kohlen zu bestellen, und seine Hoffnung zum Ausdruck gebracht, dass in Kürze einige Gebete, die in den Kirchen gegen Türken, Juden und Ungläubige gesprochen werden, unentrichtet bleiben könnten!"

"Ah!"

Der Erzdiakon saß auf seinem Stuhl, verbarg sein Gesicht in seinen Händen und dachte nach.

„Machen Sie Ihren Appell noch einmal, Mithter Pryde, und immer und immer wieder. Es macht, das versichere ich Ihnen, einen sehr schlechten Spaß, der Außenseiter zu sein, wie wir Juden schon seit Ewigkeiten sind! Selbst heutzutage ist es nur notwendig, ein Jude zu sein, um das zu wissen." Was es ist, verachtet zu werden. Wir haben unter uns schwarze Schafe, und es ist leicht, verachtet zu werden „Ich wurde gefressen und geschlagen" – in Oldsteins Blick war Feuer – „und ich habe es zurückbekommen und mich gut um alles gekümmert." Meister, ich habe bis zum Äußersten gearbeitet, und ich habe alle Schekel genommen, die mir zustehen, und ich hätte mehr genommen, wenn ich sie hätte bekommen können – aber das hätte ich erwartet Ich habe mein Bestes getan, um sie nicht auszuplündern. Warum habe ich alle Heiden gefressen?

„Ah, wer weiß? Wer weiß?" sagte der Erzdiakon zur Decke.

Oldstein, von der Leidenschaft seiner eigenen Worte mitgerissen, blickte den Fragesteller böse an.

„Die Fragen waren rhetorisch, Mithter Pryde", antwortete er leise. „Warum? Weil ich die alte alte Schlacht gekämpft habe, die mein Vater und ihre Väter ausfechten mussten, seit die Sünde mein Volk unterworfen hat." Er erhob seine Stimme. Es war wie die Stimme eines Propheten. Der Erzdiakon lauschte, wunderte sich und vergaß, die undeutlichen Worte und die gebrochene Aussprache zu bemerken, die diesen Juden als Fremden innerhalb der Tore verkündeten. „Vor einem Jahr – am Tag des Pharaos, den Sie erwähnten – wurde der Fluch auf uns gelegt; auch jetzt ist das Joch nicht entfernt; wir werden mit seinen Widerhaken gefoltert und mit seinem Elend belastet. Auch jetzt noch werden wir angesehen Viele gelten als Schurken, Diebe und Geldtyrannen, aber trotz all unserer Fehler als Rasse werden wir verurteilt, und als Individuum einer Rasse werden wir als ungewaschene Ausländer betrachtet. Als unreine Tiere ist es so, dass sie ihr wahres Selbst vertritt. Indem sie die Liebe zu allen Menschen lehrt, vergisst sie immer, dass wir – die Ärmsten – so handeln „Dürfen die Demütigsten und Schlimmsten von uns die Toleranz und Fairness erhalten, die jedem Menschen zusteht?"

Oldstein hatte den Zauber erschöpft. Er hatte seine Meinung zum Ausdruck gebracht, hatte mit Wärme und Ernsthaftigkeit für sein Volk gesprochen. Sein Ausbruch an Beredsamkeit war beendet. Er gehörte erneut zu den Angehörigen des Judentums, war sich seines Rassenstolzes bewusst und war sich gleichzeitig eines unverständlichen Gefühls der Unterlegenheit gegenüber diesem großen, sauberen, pompösen und wohlmeinenden Engländer bewusst. Warum war das so? Lag es daran, dass er und seine Vorfahren jahrelang, obwohl sie die Verantwortungen einer jahrhundertealten Aristokratie geerbt hatten, ihr Erbe vergessen hatten und sich damit begnügten, vor den Mächtigen und Reichen zu kauern, nur um ihrer Eitelkeit und Laster willen nachzugeben der Schekel des Handels?

Es herrschte mehr als eine Minute lang Stille – fast laut vor Gedanken.

June hatte mit ihrem Zauberstab tiefes Wasser aufgewühlt. Die unlösbaren Probleme Israels waren für eine Weile wieder lebendig. Ein weiteres Stadium des langwierigen Gegensatzes zwischen Heiden und Juden war offenbar geworden. Kann dieser Antagonismus jemals beendet werden? Ist eine solche Tatsache zu den menschlichen Möglichkeiten zu zählen? Fragen über Fragen!

Der Archidiakon, gerührt von Oldsteins Ernsthaftigkeit, ließ seine Wichtigtuerei fallen und vergaß seine Posen. Er beugte sich vor und legte eine Hand auf die Schulter seines Gastes.

„Ich wünschte, wir könnten alle die größere Wohltätigkeitsorganisation erreichen“, sagte er ernst. „Als ich am Tisch des Oberbürgermeisters sprach, gestehe ich Ihnen, dass ich nicht ganz wusste, was in meinen Worten steckte. Ich ließ Ideen freien Lauf, die ich noch nie zuvor zum Ausdruck gebracht hatte, nicht einmal in meinen Gedanken. Die Feen–“ - Wir haben das alles auf sie zurückgeführt, nicht wahr? - Die Feen müssen mich dazu gebracht haben, so zu sprechen, wie ich es getan habe Halten Sie sich an sie. Ich bin nicht von ganzem Herzen froh, dass ich so gesprochen habe. Sie erinnern mich an die Verpflichtungen, die jedem verantwortungsbewussten religiösen Menschen auferlegt werden Ich verurteile oder verurteile die ehrlichen Meinungen anderer, glaube aber, dass alle in gewissem Maße Gottes Fortschritt vorantreiben ."

Sie schüttelten einander die Hände und bestätigten damit ihr Versprechen.

Die Uhr schlug sieben Uhr dreißig.

„Wie die Zeit verflogen ist!“, rief der Archidiakon, froh, aus der Szene raus zu sein. „Würden Sie mich entschuldigen? Ich muss mich beeilen und mich anziehen. Ich esse um acht mit der Herzogin von Armingham zu Abend. Ich wollte Ihnen so viel über Friedhöfe erzählen. Aber ein anderes Mal! So froh, Sie gesehen zu haben. Auf Wiedersehen!“

Oldstein ging. Auch ihm wünsche ich, was dieses historische Werk betrifft, Auf Wiedersehen!

June beschloss, ihren Geistlichen zum Tisch der Herzogin zu begleiten. Sie hatte die Schattenseiten des menschlichen Lebens gesehen und sah nun die Überseiten. Singe „Hey!“ für die *Haute-Couture,* wie ein Vorstadtdichter es ausdrücken würde.

Sie segelte nach oben ins Ankleidezimmer und half. Noch nie zuvor hatte ein Rasiermesser eine so glatte Rasur ermöglicht, noch nie zuvor war ein Diener eine so perfekte Maschine gewesen.

Als der Erzdiakon nach Westen fuhr, war er in der glücklichsten Stimmung. Er war zum vollkommenen Optimisten geworden. In dieser besten aller möglichen Welten war alles zum Besten.

Die lieben Feen!

KAPITEL XII

EINE NACHT DRAUSSEN

Zwerge sind bekanntermaßen verantwortungslos; Aber das Leben in der Stadt und ein hohes Ziel hatten für Bim Veränderungen mit sich gebracht. Er kroch unter dem dunkelgrünen Tor hindurch, das die Kutschenauffahrt begrenzte, und schritt in die Welt mit etwas von der Verantwortungshaltung, die die Würde eines neu gewählten Stadtrats schützt.

Bim machte sich keine Illusionen über seine gegenwärtigen Fähigkeiten. Junes Zauberstab machte ihn zu einer Macht, und er wusste es. Er war in der Lage, Sterbliche zu kontrollieren; und versprach sich selbstbewusst Ereignisse.

Er wanderte durch Straßen und Gänge, gleichgültig und unwissend darüber, wohin sie ihn führen sollten, unsicher darüber, was er tun sollte. Er sah einen Hansom krabbeln. Das würde so gut wie alles andere helfen. Er imitierte Junes Verhalten am Abend des Banketts, schwenkte den Zauberstab und zwang mit elfenhafter Willenskraft den Taxifahrer, sein schläfriges Ross zu zügeln.

Bim kletterte auf das Hinterbein des Pferdes und rannte an den schleppenden Zügeln entlang zum Dach. Sobald er dort bequem untergebracht war, gab der Fahrer, der alles als selbstverständlich ansah, den nötigen Klick mit der Zunge und startete den mehrfachen Urenkel von Bucephalus und Rozinante.

Bim hat einige Hauptstraßen „gemacht". Er kontrollierte den Mann und veranlasste ihn, anspruchsvollere Wege und Orte mit glänzenden Geschäften zu befahren. Er beobachtete das Kommen und Gehen der Menschen und überlegte, was er tun sollte.

Es berührte ihn, die Ströme armer Frauen und Kinder beim Einkaufen und Erledigen von Besorgungen zu sehen. Sein Mitgefühl übertrieb ihre scheinbare Erschöpfung. Sie sahen für ihn so erschöpft aus, dass er dem Kutscher befahl, einige von ihnen einzuladen, unterwegs mitzufahren.

„Müde, Mutter?", sagte der Fahrer – gute Seele! – zu einer alten Dame, die sich mit ihrer abendlichen Paketlast abmühte. „Steig in dein Ding!" Oder zu einem Kind: „Spring rein, Kleines! Ich würde *dich gern* mitnehmen. Wo willst du hin?"

So ging es eine Stunde lang weiter. Cabby fühlte sich wie Weihnachten an.

Dann begann sich das unbelohnte Pferd müde zu bewegen und zeigte andere Anzeichen dafür, dass es genug getan hatte. Bim hob den Zauber auf, kletterte von seinem Sitz auf dem Dach den hinteren Teil des Wagens hinunter und ließ den Kutscher den Futterbeutel des Pferdes an seinem Platz befestigen.

„Die Zeit meines Lebens", sagte Jehu begeistert zu einem mürrischen Kollegen. „Ich hatte eine sehr schöne Zeit. Jetzt hast du eine Chance, alter Junge", und erklärte ausführlich seine Handlungen und sein Glück.

„Äh?" grunzte der andere, Verachtung, Ungläubigkeit und Ablehnung drückten sich in dem Zwischenruf aus.

Das war genug für Bim. Er versetzte dem Churl einen scharfen Schlag auf den Stiefel. Die Konvertierung folgte sofort.

„Nun, nehmen wir mal an", sagte er und wischte sich imaginären Schaum von den Lippen. „Heute habe ich mich nicht so schlecht geschlagen. Ich werde es eine Stunde lang tun – verdammt, wenn ich es nicht tue! – dann gebe ich den Job weiter."

Bim befand sich am Ufer in der Nähe von Kleopatras Nadel. Er ergriff vorsichtig den Zauberstab und kletterte auf den Kopf der Sphinx, der nach Osten blickt. Dort sitzend versuchte er, sich ein Programm für Aktivitäten auszudenken, und beobachtete den grauen Fluss, der langsam und lautlos dahinströmte; anders, so anders, als die Flut des Verkehrs, die beleuchteten Straßenbahnwagen, heulenden Automobile, schneidigen Kutschen mit ihren Ladungen von Sterblichen, die lärmend vorbeirasten. Oh, die Unruhe des Menschen! Der Gnom war beeindruckt von der Weisheit des Wassers. Es trug still und seewärts die Gedanken der Sphinx, die mit weit geöffneten Augen London beobachtete.

Da sah June ihn. Sie fuhr im Brougham des Erzdiakons nach Westen und leuchtete, ein kleines Lichtwesen, das die Dunkelheit der Kutsche erfreute. Bim winkte ihr triumphierend mit dem Zauberstab zu. Sie warf ihm ein Lächeln zu. Glücklicher Gnom! Seine Ernsthaftigkeit entflammte sofort. Dann verschmolz Altruismus mit Unfug. Er warf seine Pläne und sein Programm in alle Winde. Er würde der Stadt ein feenhaftes Rot verleihen. Warum nicht Amok laufen?

Er sprang von der Sphinx, plumpste auf die Schirmmütze eines vorbeikommenden Polizeiinspektors und überflutete den Beamten mit Magie. Ein Sergeant kam und salutierte.

„Guten Abend, Baines", sagte der Inspektor. „Sag den Männern, sie sollen heute Abend besonders freundlich zu allen armen Kerlen sein. Sag ihnen, sie sollen blind für die Obdachlosen und Hungrigen sein. Die Feen würden es wünschen. Sag ihnen, sie sollen diesen Befehl weitergeben; wir müssen den Feen gefallen." "

Der Sergeant starrte. Das war beispiellos. Wozu kam die Autorität?

„Richtig, Sir", antwortete er und salutierte erneut. „Ich werde dafür sorgen" und tat es.

Der Inspektor marschierte weiter zu Scotland Yard, mehr als sonst zufrieden mit sich.

Da bemerkte Bim zufällig eine seltsame Kreatur, die am Ende eines Sitzes lag. Die Neugier zwang ihn zum Springen. Er stieg auf einer Runde aus.

Jeder im Märchenland hat von Natur aus eine Vorliebe für Poesie und ist in die Liebe verliebt. Eines der Ziele der Elfen besteht darin, den Betroffenen zu helfen und die Gefühle der Liebenden zu idealisieren, um sie ihrer Privilegien würdig zu machen. Sie erfüllen diesen Zweck treu. Wenn Amors Kurse reibungslos verlaufen, sind die Elfen hilfreich. Unglückliche Liebesbeziehungen werden von Oberons Volk immer nicht gesegnet. Sie haben einen scharfen Blick darauf, dass die Pläne weltkluger Eltern durchkreuzt werden.

Bim betrachtete ein seltsam aussehendes Biest. Es schien aus einem großen Hut mit vielen Bändern, mehreren Armen und einem Arm zu bestehen. Liebhaber! Ihre Nase war in Seinem Nacken. Gelegentlich gab es eine Bewegung und ein Zittern, gefolgt von einem lauten Kuss, einem der Küsse, die trafen. Es gab viele Passanten, aber die Liebe kümmerte sich um nichts — außer um die Liebe! Die Neugierigen und Verächtlichen hatten hundert Gelegenheiten für ein zynisches Urteil; die sie benutzten, nur um völlig ignoriert zu werden.

Überall in den Parks und Plätzen Londons waren ähnliche Vorführungen vulgärer Badegäste zu beobachten, die herumflatterten und sich nicht schämten; Jedes Paar von etwa hunderttausend Liebenden ist gegenüber allem anderen außer seinem eigenen Selbst wunderbar gleichgültig.

Währenddessen saß der Gnom auf dem Schoß und wunderte sich, voller Ehrfurcht und Sorge: Er lauschte gespannt und wartete ungeduldig auf honigsüße Worte der Liebe.

Es herrschte Stille. Big Ben hat zugeschlagen.

"Acht Uhr!" sagte Strephon zu Phyllis und küsste sie.

Wieder herrschte Stille.

Bim floh bestürzt zum Nebensitz, wo sich zufällig ein weiteres verliebtes Paar niederließ. Er war Zeuge eines ähnlichen Festes dreister Bathos.

Über der Entrückung herrschte noch immer dämliches Schweigen. Er wartete.

Die große Uhr läutete erneut.

„Viertel nach", sagte sie und ein Kuss flog in den Himmel.

Bim ging von Sitz zu Sitz; Jede Bewegung wurde vom Glockenspiel der Parlamentsuhr begleitet. "Halb." "Viertel vor." "Neun."

So war der Dialog der Liebe. O Zeit! O Manieren! Wo sind unsere Verzückungen, unsere Sonette und Rhapsodien?

Bim wurde wütend. Er rannte mit voller Geschwindigkeit die Uferpromenade entlang und stieß mit seinem Zauberstab auf jedes verliebte Paar ein, und weiter, durch Story's Gate in den St. James's Park. Unterwegs kam er an Dutzenden flanierender Liebespaare vorbei. Er verzauberte jedes Paar von ihnen.

Er eilte durch den Green Park und über Piccadilly in den Hyde Park. Wohin er auch ging, er trug Magie mit sich und erzeugte deren Folgen. Die vielen Zungen der Liebe waren nicht länger gebunden. Bisher stumme Gedanken fanden leuchtende Sprache.

Der Gnom war voller Rache Amok gelaufen.

„Liebling, Liebling, Liebling, Liebling!" sagte ein junger Mann in einer Ekstase, die mit jeder Silbe zunahm.

„Liebling, Liebling, Liebling!" kam die weibliche Antwort, in Tönen, die begeistern.

Dann ertönte eine weitere süße Stimme sanft vom Westwind.

„Ich weiß, wo es das kleinste Kochtopfset gibt, das genau zu unserem kleinen Gemütlichen passt."

Die Sterne funkelten.

„Tut-ähm!" war die männliche Antwort.

Noch immer funkelten die Sterne.

„Ted", sagte Emma, „liebst du mich, liebst du mich?" Sie hatte eine Reihe populärer Melodramen gesehen und fühlte sich träge und entzückt. Sie stellte emotionale Fragen, mit der Betonung, die mit der Wiederholung einhergeht.

„Das mache ich einfach, alter Junge!" kam die Antwort.

„Und wirst du, mein Herz, mich immer lieben, mich lieben?"

„Verdammt, Alter, das werde ich!"

„Dann noch einer, Ted." In einiger Entfernung war ein Geräusch zu hören, als ob Maschinengewehre bellten. Emma schien zufrieden zu sein.

Bim war zufrieden. Er hatte nicht nach Worten in Lila gesucht und konnte daher keine Enttäuschung empfinden. Aber während er von Stuhl zu Stuhl arbeitete, wuchs in ihm der Wunsch, dass mehr von dem kleinen Dichter im einfachen Volk geboren worden wäre. Die Prosa, die entstand, war besser als eine bloße kahle Zeiterzählung; aber sicherlich war er der Tauben der Aphrodite nicht würdig.

Allmählich kam das Bessere. Es war das Werk unbewusster Nachahmung.

Den Beispielen folgte man schnell in viele Richtungen. Mehrere Taxifahrer, die ihren Tagesbedarf und etwas mehr verdient hatten, nutzten nun ihre Droschken und noch unermüdlichen Pferde, um für kurze Strecken Fahrpreise zu befördern, die zu dürftig waren, um eine Fahrt zu bezahlen. In Taxis und Privatwagen herrschte tatsächlich ein reges Wohltätigkeitsgeschehen. Polizisten, die die Anweisungen des Inspektors ausführten und weiterführten, halfen den heruntergekommenen Gentleman dringend dabei, sich so wohl zu fühlen, wie es die Bedingungen im Freien zuließen.

So begannen auch die Liebenden an diesem gesegneten Abend unter dem Einfluss von Bim, Julia und ihren Gefährten aus der vom Himmel geküssten Gesellschaft würdig zu werden, denen die Leidenschaft geheiligt wurde und der Besitz der Liebe eine gekrönte Freude, eine inthronisierte Macht ist , macht aus seinen Anhängern Königinnen und Prinzen---- Ach ich, und so weiter! Die Vielzahl der Liebenden schämte sich allmählich ihrer Unanmut. Sie gingen jetzt oder saßen mit einem besseren Sinn für malerischen Anstand da. Das Ausstrecken und Umarmen wurde auf die heimischen Sessel verlagert. Die Parks wurden für Verheiratete erträglich.

Hier und da lag ein fröhlicher Verehrer zu Füßen seiner Dame. Die Methoden der musikalischen Komödie wurden passend auf die Prosa des Lebens angewendet. Ernie Jenkins war einer dieser liegenden Kerle. Es war sein wöchentlicher Abend mit Emily, die auf einem Stuhl unter einem Kastanienbaum saß und ständig Säuretropfen aufsaugte. Sein rotes Haar war stoppelig, aber er strich sich über die Stirn, als wäre sie voller Liebeslocken.

„Emily! Emily!" murmelte er wiederholt. Noch nie waren seine Gefühle für sie so romantisch gewesen, wie es jetzt schien. Seine schmale Brust weitete sich vor Entzücken und zog sich vor Seufzern zusammen. Er wusste, dass er Glück hatte. Bim hätte ihn beinahe dazu überredet, den Sprung zu wagen. Obwohl Ernie nicht in der Lage war, so weit zu gehen, schwor er sich im Geiste, seine wöchentliche Menge Bitterbier zu reduzieren, um einen Notgroschen für Möbel zu haben – was wie eine gemischte Metapher klingt, aber keine ist; und wenn es so wäre, kann es den Feen zugeschrieben werden, die grammatikalisch alles tun können, was sie wollen, sogar bis zu dem Ausmaß, Infinitive zu spalten, was sterbliche Autoren niemals tun dürften.

Der Hyde Park wurde für Bim an diesem glückseligen Abend immer entzückender. Er flatterte umher, als ob Flügel an seinen Füßen wären, und mit Junes Zauberstab verhalf er Blumen, Vögeln, Gräsern und Winden dazu, märchenhafter zu werden. Diese gesegneten Wesen verhielten sich, als ob sie die Veränderung erkannten und sich darüber freuten; Und man muss ihnen zugute halten, dass keine grüne Grünfläche im überfüllten London so viel mit Falkland zu tun hatte wie die Blumen, Vögel, Gräser und Winde im damaligen Hyde Park. Die Natur ist schließlich ein richtig guter Dichter.

Ein Neumond erschien. Es lugte aus einer Wiege aus Wolken. Darunter leuchteten Venus und Jupiter. An ihrer Stelle leuchteten andere Sterne. Das war die erste Nacht, die London seit dem Wahnsinn am 1. Juni erfreute; Und was die lange, lange Zeit davor betrifft – oh je! Oh je!

Als June durch ein herzogliches Fenster spähte, bemerkte sie die Verbesserung und freute sich über Bim. Sie wusste, dass es größtenteils seine Tat war – seine und die des Zauberstabs. Ihr Mitgefühl wuchs ihm gegenüber. Er war ein guter Gnom, und wenn sie siegreich und vergeben in das Land der Wildrosen zurückgekehrt waren – was sie zweifellos irgendwann tun würden –, sollte er belohnt werden. Vielleicht würde sie ihn küssen.

Langsam, aber viel zu schnell verging die Zeit. Die Band, die drei gemütliche Stunden lang die Herzen von Hunderten bewegt hatte, spielte die Gute-Nacht-Nationalhymne und löschte ihre Lichter. Zwei nach zwei machten sich die Liebenden auf den Heimweg, jedes Paar war glücklich und emotional, freute sich über die Faszination und war herrlich gedämpft. An diesem Abend wurden mehr Ehen geschlossen, mehr Bindungen bestätigt und Liebesbeziehungen geschlossen als je zuvor – vielleicht mit Ausnahme des letzten supralapsären Tages.

Der Autor dieser großartigen Verbesserung saß lächelnd und müde auf einer weggeworfenen Zigarettenschachtel. Er freute sich über die weite Stille und das taufrische Gras.

Der Park wurde immer stiller. Auf allen Seiten war das ewige Summen des Verkehrs zu hören. Einsame Wanderer gingen schweigend die Wege entlang und verschwanden in der Dunkelheit. Hin und wieder war der Hauch von Lachen zu hören, gelegentlich Taxirufe, ein entferntes Signalhorn, das den letzten Pfosten erklang, und die Stimme eines Mannes, der einen Ruf ausstieß. Langsam gingen selbst solche Geräusche in der alles umhüllenden Stille unter; Die Nacht war sehr still.

Hier war Platz für Feen, dachte Bim, aber es waren keine Feen da. Es sollte Ringe von ihnen geben, die leicht lachen und tanzen; den Sternen Freude bereiten. Der Hyde Park in seiner Einsamkeit sehnte sich nach ihnen. Sie waren nur nötig, um daraus den perfekten Garten zu machen.

Die Plätze der Elfen waren von Kreaturen aus einem ganz anderen Ton eingenommen worden. Vor etwa einer Stunde war der Park voller hoffnungsvoller, glücklicher und selbstbewusster Jugendlicher. Der Unterschied jetzt!

Überall schlief oder murrte der menschliche Abfall unseres Gesellschaftssystems im Gras; die Alten, die Hässlichen, die Hoffnungslosen, die Gebrechlichen und Untauglichen; die sparsamen, arbeitslosen, wertlosen – abgenutzten Überreste aller Arten elender Menschlichkeit. Arme Kerle, deren Tage schon lange verdammt waren! Ihre Rücken sind von der Last geschwächt. Sie haben nicht einmal eine Hoffnung in der Tasche. Sie haben gesündigt und gelitten; Ich habe die vielen Lektionen der Bitterkeit gelernt und bin niedergeschlagen worden. Sie haben gehungert und mussten weiterhin hungern; waren nass und kalt und hatten vor ihrem Zittern keinen besseren Schutz als ein kaputtes Penthouse oder einen windigen Torbogen; Ihre einzigen Freundschaften bestanden mit Mitgliedern ihrer eigenen düsteren Bruderschaft. Glück hatte Lear! Sie haben Verlangen mit Verbrechen in Berührung gebracht und wurden gezwungen, die Strafen des Gesetzes und der Welt zu zahlen. Für solche, das Treiben der Städte, gibt es kurze Zeit. Geboren sind sie, um zu leiden, zu ertragen; nur Scham kennen; sterben.

Der Gnom setzte seine Wanderung fort und blickte verwundert auf die vielen schlafenden Gesichter. Es war die erstaunlichste aller Sehenswürdigkeiten, die er je gesehen hatte. Die Zeichen der Gemeinheit und der Not waren ihnen eingeprägt. Ja, June hatte Recht mit ihrem Wahnsinn. Die Feen hätten das verhindern sollen. Eine Tragödie ist erlaubt, wenn sie romantisch ist, aber eine solche Tragödie des Elends, die damals vom Sternenschein erleuchtet wurde, war hässlich, böse, die erste und letzte Schande. Der Gnom traf auf den faulen Tim, der sich tief schlafend auf einer aufgeschlagenen Zeitung ausstreckte und mit weit geöffnetem Mund schnarchte.

Tim war ein Taugenichts. Er hatte keinerlei Skrupel, Hoffnung, Ehrgeiz oder Segen. Sein Vater und seine Mutter waren ebenfalls Nichtsnutze gewesen. Außer ihnen hatte er keine Geschichte. Er war noch nie in einer Schule gewesen und hatte nie gewusst, was Disziplin – abgesehen von der des Gefängnisses und der Gelegenheitsstation – bedeutete. Er hatte nie Gefallen an der Arbeit gefunden, aber dank geschärfter Schwachköpfe hatte er hier und da viele krumme Pence verdient. Er war neben der Zählung als Landarbeiter und Fabrikarbeiter eingestellt worden; Doch die Monotonie der einen Beschäftigung und der gefängnisartige Charakter der anderen hatten ihn immer wieder in die Welt der Freiberufler getrieben. Tim war unmoralisch und unverbesserlich. Er hatte auf seinen Wegen keinerlei Führung gekannt. Er kam zu dem Schluss, dass es klug sei, jedem Mann in Uniform auszuweichen, und das war auch schon alles.

Die Erfahrung hatte ihn jedoch viele Tricks billiger Schlauheit gelehrt. Wenn er in Stimmung war, konnte er eine Geschichte über seine nicht existierende Frau und Kinder und die Bronchitis erzählen, die einen Stein vor Mitgefühl feucht werden ließ. Er hatte sogar einmal bei einer außergewöhnlichen Gelegenheit sechs Pence von einem örtlichen Sekretär der Wohltätigkeitsorganisation erhalten und hatte mit seinen Seufzern und Bestrebungen häufig die Großzügigkeit nicht weniger religiöser Damen bezaubert. Er hätte jede Religion, die man wollte, für eine ordentliche Mahlzeit gehalten. Einst steckte vielleicht gutes Material in Tim, aber es war verkümmert und verloren gegangen. Er hatte keine einzige faire Chance gehabt. Er war zur Unzeit auf die Welt gekommen. Das Schicksal schlief, als er geboren wurde. Seit seiner Kindheit hatte er gehungert, gestohlen, gesündigt – wenn er überhaupt „sündigen" kann –, wurde bestraft und vernachlässigt und war so zugrunde gerichtet.

Bim, der das schlafende Gesicht betrachtete, wurde von Mitleid der Fee erfüllt. Er wusste nichts von Tims vergangenen Erfahrungen, von den missgönnten, verweigerten und verlorenen Gelegenheiten; aber er konnte sehen, dass der Mann von Natur aus unglücklich war. Das war genug. Armer Kerl! Es musste sofort etwas für ihn getan werden. Er wünschte, June wäre da gewesen, um das Heilmittel zu verschreiben. Aber vergebliche Wünsche hatten keinen Sinn. So ist Elflands Art nicht.

Er marschierte an Tims Körper hinauf und spürte die abgemagerte Gestalt unter seinen Füßen. Knochen und Hunger, das war die Geschichte; Knochen und Hunger und Lumpen. Er stand neben dem wirren Bart und strich mit der Spitze des Zauberstabs sanft über das faltige, dürre Gesicht. Müdes, hässliches Gesicht! Es sah so schwach aus, ja, und so brutal im dunklen Licht der Nacht. In die Wangen und die Stirn waren Narben geschnitten; Die Nase war entstellt und trug die Spuren von Alkohol und Kampf. Die Haare strömten in einem grauen, schmutzigen Wirrwarr unter einem zerbrochenen Hut hervor. Hier war ein Mann in der Blüte seines Lebens, der schließlich ruiniert war.

Tim würde sofort aufwachen. Welchen Nutzen hatte sein Erwachen? Es ist besser, immer zu schlafen und zu träumen, als noch einmal für die Verzweiflung des Tages und das Elend eines ganzen Lebens zu leben.

Bim legte die Spitze des Zauberstabs auf die Stirn des schlafenden Mannes und dachte über diese Dinge nach.

Plötzlich wachte Tim auf, streckte sich, stand auf, schüttelte sich und brach in Gelächter aus. Er nahm seinen Hut ab und betrachtete ihn genau. „Eine königliche Krone!" rief er. Er streichelte seine Lumpen und freute sich. „Hermelin und Lila." Sein Hunger war vergessen; sein Durst – sein einziger immer treuer Begleiter – machte keine Bitten mehr. „Feste in Hülle und Fülle!" rief er und hob entzückt die Arme zu den Sternen. „Was für einen Palast ich habe! Was für ein Königreich! Oh, mein königliches Erbe! Es ist gut, am Leben zu sein – König, König, König zu sein!"

Tim hatte sein Glück gefunden. Nie wieder konnte er die Übel der bitteren Realität erkennen. Von nun an war er mit Illusionen gesegnet. Er sei „berührt". Bim und der Zauberstab hatten das Wunder vollbracht.

Gesegnet sind die Armen, die die Feen berührt haben. Hut ab, meine Herren! Sie sind weit über das Elend des Lebens hinaus. Sie sind eigenständige Könige – glückliche Könige. Wir, die wir die blauen und gelben Sorgen haben, sind weitaus weniger glücklich als sie, auch wenn wir mit Münzen in unseren Taschen klimpern können.

Bim kletterte auf einen Kastanienbaum und fand Schlaf im Nest einer Drossel.

KAPITEL XIII

IN DER GESELLSCHAFT

Als die Kutsche des Erzdiakons nach Westen rollte, beobachtete June die Menschen in den überfüllten Straßen und schätzte die vor ihr liegende Aufgabe ein.

Sie und ihr Knappe hatten bereits viel getan. Sie hatten die Bemühungen der guten Leute, die immer am Werk waren, beschleunigt. Sie hatten die Wohlwollenden und Wohltätigen auf weise Wege geführt. Sie hatten viel getan – sehr viel, aber es war nichts im Vergleich zu der Notwendigkeit. Auf ihren Streifzügen war sie nach Norden, Süden, Osten und Westen geflogen, nur um überall die gleichen Probleme vorzufinden: ähnlichen Elend, Egoismus, Hässlichkeit und Mangel – unglückliche Hinterlassenschaften vergangener Nachlässigkeit und Fehlverhalten. Überall, wohin sie flog, herrschten Slums und Gleichgültigkeit. Es war die Gleichgültigkeit, die ihr besonders zu schaffen machte. Sie legte ihren Kopf auf die Taschenuhr des Erzdiakons und weinte.

Die Aussicht, die sie und Bim vor sich hatten, schien entsetzlich. Nur der Gnom und sie – zwei, obwohl es eigentlich eine organisierte Armee sanfter Geister aus dem Elfenland mit magischen Besen und verzauberten Schwertern brauchte.

Aber es hatte keinen Sinn, über das Unverfügbare zu seufzen. Sie muss so gut wie möglich weitermachen und das Beste aus ihren eigenen Kräften, Absichten und Bim machen.

Armingham House steht an einem tristen, respektablen Platz. Zwei steinerne Wappenbestien bewachen sein hässliches Tor. Es sind legendäre Monster, keine Wyvern, Greifen, Einhörner oder Scheinschildkröten, sondern so etwas wie eine Kombination aus all dem. Auf dem Torbogen ist ein gebrochenes Motto angebracht, das in sehr schlechtem Französisch etwas Heroisches bedeutet. Es entstand aus einem kriegerischen mittelalterlichen Vorfall; Niemand erinnert sich an was. Einer der Vorteile des langen Abstiegs ist die bequeme Verschleierung bestimmter Ereignisse und Anfänge.

Der Herzog von Armingham besaß alle Merkmale einer extremen Aristokratie. Sein blaues Blut, seine hohe Nase, seine hochgezogenen Augenbrauen und seine schlanken Hände konnten nur von einem idealistischen Porträtmaler verbessert werden. Sie waren die sicheren Zeichen von Klasse und Kultur. Er hatte die sanfte Stimme, sein bedächtiges Auftreten und die Angewohnheit, beim Sprechen seinen Zwicker zu schwenken, was Autorität auszeichnet. Während seines gesamten Lebens mussten andere schweigen, wann immer er gesprochen hatte; Es war daher unnötig, dass seine Stimme lauter wurde oder seine Töne schrill wurden.

Seine Mode entsprach der der frühen siebziger Jahre. Bis zu diesem Zeitpunkt hatte er die Dandys überflügelt und glorreich an der Spitze seiner Zeit gestanden. Dann blieb sein Stil bestehen. Jede neuere Kleidungsordnung als die von Louis Napoleon vorgeschlagene sei veraltet, erklärte er. Er war in diesen späteren Tagen ein lieber alter Kerl, freundlich und so vollkommen glücklich, wie ein Herzog nur sein kann. Er ertrug die Nachteile seines Reichtums und seiner Stellung mit wunderbarer Unbeschwertheit und schaffte es, durch Nachdenken nicht neidisch auf seine Untergebenen zu werden. Er fürchtete nichts außer Blitzen, Schlamm in Piccadilly und seiner Herzogin an einem Gerichtstag.

Seine Frau war mit Sicherheit ein erhabenes Wesen. Gerüchten zufolge war sie in jungen Jahren Kindergärtnerin gewesen; Aber diejenigen, die auf diesem Gebiet Autorität haben sollten, erklärten, dass das Gerücht gelogen habe. Wie dem auch sei, die vergoldeten und scharlachroten Bücher, die die Geschichten der Betitelten erzählen, gaben ihr einen Oberst als Vater, sodass ihr Blut wahrscheinlich etwas Blaues war. In ihren Gewändern und Trachten sah sie auf jeden Fall wie eine Herzogin aus, und das waren viele Zentimeter.

Ihr Einfluss in der Welt war ihrer Stellung würdig. Sie hatte einen befehlenden Blick und konnte Anmaßung an einem regnerischen Tag wie einen Fußabtreter wirken lassen. Sie vergaß nie ihre Krone und war nicht freundlich; tatsächlich betrachtete sie die Menschheit durch kleiner werdende Lorgnetten und sah sie klein. Sie war eine der zweihundertdreiundzwanzig Damen auf der ganzen Welt, die wissen, dass sie Supermänner sind.

Als June und der Erzdiakon im Armingham House ankamen, hatte sich die Fee noch nicht ganz von den Trümmern erholt. Sie hatte für eine Weile das Vertrauen in sich selbst verloren und fühlte sich nicht mehr kämpferisch. Sie klammerte sich an den Erzdiakon und wurde von ihm zwischen Lakaien mit silbernen Köpfen die weiß-blaue Treppe hinaufgetragen. Die Szene, in der die Gäste begrüßt wurden, war großartig. Die Diener in ihrer gelben Livree, die Damen mit ihren Juwelen, dem Glitzern, dem Lachen und den Blumen sorgten für ein prächtiges Bild.

Das Bild, so schön es für sterbliche Augen auch sein mochte, konnte June nicht aus ihrem Zustand müder Verlegenheit befreien. Sie hörte dem Vortrag zu und beobachtete lustlos die Bewegung. Es ging nur um Träume. Verglichen mit dem Reichtum und dem Königtum des Märchenlandes war es nur Schatten, Lärm, Unsinn und Lametta!

Sie fühlte sich auf jeden Fall undankbar und deprimiert.

Der Erzdiakon kümmerte sich um die Begrüßung und begann ein Gespräch mit Lord Geoffrey Season, dem dritten und jüngsten Sohn des Herzogs von Armingham.

Lord Geoffrey war ein goldener Jüngling von siebenundzwanzig Jahren. Seit seinem sechsten Geburtstag war er für das Parlament bestimmt. Es gab einen Kreiswahlkreis, der darauf wartete, dass er bei den nächsten Parlamentswahlen seine Wahlrechte annahm; Der familiäre Einfluss und die Art und Weise, wie er seine Kleidung trug, sorgten dafür, dass ihm früh das Amt anvertraut wurde. Bisher hatte er kaum mehr getan, als immer das Richtige zu tun. Er hatte die staatsmännische Eigenschaft, niemals originell zu sein, konnte das Offensichtliche mit Tiefgründigkeit ausdrücken und versprach, keine Fehler zu machen, was schließlich etwas weniger ist als das vom Himmel gesandte Schicksal. Darüber hinaus war er – derzeit – so etwas wie ein Idiot.

June erwachte aus ihrer Lethargie und interessierte sich für ihn. Sie mochte sein welliges Haar und seine porzellanblauen Augen, aber ihre Energie schlief immer noch. Sie würde Geoffrey im Auge behalten. Sie sah in ihm Möglichkeiten.

Während sie die Gäste beobachtete, müßig deren geistige Klarheit und offensichtliche körperliche Zufriedenheit beobachtete und den Luxus der Umgebung wahrnahm, musste sie zwangsläufig zu Vergleichen und Kontrasten kommen. Anders als das elende Elend, das sie seit ihrer Ankunft in London gesehen und ertragen hatte! Es war nicht nur Paradise Court, das den großen Kontrast bildete, sondern unzählige Slums in allen Teilen der Metropole; und damit verbunden die düsteren Behausungen, in denen es um Ansehen geht, die hunderttausend hässlichen Häuser in tristen, unrühmlichen Straßen, die von Arbeitsarbeitern besetzt sind, die Tag für Tag, über die Jahre hinweg, in Geschäften und Büros schuften und dafür ihr gottgegebenes Leben verkaufen ein wenig Schlacke, ein wenig Mäzenatentum und ein paar Anflüge konventionellen Glücks.

(Dies ist das Urteil der Feen.)

Nach diesen Jahren wenig gewinnbringender Arbeit – fernab der Natur, fernab der großen Realität – und nach der treuen Ausübung von Ritualen werden die armen Dinger gemäß dem Evangelium von Mrs. Grundy zu Brüdern und Schwestern des Gemüses und sterben . Also lassen Sie ihr Leben hinter sich!

Und hier – im ganz anderen Extrem – befand sich dieses große herzogliche Sarg voller Luxus und Lachen, das einen begrenzten, ausgewählten Kreis von Menschen willkommen hieß, die, wenn sie wollten, nichts anderes tun mussten, als glücklich zu sein und sich zu amüsieren. Heigho! Hundertfache Paradoxien lauern im Schatten an jeder Straßenecke.

June erinnerte sich an die Phantome von Paradise Court und verhärtete ihr Herz, anders als der Pharao, den Moses tadelte. Oberon oder nicht Oberon, die Feen sollten nach London zurückkehren! Zum Wohle der sogenannten Reichen, aber auch zum Wohle der Ärmsten, müssen sie innerhalb der sieben Quadratmeilen das Elfenreich neu erschaffen und ihren gesegneten Einfluss durch die Vororte tragen. Wenn dies nicht geschehen konnte, bevor sie die Krone abgeben musste, dann musste es danach geschehen. Auf jeden Fall muss es so sein. Das war sicher, flach, absolut. London sollte zurückerobert werden.

Die Tischpartnerin des Erzdiakons war Mrs. Billie Thyme, eine kleine rosafarbene, flachsblonde Dame, deren überreicher älterer Ehemann ihre Moden finanzierte und ihr dadurch reichlich Gelegenheit gab, in den persönlichen Absätzen der Abendzeitungen zu glänzen. Mrs. Billie war kein bisschen *gleichgültig* , obwohl selbst sie nach neuen Aufregungen seufzte, die es zu meistern galt.

Sie war immer in einer endlosen Ader des Flatterns und Geplappers. Die meisten hohen Persönlichkeiten waren froh, mit ihr Unsinn zu reden; Auf Basaren und Gartenfesten zog ihr Rocktanz die Menge an. Sie war die Lieblingsliebling der Herzogin und unterhielt die Tischrunde mit klingenden Gesprächen.

Sie war es, die mit den Feen begann. Sie wurden in den Gesprächen dieser Zeit selten außen vor gelassen. June war immer noch verträumt und regungslos, thronte auf einem großen silbernen Salzstreuer, beobachtete und wunderte sich gleichgültig, war aber noch nicht lebhaft genug interessiert, diese Puppen für die Umsetzung ihrer Ideen zu nutzen.

„Und was sollen wir von diesem Feenwahn halten?“ Mrs. Thyme erkundigte sich allgemein nach dem Unternehmen.

Es gab keine sofortige Reaktion. Der Erzdiakon überließ die Beantwortung der Frage jemand anderem. In der Gesellschaft versuchte er gewöhnlich, auf dem Zaun zu bleiben.

„Ein Neun-Tage-Wunder!“ sagte Lord Geoffrey. „Blöder Unsinn, so wie Tischtennis und Diabolo.“

„Heute eine Torheit, morgen vergessen, und hinterher ein trauriges Spiegelbild“ – so ein Romanautor der Gegenwart – „Demokratie ist ein Baby, das seine Spielsachen schnell kaputt macht.“

„Es hat schon fast neun Wochen gedauert“, antwortete der Herzog ruhig. „Es ist seltsam; ich verstehe es nicht. Dieser Mansion-House-Typ, der

Oberbürgermeister, hat damit begonnen. Die Bewegung scheint sich auszubreiten. Die meisten Bewegungen breiten sich heutzutage aus. So etwas haben wir in den Siebzigern nicht gemacht."

„In der Tat, nein", stimmte die Herzogin mit ihrer besten Offiziersstimme zu. „Als ich ein ‚Mädchen' war, gab es den Glauben an die Feen nur bei den Iren und nirgendwo sonst. Diese Internatsschulen und Gewerkschaften haben diesen Unsinn verursacht, da bin ich mir sicher."

„Es gibt eine ermutigende Tatsache, Herzogin!" rief der Romancier, natürlich ein Egoist, der sich Douglas le Dare nannte, obwohl sein Patronym Barlow war und sein Vater ihn William getauft hatte. „Es liegt daran, dass wir uns in unserer Literatur – der Prüfung unseres Geistes – an ein gesundes Leben und die klare Wahrheit halten. Heutzutage werden keine Märchen mehr geschrieben; solche Originalität ist sinnlos. Wir weben unsere Romanzen um den Alltag, wir schmücken." langweilige Wahrheit, und was ist das Ergebnis? Ich habe fünfzigtausend Exemplare meines letzten Buches verkauft.

"Hast du wirklich?" sagte Mrs. Thyme und öffnete ihre blauen Augen weit. „Ich denke, ich werde schreiben!"

"Ha!" sagte er, während er seine eisengrauen Locken zurückschüttelte – sein Haar war eine Reklame – „Du solltest schreiben, aber beschäftige dich mit Fakten – Fakten – den Feen – pah! – sie sind nur eine Art Mentalismus." Pilze. Das Publikum will dem Publikum immer gefallen!

June lebte jetzt. Ihre Flügel bebten vor Empörung. Die Krone auf ihrem Kopf leuchtete im Elfenlicht. Sie war wütend, wütend. Aber sie machte keine Bewegung, sondern saß nur aufrecht auf der Salzkiste und achtete aufmerksam darauf, was diese Lehmgeschöpfe sagen würden.

„Wenn Sie eine Autorin sind, Katie", sagte der Herzog zu Mrs. Thyme, „müssen Sie doch ein oder zwei Exzentrizitäten entwickeln, nicht wahr, Mr. le Dare?"

„Oh, ich weiß nicht, Herzog!"

„Oh, muss ich?" rief sie, Eifer leuchtete in ihren Augen. „Erzählen Sie mir bitte ein oder zwei Exzentrizitäten!"

„Tut mir leid, dass ich nicht kann, Mrs. Thyme. Meine ganze Freizeit verbringe ich damit, über meine eigenen Exzentrizitäten nachzudenken, die wenigen, denen ich nachgebe Werbung für Ihre Bücher.

Dann mischte sich ein bärtiger Baronet ein, der ein funkelndes Monokel trug und es lustig fand, sich einzumischen.

„Apropos Feen und der Oberbürgermeister", sagte er, „waren Sie nicht in diese kleine Angelegenheit im Mansion House verwickelt, Mr. Archdeacon? Äh? Was?"

Der Blick richtete sich auf die angesprochene Person, die, da sie feststellte, dass ihre Theorien in diesem Unternehmen keinen Anklang finden würden, bereit war, zu schweigen, während die Flut der Abwertungen floss. Sein ganzes Leben lang war er auf der Seite des Jubels gewesen. June sah ihn an. Sie war gespannt, wie er die Prüfung meisterte. Wenn er scheiterte und sich als treulos erwies, würde die Macht des Märchenlandes dadurch geschwächt, denn der Glaube ist der Stärkegeber. Sie hat nichts getan, um ihn zu beeinflussen. Obwohl in ihrer Empörung Magie von ihrer Persönlichkeit ausging, sollte sie ihn nicht beeinflussen.

Er nippte an seinem Sherry und antwortete bedächtig, während die anderen mit allen Ohren zuhörten.

„Ich war dort, Sir Claude. Es war ein wunderbarer Anlass. Der Ort schien bezaubert und verzaubert zu sein. Jeder aus der Gesellschaft – Stadtmagnaten, Praktiker, Kaufleute und so weiter – fasste Vorsätze zum Wohl unserer Mitmenschen. Unter Ich glaube, dass wir alle diese Vorsätze eingehalten haben.

Es herrschte eine kurze Weile Stille, die nur durch das Klirren der Messer und Gabeln unterbrochen wurde.

„Erzdeacon, glauben Sie wirklich an die Feen?" fragte Mrs. Thyme mit ihrer prickelnden Stimme.

Der Zweifel in der Frage weckte June und fragte sich, ob die Haarfarbe von Mrs. Billie geboren oder geschaffen war.

„Das tue ich, auf jeden Fall. Ich bin stolz, sicher zu sein, dass es sie gibt."

„Tusch!" sagte Douglas le Dare.

„Es gibt sie", bekräftigte der Erzdiakon.

Sieg! June glitt aus dem Salzfass und begann einen Tanz der Freude, des Triumphs – ein *Pas-de-Seul* zwischen den Weinbechern. Niemand aus der Gesellschaft konnte sie sehen; Es war eine Schönheit, die den sterblichen Augen entging. Nur der Erzdiakon, der über einen gewissen Feenglauben verfügte, hatte einen Schimmer von der Fröhlichkeit und Schönheit des Bewegungsgedichts, das damals entstand. Es gab ihm die Kraft, für das zu kämpfen, was er Oberons Sache genannt hätte.

Der Raum wurde mit Magie erfüllt. Zaubersprüche purer Freude wurden aus dem Maßwerk von Junes Füßen gewoben und beherrschten alle bis auf einen. Der Butler und seine Männer, die mit der Unerschütterlichkeit paraderierender Grenadiere warteten, neigten dazu, im Chor zu tanzen; Aber Disziplin und das Wissen, dass die Augen der Herzogin auf sie gerichtet waren, hielten sie zurückhaltend.

Immer noch tanzte die Fee. Hier und da stolperte sie über den Damast und huschte luftig um die Epergnes mit ihren jungen Sommerblumen; dann auf und ab um die Köpfe der Gäste, um ihre Ideen anzuregen, ihnen entzückende poetische Fantasien zu geben, sich hin und wieder mit zierlichen Füßen und ausgebreiteten Flügeln auf den Rändern der Gläser zu positionieren und sie alle froh zu machen, alle aber froh --die Herzogin.

Sie allein blieb während dieser Zeit der Verzauberung unbeeindruckt und verstockt. Mode ist ein versteinernder Einfluss. Ihre Gnaden, die es stets mit steifen Lippen als ihre Pflicht ansah, über das Unmoderne hinwegzusehen, war im Augenblick selbst über die mildernden Kräfte des Juni hinaus. Sie blieb wie Stein, ohne Mitgefühl, verständnislos. Während dieses Terpsichore-Zaubers war die Unterhaltung stumm.

June ruhte sich endlich aus und flog hochzufrieden zu den Blumen, um sich dort niederzulassen.

"Bravo!" rief Lord Geoffrey.

„Äh?" fragte der Herzog, setzte seinen Zwicker auf und blickte durch ihn hindurch auf seinen Sohn. Das Wort des Applaus schien genau zu seiner Stimmung zu passen, aber er verstand nicht, wozu es anwendbar war.

„Ich sagte ‚Bravo!' Bravo an den Erzdiakon, der mit charakteristischem Mut seinen Glauben an diese Wesenheiten, die Feen, rechtfertigen wird."

„Ah ja, natürlich, natürlich! Bitte geben Sie uns Anweisungen; wir sind aufmerksam, Herr Erzdiakon."

Es ist nicht einfach, über gut zubereitetes Essen eine detaillierte Meinungsäußerung oder Glaubensbegründung abzugeben. Das ist ein Anlass für Witz und Kürze – das Epigramm wurde an einem Esstisch geboren. Der Erzdiakon spürte seine Benachteiligung, zumal die Augen der Herzogin, wie die Augen einer milden Medusa, Missbilligung ausdrückten.

„Ich kann nicht so tun, Euer Gnaden, unter den gegebenen Umständen meinen Glauben an die Feen rechtfertigen zu können", erklärte er, während er nachdenklich sein *Kätzchen schnitt* . „Ich kann diesen Glauben nur behaupten und seine Wahrheit beweisen, während ich lebe, indem ich mich an seine Prinzipien halte und dazu helfe, die Welt schöner und glücklicher zu machen."

„Ruskin und Sodawasser! Äh? Was?" murmelte Sir Claude und blickte sich nach dem Gelächter um, das ausblieb.

Der Erzdiakon, für den Leichtfertigkeit mehr als eine lässliche Sünde war, fühlte sich geneigt, den Baronet zu vernichten; aber es gelang ihm, ihn effektiv zu ignorieren, was noch schlimmer war.

„Um die Existenz der Feen zu erkennen, ist zweifellos Vorstellungskraft erforderlich. Sie sind nicht greifbar, wie beispielsweise Ziegelsteine. Aber ist das eine Schwierigkeit? Vorstellungskraft ist erforderlich, bevor wir die Existenz von Äther und mehreren anderen Essenzen erkennen können – um Lord Geoffreys Worte zu verwenden – von denen wir genau wissen, dass sie uns betreffen und uns beeinflussen, obwohl wir sie nicht sehen, riechen, schmecken, anfassen oder auf andere Weise begreifen können.“

„Aber sicherlich, Herr Erzdiakon“, mischte sich der Herzog ein, und zwar aus keinem anderen Grund, als seinem Gast Gelegenheit zu geben, sein Essen fortzusetzen. „Sicherlich würden Sie die Ergebnisse wissenschaftlicher Untersuchungen, die Früchte der Forschung von Physikern, mit Drehgestellen und anderen Träumen in irgendeiner Weise verbinden?“

Ein zustimmendes Murmeln ging um den Tisch. Ein herzoglicher Gastgeber ist sich der Unterstützung bei jedem Streit, den er unternimmt, sicher.

„Ich verstehe nicht, warum nicht, Herzog. Sie unterscheiden sich offensichtlich in ihrer Art, wie Sie sie im Großen und Ganzen ausdrücken; aber ich glaube, dass sie tatsächlich enger miteinander verbunden sind, als wir bisher wissen. Tatsache ist, dass jede Gewissheit nur ein Tropfen auf dem heißen Stein ist Ungewissheit, ein Ozean unergründlicher Tiefen, die zunächst nur durch die Vorstellungskraft überbrückt werden können, wenn diese einfache Tatsache – wie alltäglich – wäre als Regentropfen – brachte ihm die Offenbarung des allumfassenden Gesetzes der Schwerkraft. Ohne Fantasie hätte Watt seine „Rakete“ nicht aus einem Kessel bauen können, und eine Dampfwolke ist in allen Bereichen eine Notwendigkeit seufzte hörbar – „außer vielleicht in einigen modernen Büchern.“

„Ein Wasserkocher! ein Wasserkocher!“ sagte die Herzogin zu sich selbst – *mit leiser Stimme* – und doch sehr gut verstanden. „Was kann ein Wasserkocher sein?“

Ein Richter, der neben ihr saß, beeilte sich, sie zu unterrichten, während das anschließende Gerichtsverfahren verkündet wurde.

„Selbst das Gesetz der Schwerkraft“, fuhr der Erzdiakon nach einer Zeit allgemeiner Gespräche mit gemischten Kommentaren und weiteren Herausforderungen fort, „kann nicht absolut bewiesen werden, obwohl wir es alle akzeptieren. Ebenso wenig kann das Dogma, dass drei mal sieben einundzwanzig ist. “ bewiesen werden, oder die Behauptung, dass eine Linie Länge ohne Breite hat, oder – um zu einem anderen Beispiel zu kommen – die Aussagen von Historikern, dass Wilhelm von der Normandie lebte, eroberte und starb. Nichts kann bewiesen werden ist eine Frage des Glaubens. Warum glauben wir, dass William mit Harold in Senlac gekämpft hat und unsere Vorstellungskraft die Details der Erzählung anerkennt? Aber sie würden einen entschlossenen Skeptiker oder einen Schuljungen angesichts der Autorität der Lehrbücher nicht überzeugen, wenn er ausreichend originell, eigensinnig, ungläubig und ohne die Gabe der Fantasie wäre werden von manchen Menschen als betrügerische Geschichten oder gefälschte Darstellungen der Wahrheit und in gewisser Weise als voreingenommene und voreingenommene Geschichten angesehen – (Kein Wein mehr, danke) – und wer könnte sie vom Gegenteil überzeugen? Daher können alle diese akzeptierten Behauptungen – wissenschaftliche, historische, persönliche – von jemandem, der keine Vorstellungskraft hat, abgelehnt werden. Ebenso kann an die Existenz der Feen geglaubt oder nicht geglaubt werden. Ich gebe zu, dass es außerhalb meiner Beweiskraft liegt, zu beweisen, dass sie existieren. Ich habe noch nie eine Fee gesehen. Wenn Sie mich fragen würden, ob es die Größe einer Nadel, eines Pferdes oder eines Heuhaufens hat, könnte ich es nicht sagen; und es würde keine Rolle spielen. Genug, dass sie zwar unsichtbar, aber lieblich und wohltätig sind und dass ihr Einfluss – ob illusorisch oder nicht – auf die Verbesserung des menschlichen Lebens abzielt. Ich begnüge mich damit, zu behaupten, dass ich durch Ergebnisse an diese Essenzen glaube. Die Fakten zum Fest des Oberbürgermeisters waren für den Normalbürger unverständlich, doch sie ereigneten sich tatsächlich und veranlassten einige Hundert prosaische Geschäftsleute – so bieder und zuverlässig, wie ein Mensch nur sein kann –, Entschlüsse zu fassen, die weniger egoistisch und sozial nützlicher waren ; und diese Vorsätze tatsächlich einzuhalten. Es tut mir leid, Sie mit einem so langen Vortrag zu langweilen, aber es war notwendig, da das Thema so wichtig ist. Ich glaube an die Feen und wünschte, ihre Herrschaft wäre heute mächtig.“

„Das tue ich auch“, sagte die begeisterte Frau Thyme. June vergab ihr frühere Straftaten sofort.

"Bravo!" rief Lord Geoffrey erneut.

„Aber wissen Sie – ich beziehe mich nicht auf Sie selbst, Mr. Archdeacon – wissen Sie mit Sicherheit, dass sie sie behalten haben? Ist das auch eine Fantasie? Äh? Was?“

Der Zweifler war wie immer der nervige Baronet. June blickte ihn an, mit einem kleinen Funken Wut in den Augen, und löste bei ihm einen Stich aus – das Zeichen einer Gicht.

„Sir Claude, das tue ich! Erst heute hatte ich Besuch von einem Juden, einem Kaufmann aus der Stadt, der während seines langen Geschäftslebens seine Leute in Bedrängnis gebracht hatte. Dieser Mann – ich brauche seinen

Namen nicht zu nennen – war ein ... Gast beim Bankett des Oberbürgermeisters. Er ist ein vorbildlicher Arbeitgeber. Er führt seine wunderbare Veränderung ausschließlich auf den Einfluss der Feen zurück.

Die Pause, die diesen Worten folgte, war ein Beweis für ihre Wirkung. June begann wieder zu tanzen. Sie war mit ihrem Schützling genauso zufrieden wie Punch. Der Erzdiakon hatte Trümpfe aufgedeckt.

Aber die Herzogin war nicht erfreut. Ihr alter Freund, Erzdiakon Pryde, wurde schrecklich plebejisch. An ihrem Tisch über einen Wasserkocher und dann über einen jüdischen Händler zu sprechen, kam einer Überschreitung der sozialen Grenze gleich, also gab sie das Zeichen der Gastgeberin, und die Damen zogen sich zurück; während June zum Fenster flog und aus der Helligkeit des Himmels und dem jungen Sommermond Kraft, Inspiration und Hoffnung schöpfte.

KAPITEL XIV

Eine Herzogin umwandeln

Die Fee fand den Zigarrenrauch abscheulich; und als die Unterhaltung der Männer, möglicherweise wegen des Tabaks, immer langweiliger wurde – es ging hauptsächlich um Waffen und Rüben –, flog sie aus dem Speisezimmer in den Salon oben, um sich an das große Klavier zu setzen und zuzusehen Die Herzogin und ihre Freundinnen genossen Kaffee und Chopin, während die leidenschaftlicheren Müßiggänger von nichts plapperten.

June schien in eine träge, träge Welt versetzt zu sein, bevölkert von desillusionierten Nachkommen der Lotusesser. Außer der Herzogin, die immer kerzengerade saß – Mrs. Pipchin war in dieser Hinsicht ihr demokratisches Gegenstück – die Damen saßen in den luxuriösen Stühlen, winkten langsam mit Fächern und plapperten. Während dieser Zeit der Rückenlage wurde nichts Wesentliches gesagt, mit Ausnahme eines frommen Wunsches, den Mrs. Billie Thyme geäußert hatte.

„Ich wünschte, diese Feen würden die Männer mitbringen!"

Bei dieser Bemerkung lächelten drei Damen schwach. Die anderen – mit Ausnahme der Herzogin, die ihre Würde nie vergaß – saßen träge da, dachten schläfrig nach und sprachen gedehnt, wenn sie sprachen.

June gähnte. Zum ersten und letzten Mal in der Geschichte von Fairydom tat sie dies und spürte, dass sie völlig gelangweilt war.

Dieses Gähnen erregte sie, es ärgerte sie. Sie würde den überwältigenden Einfluss der Faulheit nicht mehr ertragen. Sie flog direkt auf die Herzogin zu, umkreiste dreimal ihren Stuhl, und dann, auf der grauen Frisur stehend, brachte sie mutwillig die Tiara durcheinander und zerrte sie zurück, um an ihre Stelle die Krone zu setzen. Mit einem dumpfen Aufprall warf sie das Symbol der Souveränität auf den Boden.

Ihre Gnaden von Armingham blinzelte. Etwas war passiert. Was? Seltsame Gedanken begannen zu brodeln. Ihr Gehirn war ein Labyrinth voller Verwirrung. Sie wollte laut lachen und die Feen loben. Sie konzentrierte sich auf ihre gegenwärtige erstaunliche Verantwortungslosigkeit und versuchte, den vorherrschenden Dämon der Zwietracht zu verbannen. Es war nicht gut. Je mehr sie sich bemühte, ihre Ideen nach ihrem gewohnten kristallisierten Muster zu gestalten, desto mehr Widerstand leisteten sie. Sie verspürte den brennenden Wunsch, ein Wortspiel zu machen. Sie kämpfte hartnäckig mit der schrecklichen Neigung. Sie runzelte die Stirn, ihre Lippen bildeten eine dünne rote Linie und widerstand entschlossen dem spöttischen Einfluss, der sie festhielt.

June ließ sich auf einer großen Ottomane nieder, von wo aus sie die Schlacht bequem beobachten konnte. Es war großartig und es war Krieg. Sie beschloss, diesem hübschen, eigensinnigen Gesicht einen Ausdruck der Unbeschwertheit zu verleihen. Sie setzte ihre Geisteskräfte und ihre Magie ein, um die stattliche Dame richtig zu unterwerfen, und hatte dabei keineswegs das Beste. Die Krone war mächtig. Es enthielt die beste Magie von Elfland; aber angesichts dieses besonderen Beispiels von Stolz, Kälte und Verachtung war es noch wirkungslos. Es war, als würde man einen Gletscher mit Luzifer-Streichhölzern schmelzen lassen.

Unterdessen herrschte im Geiste der Herzogin widersprüchliche Stimmungen. Sie war sich ihrer selbst unsicher. Sie wollte Ideen zum Ausdruck bringen, die das genaue Gegenteil ihrer überlieferten Überzeugungen waren. Zum ersten Mal sah sie sich selbst als nicht ganz das wichtigste Geschöpf unter den Sternen. In dieser Phase des Konflikts überkam sie vor allem das unstillbare Verlangen, ein Wortspiel zu machen. Schrecklich! Schrecklich! Die bessere Hälfte ihres Geistes, der vorherrschende Partner ihres Willens, protestierte tapfer und still gegen seine Schrecklichkeit. Aber die Kobolde schienen mit ihr Streiche zu spielen und ihr so tausend Gelegenheiten für berüchtigte Wortspiele zu geben. Die Neigung erfasste sie wie eine Neuralgie; Es bedurfte all ihrer Festigkeit und ihres unerschütterlichen Vorurteils, um dieser Tendenz entgegenzuwirken und die Durchführung dieser niedrigsten Form des verbalen Spiels zu verhindern. Während der gesamten Schlacht lieferten Strauss und Chopin ihre Melodien; und June fühlte sich äußerst unbarmherzig.

Dann kamen die Männer hereingeschwommen. Die Damen erwachten aus ihrer Trägheit. Brücke wurde erwähnt.

Als Geoffrey das Stirnrunzeln und die Energie im Gesicht seiner Mutter sah, fragte er sich, wer sie beleidigt hatte. Er blickte Mrs. Thyme scharf an; Sie war offensichtlich nicht die Schuldige. Er fand sie, wie sie Sir Claude anlächelte und neben ihr auf einem Sofa Platz für ihn machte. Der Baronet hatte immer ein unterhaltsames, bösartiges Geschwätz im Mund. Er war der Autolycus des getönten Klatsches. June berührte den Baronet aus purer Koboldheit mit einem Zauberspruch. Seine Geschichten wurden zu Sonntagsmärchen. Sie waren zögerlich und verbesserten sich. Mrs. Billie sagte ihm offen, dass er gelangweilt sei.

Es war der Herzog, der bemerkte, dass die Tiara nicht am richtigen Platz war. Er schlenderte zu seiner Frau und fragte sich, wie das passieren konnte. Er sah neue Falten um ihre Augen. Ihr Gesicht hatte einen Ostwind-Ausdruck.

„Edith", murmelte er, „schau in den Spiegel. Deine Tiara."

Der gequälte Blick verschwand. Für einen Moment schmolz ihre modische Gefühllosigkeit dahin. Sie hob ihre Hände zur Tiara, um das Unheil wiedergutzumachen. Ein Wortspiel – das einzig mögliche Wortspiel unter diesen Umständen – lag auf ihren Lippen. Es kam an den Rand des Ausdrucks; sie an den Rand der Niederlage.

Sie sammelte verzweifelt ihre Kräfte. Sie ließ sich nicht schlagen. Aber die Magie war mächtig. Sie musste es sagen und tat es – zu sich selbst. Ihre Lippen bewegten sich stumm. Das war der Beginn des Sieges der Feen.

Plötzlich empfand June Mitleid mit der *Grande Dame* , die es in ihrer Einsamkeit nicht besser wusste. Schon mit ihrem ausgeprägten Gespür konnte sie den wahren Aspekt der Traurigkeit in dieser goldenen Szene erkennen. Paradise Court hatte seine Hoffnungslosigkeit, seine Verschwendung und Armut; So auch Armingham House – Hoffnungslosigkeit, Verschwendung, Armut, als tatsächlich, wenn nicht schlimmer, wenn auch anders, ganz anders, als das, was die Ärmsten kennen.

Nichts in ganz London war ihr bedauernswerter vorgekommen als die Kargheit der Interessen und die Fesseln des Reichtums, die die unerwachten Reichen verhungern ließen und gefangen hielten. Je mehr sie von ihnen sah, desto mehr empfand sie für sie. Ihr Egoismus war hauptsächlich der Egoismus der Unwissenheit. Sie mussten es wissen; sie mussten es tun. Es war die Aufgabe der Fee, ihnen Gelegenheit zum Wissen und zu hilfreichen Taten zu geben. Es muss ihre Aufgabe sein, ihre verkümmerte Nützlichkeit wiederzubeleben. Dann wäre Fairyland näher an den Kamin geflogen.

June ließ die Herzogin frei und krönte sich neu. Der Lotusfresser und die Leere überdrüssig, kroch sie durch das geöffnete Fenster in den Garten, um in den Schatten unter den Sternen ihren Absichten nachzugehen, aber ein Teil ihres Einflusses blieb zurück und war wirksam.

Es war nicht ganz dieselbe Herzogin, die an diesem Abend ihre Gäste regierte und die Party auf ihrem langweiligen, festgelegten Weg führte. Immer wieder bemerkte der Herzog, Lord Geoffrey, der Erzdiakon, in ihren Berührungen ungewöhnliche Herzlichkeit. Es waren nur gelegentliche Schimmer; Aber diejenigen, die sie am besten kannten, sahen den Unterschied. Das inkonsequente Wortspiel hatte eine Menge geschichteter Selbstgefälligkeit freigesetzt. Aus Verantwortungslosigkeit war Mitgefühl entstanden.

Die Fee genoss diesen Garten, als ihre müden Kräfte wieder zu Kräften kamen, denn die Anspannung und die Atmosphäre Londons lasteten immer noch schwer auf ihr. Sie sang, während sie hier und dort hin und her huschte und den Hilfsbedürftigen half. Das Mondlicht schimmerte auf ihren schnellen Flügeln. Die Sterne wurden vor Freude über ihren Eifer noch heller. Die Blumen, ausgedörrt und nach feenhafter Liebe dürstend, wandten sich ihr zu, lauschten ihren Liedern und forderten die Gaben ihrer Hände auf. Sie zündete ihre abgestumpften Lampen an und schenkte ihnen Glück.

Dann war sie traurig wegen der Verschwendung und der Not. Wo waren die Elfen für diesen Garten?

Sie schaute zum Märchenland und wünschte es mit all ihren Kräften. War es ein Wachtraum, oder war sie sich wirklich bewusst, dass weit, weit entfernt in den Lichtungen des Elfenlandes Nachahmungsstimmen auf sie antworteten – die versprachen, die Gleichgültigkeit des Märchenlandes zu brechen und zu kommen? – oder hatte sich die Pflegemutter das gewünscht? die Lust? Hatte sie sich die gewünschte Antwort nur eingebildet?

Als sie, aus ihrer eigenen Welt zurückgekehrt, das Armingham House erneut betrat, war die Party vorbei. Seine lebhafteren Mitglieder waren zu anderen Treppen gegangen. Der Erzdiakon ging, wie es sich für sein Amt gehörte, sofort nach Hause, um zu Bett zu gehen. Lord Geoffrey, mit Umhang und Hut, schlenderte leise zur „Liberty Hall", dem Stadthaus eines anglisierten Amerikaners, Mr. Barnett Q. Moss, der fünfzehn Millionen hatte und an Dyspepsie litt.

Der allerletzte Ball einer lebhaften Saison war dort in vollem Gange. Geoffrey genoss es, der Plutokratie beim Spiel zuzusehen und ihre Wildheit zu teilen. Es stärkte seine wohlerzogenen Nerven. Nach drei Stunden perfekter Mutter bedeutete das eine belebende Veränderung.

Der Juni ging auch.

Inzwischen hatte sich Bim im Drosselnest zugedeckt und schlief wie ein Kreisel – wie dem auch sei. Er rührte sich nicht, bis der Morgen weiß war. Dann erhob er sich – ein wenig erfrischt – und lief rennend von seiner Festung herunter.

Er fand Tim und hörte ihm im Schlaf zu. Der königliche Landstreicher hielt in seinen Träumen eine Ansprache an Legionen. Bim weckte ihn. Tim setzte seine Rede zu den Bäumen fort. Er war Cäsar und Bonaparte – zwei Herren in einem. Seiner Beschreibung zufolge schien er einen Lorbeerkranz um den Hals und eine Hose aus kaiserlichem Purpur mit Hermelinfutter zu tragen. Jedes Leid, unter dem die wandernde Menschheit leidet, wurde durch autokratisches Dekret sofort und vollständig abgeschafft – soweit bloße Worte sie abschaffen konnten. Seine Majestät Tim!

Er stand auf, wischte seine Füße im Gras ab und blickte sich im Park um. Der Besitzerstolz strahlte in seinen Augen. Das alles gehörte ihm. Sein Gesicht hatte einen neuen Ausdruck, der etwas von edler Sanftmut enthielt, ein sehr blasser Reflex der Göttlichkeit, die einen König umgibt. Er wischte sich mit dem Ärmel über die Lippen und lächelte. Er setzte seinen abgewetzten Hut – seine mit Diamanten besetzte goldene Krone – zierlich auf die Vorderseite seines Kopfes und schlenderte in Richtung Oxford Street zum Landstreicher-Frühstück, das dank Bim von Fairyland fortan wie eine köstliche Mahlzeit an einem Abend schmecken würde goldenes Gericht. Seine zukünftigen Aufgaben – arme Gelegenheitsgemeindebetriebe – würden edle Dienste leisten, um der Menschheit zu helfen.

Da Tim inkognito König war, machte er keine Werbung für sein Anwesen. Er und die Feen – sie allein – wussten von seinem Königtum. Es gibt mehr solcher Monarchen unter uns, als wir denken.

Bim betrachtete gerade die sich zurückziehende Gestalt des Landstreichers, als ihn das Glück überkam. June würde die Freuden des Sieges noch genießen.

Ihr Appell an Elfdom war beantwortet worden. Hier war einer, der helfen konnte. Eine Fee eilte vom Himmel herab und über das Gras. Es war Auna aus dem Violetten Tal; ihre violetten Flügel flatterten müde. In ihrer Miene lag kein Glück. Die Unterdrückung Londons lastete auf ihr.

„Gnom!" Sie fragte schwach: „Wo in dieser schrecklichen Welt ist June?"

Mit diesen Worten ließ sie ihre schlaffe Gestalt auf das nasse Gras sinken und wartete eine Weile, stumm vor Ernüchterung und Müdigkeit, geschockt von der traurigen Aussicht, die vor ihr lag. Auna hatte also nicht mehr Würde als ein zerbrochener Schmetterling. Sie war in die Wildnis gekommen und hatte den Wahnsinn des Junis geteilt; und jetzt, da er seine Tristesse kannte, erinnerte er sich an das verlassene Glück. Sie war die erste Rekrutin in der glorreichen Gesellschaft der Ungehorsamen.

Bim hatte keine Zeit, eine Antwort auf ihre Frage zu formulieren, als seine Freude einen weiteren köstlichen Schock erhielt. Hier war tatsächlich eine weitere Fee aus Elfland – Lorbeer aus dem Goldenen Hochland – wo der Besen in seiner Pracht ist und der tapfere Ginster leuchtet. Auch sie war auf Junes Bitte hin dorthin geflogen und hatte ein Lächeln im Gepäck. In ihren Augen lag Tapferkeit, aber der Einfluss der elfenlosen Metropole wirkte sich auf sie genauso aus wie auf June und Auna. Auch sie ließ sich im Gras nieder.

Es folgten weitere. Bims Augen und Mund öffneten sich immer weiter, als die Zahl zunahm. Es war ein wundervoller Morgen. Eine nach der anderen kamen die Feen, bis siebzehn aller Grade – Ritter und süße Gestalten – das Gras neben ihm bedeckten. Er war verblüfft. Sein Verstand war bei diesem Fest voller freudiger Überraschungen verblüfft und verzweifelt, bis er sich mit einem langen, langen Zug wieder zusammenraffte.

Eine ganze halbe Stunde lang ruhten die Feen. Bim empfand die Schmeichelei guter Gesellschaft. Er zwang sich, streng aufrecht zu sitzen, als wäre er eins mit ihnen, was er tatsächlich verdiente, und hielt den Zauberstab deutlich nach vorne gerichtet. Er empfand ihnen gegenüber etwas wie ein Hafenarbeiter gegenüber dem Wochenendausflügler. Er konnte mit unwiderleglicher Autorität sprechen. Er kannte London; diese, seine Meister, waren Novizen.

Die Sonne ging auf und hüllte jeden taubedeckten Grashalm in Licht. Ein älterer Star und mehrere Spatzen versammelten sich um den Feenkreis, neugierig auf diese Neuankömmlinge. Als Bim das klaffende Staunen der eintönigen Kreaturen sah, „verscheuchte" sie sie; Aber sie kamen zurück und kamen immer wieder, um mit viel Gezwitscher über diese nachahmenden Unsterblichen zu plaudern, von deren Existenz in dieser aus Plastik gebauten Welt sie gelernt hatten, nichts zu wissen. Es kamen immer mehr Spatzen, auch ein paar größere Vögel – Schleppdrosseln und schäbige Amseln, aber keine kleineren Schönheitsvögel. Dafür hatten die Spatzen gesorgt.

Es war das Geplapper dieser fragenden Menge, das die Feen aus ihrer Benommenheit weckte. Einer der Ritter – Felcine von den Silberflügeln – wandte sich an Bim.

„Du bist der Gnom, der June begleitet hat?"

„Das bin ich", antwortete er stolz. „Ich bin ihr Diener und Begleiter. Was London war, bevor wir kamen – ah!" Bim zeichnete mit dem Zauberstab eine ausdrucksstarke Geste.

„Dann erzählen Sie uns, was Sie getan haben", befahl Felcine.

Bim erzählte den Zuhörern mit seiner besten Stimme seine Geschichte. Es war zweifellos ein dürftiger Inbegriff der jüngeren Geschichte, aber es steigerte ihr Interesse an dem neuen Aufbruch und verstärkte ihre Scham darüber, dass es so lange auf sich warten ließ. Er sprach von Paradise Court und Sally, von der Not und dem Schwitzen; dann über die Verbesserungen, die in dieser Kolonie der Ärmsten erzielt wurden. Er klärte sie über die Welt des Handels, das Bankett des Oberbürgermeisters und das Handelszentrum der Oldsteins auf; erzählte von den Bemühungen des Erzdiakons; des Besuchs im Armingham House; von unzähligen anderen Episoden und Erfahrungen, von denen viele notwendigerweise sogar aus dieser Chronik und Geschichte ausgeschlossen wurden. Er sagte kein Wort darüber, dass das Feenheer zum Paradise Court kam oder wieder ging. Bim – taktvoller Kerl! – wusste, wie man dem Unangenehmen aus dem Weg geht.

Der Gnom war zu diesem Zeitpunkt seiner Karriere kein Redner; aber seine Geschichte war für diese Zuhörer höchst interessant. Es machte ihnen deutlich – was die Ausführungen eines Parlamentsmitglieds möglicherweise nicht getan hätten –, dass in der Stadt der Städte Feenarbeit und Elfenreform erforderlich sind.

Auch sie hatten das Kommen und Gehen des Feenheeres nicht vergessen.

„Und wo ist June jetzt?“ fragte Auna, als seine Geschichte zu Ende war.

Bim drehte sich um und deutete vage nach Westen; und dabei sah sie June selbst auf der Krempe von Geoffreys Hut. Seine Lordschaft ging durch den Park nach Hause. Er war müde und sehr nachdenklich. Der Einfluss der Feen und die Aufregungen und Szenen der Party in Liberty Hall hatten ihn zum Nachdenken gebracht.

Plötzlich sah June Felcine und seine Gefährten und stieß einen Freudenschrei aus.

Bim wusste damals, was absolutes Glück bedeutet. Mit einem Schrei drehte er sich zur Schildkröte um und balancierte auf dem Kopf. So fand er Ausdruck für seine Gefühle.

Kapitel XV

LIBERTY HALL

Während Geoffrey Season vom Armingham House zur Liberty Hall ging, beschäftigte June seine Gedanken. Das war eine Gelegenheit für eine gewinnbringende Selbstprüfung, die sie gut nutzen sollte.

Geoffrey war stets offen zu sich selbst und anderen. Es war für ihn nie notwendig gewesen, auch nur das geringste Maß an Selbsttäuschung zu erleiden oder sich vorzustellen, dass bestimmte Menschen Engel seien, wenn sie doch nur sie selbst waren.

Also, mit June auf der Hutkrempe und der Predigt des Erzdiakons in frischer Erinnerung, begann er, etablierte Tatsachen mit neuen Zielen zu vergleichen, und stellte fest, dass die beiden in mehreren Richtungen nicht zusammenpassten.

Als er durch die stillen Straßen zu seinem lauten Ziel schlenderte, hatte er das Gefühl, als wäre ein Pionier an einem unberührten Ufer gelandet. Neue Möglichkeiten – noch vage und ungestaltet – tauchten vor ihm auf. Diese neuen Möglichkeiten zogen ihn gleichzeitig an und wiesen ihn ab. Es sollte für ihn nicht leicht sein, aus dem bequemen Trott herauszukommen, in den ihn die Umstände gebracht hatten.

Normalerweise würde der Weg, den er einschlagen würde, über nüchterne Plätze führen – Oasen eiserner Seriosität –, die zu dieser trüben Stunde Katzen, schläfrigen Taxis und Polizisten überlassen wurden. Jetzt bedrückte ihn die prachtvolle Düsternis und die schäbigen Fensterläden der großen Häuser, unter denen er ging, und er verspürte den Drang, auf abwegigeren Wegen durch das Netzwerk von Slums zu wandern, die fast bis an die Hintertüren der Reichen reichten.

Nie zuvor in seinem geordneten Leben hatte ihn ein solcher Impuls überkommen. Er hatte – wie es sich für den Sohn seiner Mutter gehörte – instinktiv davon Abstand genommen, das Unangenehme anzusehen. Elend und Not existierten, um vermieden zu werden; Sie waren so hoffnungslos und – oh, so hässlich! Unbewusst hatte er den glücklichen, blinden Blick gepflegt und gewöhnlich das Offensichtliche übersehen. In seinem Fall lag keine Gefühllosigkeit vor, sondern lediglich Unwissenheit. Es gibt viele wie ihn. Er war einer von vielen, die nicht wach waren.

Endlich war er reif, seine Eigensinnigkeit abzulegen. June trieb seine Absichten energisch voran. Seine latente Fähigkeit zu echtem sozialem Dienst wurde plötzlich zum Leben erweckt.

Als er in ein Gebiet der Gemeinheit marschierte, das bis dahin das Verbotene Land gewesen war, sah er sich sofort mit schweren Problemen konfrontiert.

Er kam an einem Wirtshaus vorbei, als eine betrunkene Frau mit einem Baby im Arm aus dem Portal hinausgeworfen wurde. Ein Hauch heißer Luft begleitete sie. Der Potman, der sie rausgeschmissen hatte – „geschmissen" ist das Wort –, redete in schmuddeligem Scharlachrot mit ihr und kehrte dann zu seinem feuchten Altar eines dekadenten Bacchus zurück.

Geoffrey blickte die Frau neugierig an.

Der Horror daran! Sie war ungöttlich, bestialisch, aufgedunsen; das Opfer – ein gieriges Opfer – zu Gin. Sie blieb stehen und drehte sich unbeholfen um, um dumm auf die erleuchteten Fenster zu starren; Dann erwiderte er wütend und mit heiserer Stimme die Komplimente des Potmans. Die ganze Zeit über jammerte das Fragment der Menschheit, eingehüllt in ihren Schal.

Die Drohungen dieser demoralisierten Venus verschmolzen allmählich zu einem kläglichen Jammern – ach, was für ein Leid und Unrecht sie erlitt! –, während sie eilig den Damm entlang taumelte, an die Tür ihrer Wohnung kam und über die Stufe taumelte. Da war das Zuhause dieses englischen Kindes!

June flog dem im Dienst befindlichen Säugling hinterher und ließ Geoffrey schwach und taub vor empörtem Entsetzen und Hilflosigkeit zurück. Hier gab es tatsächlich Probleme!

Plötzlich erwachte in ihm ein Bewusstsein für seine Verantwortung. Wofür hatte er gelebt? Ein Schock eisiger Kälte durchfuhr ihn. Das war der Beginn der Belastungen. Er sah sich selbst mit neuen Augen an.

Er war wohlhabend, beschaulich und für eine herausragende Karriere im Parlament bestimmt. Bisher hatte er über ein Leben voller Freude nachgedacht, gemildert durch eine Vielzahl angenehmer Erfahrungen – Geselligkeit, Applaus und öffentliche Aktivitäten. Er hatte sich selbst auf Plattformen gesehen, glücklich und eloquent; Er stand vor einer grünen Ministerbank und schlug gegen eine Schatzkiste, während angesehene Männer zuhörten und jubelten.

Das war das erwartete Spiel. Nun sollte es anders kommen. Die Realität hatte ihn herausgefordert. Die betrunkene Mutter und das dem Untergang geweihte Kind repräsentierten Tausende. Er sollte für sie und für solche wie sie arbeiten.

June schloss sich ihm wieder an. Die Mutter und das Kind schliefen beide. Ein Tropfen Elixier aus tausenddrei Jahre alten Farnsamen, hergestellt nach Merlins altem Rezept; und die Tat war vollbracht.

Feen und Lords zogen durch menschliche Kolonien. Geoffrey, der die Fakten auf dieser Schattenseite des Lebens genau beobachtete, war der Gefahr gegenüber gleichgültig. Er war rücksichtslos. Immer wieder warnte ihn ein Polizist eindringlich und begleitete ihn oft durch die dunkelsten, unappetitlichsten Gegenden. Er lachte verächtlich über die Notwendigkeit der Vorsicht, schlug seinen Mantelkragen hoch, bedeckte die Vorderseite seines Hemdes und ging weiter, wobei er sich immer rücksichtsloser und wütender fühlte, je weiter er ging. Das war eine Offenbarung! Er ballte die Fäuste und krümmte sich angesichts der vielfältigen Beweise vergangener Gleichgültigkeit und Vernachlässigung. Aber der Zorn ließ nach einiger Zeit nach oder wurde durch Weisheit gemildert.

Kinder, Kinder überall! Es waren immer Kinder da. Wo auch immer er während dieser Pilgerreise nach Westen umherwanderte, so spät es auch war, er sah sie – die Unschuldigen, die Hauptleidtragenden – Träger der schwersten Lasten. Sie wurden zum Leid geboren; Fast immer starben sie daran. Wo war die Gerechtigkeit, wo die Rechtfertigung ihres Schmerzes? Lassen Sie bequeme Soziologen plappern; aber warum hatten sie diese Stunden und Tage der Not und des Leidens, nur um zu sterben? Sie hatten nicht beleidigt. Sie hatten die Gesetze der Sparsamkeit, der Pflicht und der Liebe nicht gebrochen; Dennoch mussten sie das Böse ertragen und große Ernten der Sünden einfahren, die ihre Vorfahren gesät hatten. Es war erbärmlich, beschämend, entsetzlich.

Er sah, wie die Kleinen todmüde und vergessen wurden und Ungerechtigkeiten lernten. Die unendliche Verschwendung der jungen Menschheit entsetzte ihn! Etwas vom Leben der Nation verfiel dort, und so wenige schienen sich darum zu kümmern.

Er kam plötzlich auf den Platz, an dessen Ecke sich die Liberty Hall befand. Bevor er sich den Freuden widmen kann, die ihn erwarten, muss er sich beruhigen und erholen. Er ging langsam die drei Seiten des Platzes entlang. Er war immer noch erregt über die Enthüllungen, die ihm die Slum-Erfahrung gebracht hatte, also ging er noch einmal rund um das innere Geländer herum und zwang sich, sich in die Stimmung des Gastes zu versetzen.

Endlich erreichte er das überfüllte Portal, bettelte und drängte sich durch drei Reihen dichtgedrängter Zuschauer – größtenteils Frauen, die die späte Stunde und ihre Ermüdung vor Staunen und Neugier auf die Kostüme der Gäste vergessen hatten – und schloss sich der Prozession der Eingeladenen über die mit rotem Teppich ausgelegten Stufen an.

Der Juni war beunruhigt. Liberty Hall bereitete ihr Bestürzung. Armingham House war stattlich, wenn auch etwas bedrückend gewesen; Die Lautstärke und der grelle Glanz dieser Versammlung – dieser übermalten Karikatur dessen, was großartig ist – verwirrten sie. Es erinnerte sie – zu Unrecht – an wohlhabende Gaststätten.

Geoffrey übergab Hut und Umhang einem Lakaien – die Livree der Mosses war moosgrün und gold – und ging weiter, um empfangen zu werden. Er war willkommen. Nachkommen der Aristokratie besaßen den Hauptschlüssel zu diesem Haus, ebenso wie die Überreichen.

Die Dame von Liberty Hall begrüßte ihn herzlich.

„Ich freue mich sehr, Sie zu sehen, Lord Geoffrey. Kommen Sie gleich herein!"

Sie war groß, dünn und knochig; Rahmen *Dekolleté* . Ihr Gesicht war nicht glücklich. Es war stark gefüttert und trug die Spuren von Ehrgeiz und Anstrengung. Kopf, Hals, Arme und Korsage waren voller Diamanten. Drei Schicksale leuchteten und funkelten auf ihr. Ein Bild der Frau aus den Slums und des vernachlässigten Säuglings schoss Geoffrey durch den Kopf. June, für die die Menschen immer nur Schatten waren, die die Realität verspotteten, bekam tatsächlich Angst. Ihre Flügel zitterten ständig.

Hinter dieser Dame mit den Juwelen und Engeln herrschte eine wogende Menschenmenge – nicht weniger eine Menschenmenge, weil ihre Mitglieder wohlhabend und teuer gekleidet waren. Die Fee hatte bereits einen Vorgeschmack auf die Vulgarität in ihrem Inneren und fürchtete sich davor und zitterte vor Hass.

Geoffrey sagte etwas leises, lächelndes Nichts und ging dann zu einer zweiten überschwänglichen Begrüßung durch – von seinem Gastgeber, einem Mann mit unruhigen Augen und schwerem Mund.

„Barnett Q." – wie ihn seine Freunde nannten – hatte den größten Teil seiner Millionen mit Keksen verdient, den Rest aus der Hochfinanz. In seiner Heimat war Barnett Q. freundlich und gastfreundlich; aber er legte ihm einen Deal in den Weg, und er wurde augenblicklich eifrig, skrupellos, unerbittlich, hartherzig.

„Es ist mir wirklich eine große Freude, Sie zu sehen, Lord Geoffrey. Wenn Sie einige nicht erfreuen, dürfen Sie meiner Frau und mir nicht die Schuld geben. Dieses Haus heißt Liberty Hall, und ich schätze, es muss seinem Beinamen alle Ehre machen. "

Der Tanz hatte begonnen. Es war schon sehr wie ein Wirbelsturm. Junge Leute, heiß und erhitzt, tobten wie verrückt im Rhythmus eines Two-Step. Geoffrey wurde in den Aufruhr verwickelt. Eine Demoiselle, die kicherte und ihn Herbert nannte, ergriff seine Hand und begann mit dem fröhlichen Galopp. Er stürzte sich in die Stimmung des Festes, hielt nicht inne und dachte nicht nach, bis die Band mit einem krachenden Finale aufhörte und sein Partner ihn zu einem Erfrischungsbuffet begleitete.

Es gab dauerndes Gelächter, hin und wieder ein lautes Gelächter. Humor war billig; Heiterkeit war auf dieser Party leicht zu erwecken. Ein Mann mit einer falschen Nase war ein großer Favorit, und als er plötzlich eine Witwe erschreckte und ihre Perücke verrutschte, gab es Freudenschreie. Die Schlagworte der Straßen waren in Liberty Hall beliebt und geschätzt. Champagner und Cocktails verleihen allem einen wohltuenden Einfluss. An liquiden Mitteln mangelte es in diesem großzügigen Establishment nicht.

Während der Tanz dauerte, flüchtete June auf die Galerie, wo die Band spielte, und setzte sich auf das verfilzte Haar eines Flötisten, der sofort platt wurde. Eine Zeit lang waren ihre Gedanken weit weg in einer Nachtwelt aus grünen Schatten.

„Hallo, Staffel!" rief ein aufgedunsener, schlanker junger Mann und klopfte Geoffrey vertraut auf die Schulter. „Haben Sie gestern meine neue Mutter gesehen? Ich bin Harris, wissen Sie! Habe Sie bei Monty Dizzler getroffen."

„Nein, Mr. Harris, ich fürchte, ich habe die Maschine nicht gesehen."

„Nennen Sie mich nicht Mister, Season! Es gibt keine Seite zwischen den Herren, hey? Sie ist eine Schönheit! Leicht, und was Kraft und Geschwindigkeit angeht – nun, ich bin kein Redner! Ich bin in der Sloane Street am Cadogan Square an Ihnen vorbeigekommen. Sie Ich hatte ein ganz besonders hübsches Rüschenstück – ein Mädchen mit einem Hut – die andere Seite von Hounslow hat sie nicht zum Lachen gebracht. Die Bobbys konnten sich nicht auf mich vorbereiten – mit Fallen und so –, bevor sie ihre Wachen behandeln konnten. Und nicht mehr als eine Meile weiter Es hat nichts damit zu tun, auf der Straße zu spielen, und das ist eine Privatsache zwischen Ihnen und mir Ein Staub, sie konnten meine Nummer nicht sehen. Oh, wenn du nichts mehr hören willst, brauchst du nicht, nur weil er der Sohn eines Herzogs ist. Was ist ein Herzog? Arme Ratten! Hallo, Gertie; Komm und iss etwas zu Abend. Liberty Hall ist ein Mistkerl, aber seine Scham ist es wert, getrunken zu werden! Dann bringe ich dich nach Hause, kleines Mädchen. Du musst meine neue Mutter sehen.----"

Geoffrey tanzte nicht mehr. Die Pause hatte ihm Gelegenheit zur Erinnerung gegeben. Seitdem er Mrs. Moss' gastfreundliche Unterkunft betreten hatte, hatte er seine besseren Absichten etwas vergessen; schämte sich aber bereits für seine jüngste Aufregung. Obwohl er von Armingham House aus mit der festen Absicht aufgebrochen war, in Liberty Hall so viel Spaß wie möglich zu haben, meinte er, er hätte sich besser an den Kontrast der Bedingungen zwischen diesem Fest und dem schmutzigen Elend und der Nacktheit der Slums erinnern sollen.

Er stand unter der Galerie und beobachtete und begann sich zu wundern. Mehr als einer seiner Mitgäste ärgerte sich über sein ernstes Gesicht und seine nachdenkliche Miene. Er beantwortete ihre Schimpftiraden mit Schlagfertigkeit, die gut genug war.

Der Tanz wurde noch heftiger. Bestimmte Damen mit flachsblondem Haar und gutem Teint – die Favoriten von Footlight – unterstrichen die Schrittphrasen eines Scheunentanzes mit hohen, hohen Tritten.

Barnett Q. lachte mit fröhlicher Toleranz über die Spitzenpräsentation, zwinkerte einigen älteren Kumpels schelmisch zu, plapperte, dass die Dinge in seinen jungen Tagen etwas langsamer liefen, und ging umher und murmelte allen und jedem zu: „Liberty Hall! Liberty Hall!“

Geoffrey verspürte den Beginn einer wütenden Scham – vor allem seiner selbst gegenüber. Alles erschütterte ihn jetzt. Die Feen hielten ihn fest; aber June tat gerade nichts. Sie war weit weg zwischen den glücklichen Schatten.

Die Aufregung schien fieberhaft und unwirklich; Das Lachen klang unecht – ein Hohn auf Fröhlichkeit. Aber sie lachten immer noch, als wären sie Feenwesen. Geoffrey war schon vier oder fünf Mal bei solchen Zusammenkünften gewesen und hatte sie mit ihrer Farbe, Bewegung und Verantwortungslosigkeit äußerst amüsant gefunden. Sie hatten ihn erfrischt in seine Welt der Langeweile zurückgeschickt, als wiederhergestellter überlegener Gentleman. Aber heute Nacht war er unruhig, des Glamours überdrüssig; seine Fröhlichkeit war abstoßend.

Er führte es auf die Szenen in den Slums und den Anblick müder Kinder zurück; Natürlich hatte er keine Ahnung, dass eine Fee ein wenig über ihm thronte – dass sein Zustand der Unzufriedenheit hauptsächlich auf sie zurückzuführen war.

Er konnte nicht umhin, gelegentliche Gesprächsfetzen von Alt und Jung zu belauschen; Es war immer lautstark und erzählte ausnahmslos eine dieser Geschichten – die Freuden der Extravaganz, die Abrundung des Müßiggangs, den geschickten Erwerb und die auffällige Ausgabe von Reichtum. Angeber gab es viele. Vanity Fair! Vanity Fair!

Als June aus ihren Träumen erwachte und seine Unruhe sah, segelte sie hinunter und thronte auf dem seidenen Revers seines Mantels – eine Fee wie ein Knopfloch ist ein hübscher Anblick, wenn wir sie sehen können. Plötzlich steigerte sich in ihm die Ungeduld: Er musste gehen. Er wanderte durch die Räume und suchte nach einem Fluchtweg.

Er traf seine Gastgeberin. Die arme Dame sah dünner aus als je zuvor. Ihr Gesicht war vor Aufregung weiß geworden. Ihre Diamanten unterstrichen die Grausigkeit.

"Was ist los?" fragte sie mit der gedehnten Stimme, die sie manchmal an den Tag legte. „Ich hoffe, dass Sie Freude an diesem Landhaus haben, aber wenn Ihr Gesicht die Wahrheit sagt, sind Ihre Gedanken ziemlich nah an den Grabsteinen. Das geht nicht! Ich schätze, ich muss irgendein süßes junges Ding finden, das ich dir bringen kann." zurück zu Mutter Erde. Du siehst einfach zu engelhaft für alles aus.

Geoffrey erkannte die Unhöflichkeit mangelnder Wertschätzung in einem Haus voller Gastfreundschaft und beeilte sich, ihre sozialen Ängste zu zerstreuen, und kehrte in den Korridor zurück, der zurück zum Tanzzimmer führte.

Plötzlich herrschte neben ihm Aufruhr. Ein Mädchen hatte achtlos Cocktails getrunken. Sie rutschte aus und um das Gleichgewicht wiederzugewinnen, packte sie den Arm eines Mannes, der auffällig in Kilts war. Auch er hatte den fließenden Champagner genossen, und da er ein stolzer MacCoolicky, der Anführer seines Schlages, war, neigte er dazu, in seinen Gläsern wütend zu werden.

Er stützte sich, indem er sich an einen Wandteppich klammerte, und dann, als er Gelächter hörte und einen Mann sah, der ihn breit angrinste, versetzte er ihm einen bösartigen Schlag auf den Arm. Es bestand sofort die Gefahr einer Rauferei. Der Anstrich guter Manieren war bei einigen Gästen im Allgemeinen äußerst dünn. Geoffrey sprang zwischen den finster dreinblickenden Kämpfern hindurch; das taten auch zwei andere Männer. Sie packten MacCoolickys Arme und drückten ihn gegen die Wand. Er begann zu schluchzen, während das Mädchen, die Ursache seines Missgeschicks, durch die Aufregung zu ihrem wahren Selbst zurückgekehrt war, die Menge amüsierte, indem sie seine möglichen Vorfahren mit ihren Schwänzen beschrieb.

Der MacCoolicky, der seinerseits ebenfalls ernüchtert war, zuckte unter dem Spott und ging wütend weg, wobei er elementares Gälisch murmelte.

Barnett Q. kam herbeigeeilt und drängte sich wie ein Polizeiinspektor durch die Menge. Seine kleinen grauen Augen glitzerten, seine dünnen Lippen waren zu einer sehr entschiedenen Linie zusammengepresst. Der Millionär war ein Mann aus Feuer und Granit.

„In diesem Etablissement können Sie alles machen, was Sie wollen", sagte er allgemein zu ihnen; „Aber ich bin verdammt, wenn ich irgendwelche Fraycars habe, und das ist die reine Wahrheit!"

„Ist schon in Ordnung, Barney; nur ein bisschen gute Laune. Jungs werden Jungs sein!" sagte ein kleiner alter Mann vom Rand der Menge. Und so endete der Ärger.

Der Tumult ereignete sich in der Nähe der Tür eines großen Zimmers, das den ganzen Abend über ein Zufluchtsort für großes Interesse gewesen war. Geoffrey verabschiedete sich von seinem Gastgeber und betrat den Raum.

June flog voraus und war neugierig, was sich an den grünen Tischen abspielte. Sie bemerkte die Gesichter, die die Spiele säumten, und war schockiert über ihren Gesichtsausdruck. Gier, Gier, Egoismus, Schwäche, brutale Aufregung, schmutzige Freude und gemeine Enttäuschung wurden dort abgebildet. Schrecklich! Es war der Kartenraum. Der Laden war überfüllt. Roulette, Baccarat und Bridge waren ein harter Schlag. Glücksspiel war für Geoffrey Season kein neuer Anblick, aber noch nie zuvor hatte er solch ein gieriges Gesindel oder solch extravagante, rücksichtslose Einsätze gesehen.

Es war ein Anlass skrupelloser Geschäfte. Alt und Jung, Männer und Mädchen, drängten sich um die Tische, erfüllt von dem einen Wunsch: etwas zu machen. Mammon war ihr König. Es gab weder Vornehmheit noch Freude an diesem Geschäft; es war bloße Gier in sehr großem Ausmaß. Die Augen verfolgten fasziniert den Lauf des Balls, die Platzierung des Geldes, das Drehen und Manipulieren der Karten, die Schwünge und Stöße der Bankierkrupps. Die Aufregung war angespannt. Hin und wieder durchbrachen eiliges Gemurmel, aufgeregte Kommentare, leises hysterisches Gelächter, Widersprüche und kurze Auseinandersetzungen die allgemeine Stille.

Heigho! Es war ein Anblick für Zyniker. Wenn der Teufel keinen Humor hat, entgeht ihm viel Spaß.

Junge Mädchen, kaum alt genug, um ihre Ausbildung „abzuschließen", befingerten Stapel von Gold und legten nach einem „System" Münzen mit Berechnungen ein. Sie hatten ihre Ausbildung in Monte Carlo abgeschlossen. Ein älterer Mann hatte das Glück – wenn Glück wirklich das richtige Wort ist. Er lächelte weder, noch runzelte er die Stirn, wie hoch auch immer sein Vermögen sein mochte; aber er zahlte gelassen seine Verluste und nahm ebenso gelassen seine Gewinne entgegen – seine Ruhe war jedenfalls absolut.

Lakaien kamen und gingen, trugen Tabletts und Gläser, waren aber nicht besonders willkommen.

Ein junger Mann mit gewelltem Haar und Pose – ein vergessener Balladenschreiber, dessen Ruhm verblasst und erloschen war – stand zufällig neben Geoffrey. Seine Augen leuchteten vor Geldgier.

„Ein Anblick, für den es sich zu sündigen lohnt, Season", sagte er und nickte zu den Stapeln von Gold und Papier, die auf dem Brett verstreut waren.

Geoffrey nickte müßig zustimmend. Der ausgestellte Reichtum belief sich auf Tausende von Pfund. June küsste ihn auf die Wange.

„Aber bei all dem Reichtum herrscht keine Achtelmeile von hier entfernt echte Hungersnot", sagte er im Gehorsam gegenüber ihrem Kuss, ihrem Befehl.

Der Poseur drehte sich um und starrte. Er starrte überrascht auf.

„Guter Gott, Saison! Du solltest Pfarrer sein."

„Es ist leider nur die Wahrheit."

"Vielleicht. Warum nicht? Jedenfalls hat es keinen Sinn, darüber zu reden. Leute, die verhungern, sind selbst schuld. Haben sie keine Hände zum Arbeiten? Zeigen Sie mir einen armen Mann, und Sie werden auf einen Narren zeigen. Das ist auch wahr, wenn es kein Epigramm ist! Jeder mit Verstand kann gut leben, wenn er will. Und wenn nicht - nun, dann sollen diejenigen, die nichts bekommen können, nehmen; das ist mein Motto. Ich bin kein Hohepriester der gewöhnlichen Moral, das kann ich Ihnen sagen. Aber - sehen Sie, Sir Gussie hat wieder gewonnen! George! Was für ein Glück dieser Kerl! Lassen Sie mich kommen; ich muss einen gelben Jungen in den *Hintern setzen* ."

Der gelbe Junge wurde nicht sofort angezogen, denn der Höhepunkt war gekommen. Eine aufgeregte Frau, die Bridge spielte, erhob eine Anklage wegen Betrugs. Es kam wieder Chaos. Männer und Frauen sprangen auf, um nachzuschauen, und drängten sich zum Zentrum der Unruhe. Es gab Worte eifriger Anschuldigung, heftiger Verneinung, glühender Wut. Ein Tisch wurde umgeworfen. Gold klirrte auf den Boden. Zwei Frauen – die hauptsächlich Betroffenen – waren fast nicht in Worte zu fassen. Es schien, als wären sie so aufgeregt und blickten sich so wütend an, als würden sie tatsächlich kämpfen; Aber kühlere Anwälte griffen dringend ein, und die Streitenden wurden weggeführt, jede griff nach ihren Einsätzen oder Gewinnen, jede machte immer noch wütende Behauptungen. Für eine Weile war die der Gesellschaft innewohnende Vulgarität heftig zum Vorschein gekommen; Es hatte den dünnen Anstrich konventioneller Höflichkeit, den die meisten von ihnen trugen, zum Trotz zum Ausdruck gebracht.

Geoffrey drehte sich um und drängte sich aus dem Zimmer, aus dem Haus.

Eine kalte Brise wehte auf seiner Stirn. Die Sterne leuchteten.

"Nie wieder!" war sein Vorsatz. „Nie, nie wieder!"

In diesem Moment verschwand endlich der Idiot in ihm. Er war jetzt bescheiden und brennend aufrichtig.

Er erkannte seine persönliche Verantwortung. In Zukunft muss es seine Pflicht sein, innerhalb und außerhalb des Parlaments die abscheuliche Ungleichheit zu ändern, die in dieser Nacht deutlich geworden war. Diese Verschwendung, Trägheit und Vulgarität – diesen ungestörten Triumph von Moloch und Mammon – neben extremer Not und ihren vielfältigen Ungerechtigkeiten zu haben, war absurd, demütigend, unerträglich. Wenn das möglich ist, muss die Sache in Ordnung gebracht werden. Er würde seine Jahre dem Geschäft widmen.

Aber wie soll man diese extravaganten Müßiggänger, die schelmischen menschlichen Schmetterlinge, das Smart Set anfassen? Ach, wie?

Dawn hatte die Nacht geschafft. Sein Grau schrumpfte unter der Verheißung der Sonne. Die Parktore wurden gerade geöffnet, als er zu ihnen kam. Er ging hinein, um über das Gras zu gehen, und zog es vor, auf diesem Weg zum Armingham House zurückzukehren, während sein Gehirn sich abmühte und mit wimmelnden Problemen kämpfte.

Plötzliches, unerklärliches Glück erfasste ihn. Er verspürte für einen Moment Leichtigkeit im Herzen. Seine depressive Stimmung verschwand. Er war überraschend hoffnungsvoll. Es muss ein schönes Ende für all diese Probleme geben. Aber warum war er so hoffnungsvoll? Er konnte es nicht sagen.

Der Grund war hinreichend einfach. June, in ihrer Stunde tiefster Düsternis, wurde durch den Anblick der Feen ermutigt; und ihre Freude, sie dort zu sehen, hatte ihn durchdrungen – hatte ihn verherrlicht.

Kapitel XVI

FORTSCHRITT

Fairyland hatte begonnen, nach London zurückzukehren.

Das Treffen dieser Elfen mit June war historisch – ein Anlass zur Freude, und sie freuten sich. Mit Liedern, Tänzen und Lachen drückten sie ihre Freude aus. Eine Zeit lang tobten sie sanft.

Hyde Park war sofort begeistert von ihnen. Vögel versammelten sich; Parkwächter, die sich fragten, warum, kamen auch. Aber keiner ist so blind wie die Parkwächter. Die verwirrten Kreaturen kratzten sich am Kopf, zupften an den Schnurrbärten und versuchten, es herauszufinden; aber das konnten sie natürlich nicht, also gingen sie schwach weg und vergaßen das Wunder.

Nach ihrer entschuldbaren Pause aus Läuten und Reigen flogen die Feen zu ihrem Hauptquartier im Paradise Court. Bim, der nicht mit Flugfähigkeiten gesegnet war, musste im gemächlichen Tempo einem Wagen folgen, der zufrieden Bierfässer nach Osten schleppte. Die meiste Zeit über schlief und träumte er friedlich in einem Nasenbeutel.

June entschied schnell, wie sie diese Rekruten einsetzen sollte.

Da waren die Säulenkästen. Ihr scharlachroter Mut, der die eintönige Schäbigkeit der Straßen unterstrich, war für sie so etwas wie eine Inspiration gewesen, eine frohe Abwechslung aus der weit verbreiteten Monotonie Londons. Ihr wäre es lieber gewesen, wenn ihr Farbton weniger grob und nicht immer rot gewesen wäre; aber egal! Sie trugen Farbe, das war in einer solchen Umgebung eine Tugend.

Sie beschloss, jeden Säulenkasten als Zentrum für die Aktivitäten einer Fee zu nutzen. Auf seiner glatten Wölbung sollte eine magische Behausung errichtet werden, um die herum Feenblumen gedeihen würden. Kein Mensch würde von dem Wunder erfahren; aber das war ihre Schuld; Sie sollten ihren Verstand einsetzen und sehen. Von jeder solchen Oase des Lichts und der Süße strahlte die Macht des Elfentums aus und breitete sich in immer größeren Kreisen aus, bis Oberons Herrschaft in London wieder existierte. June genoss mutige Visionen, als sie ihre Pioniere nach Osten zum Beginn des Triumphs führte.

Wochen vergingen.

Der Sommer wurde schwül. Der Clerk of the Weather, eingebettet in das kühle Wolkenland, bedrängte das alte England mit Hitzewellen. Straßen, Höfe und Gassen wurden nahezu unerträglich. John Bull grummelte mit Rinderherzigkeit, schluckte Eisgetränke, keuchte und schwitzte. Kinder,

deren Spielplätze die engen Höfe und Straßen waren, hielten es aus, so gut
sie konnten.

Die neu hinzugekommenen Feen mussten in diesen Wochen eine schwere
Tortur durchmachen. Es war ein schlechtes Geschäft, dieser langweilige
Trubel zwischen hässlichen Sitten und toten Idealen, als die Vögel und
Blumen draußen im Märchenland riefen. June beobachtete sie, voller Angst,
dass sie – von denen so viel abhing – ins Wanken geraten und zu den Freuden
zurückkehren würden, die sie willkommen heißen würden; aber sie waren
wahr; Sie haben nicht versagt.

Was für eine Arbeit sie geleistet haben! Um es zu beschreiben, müsste man
Bände schreiben! Die neue Organisation des Oberbürgermeisters – Titanias
Leibwächter – entstand schnell, testete ihre Zahnräder und bereitete sich auf
den Start vor. Die Feen halfen ihm mit Zauberstäben und Willen.

Es gab überall einen unendlichen Bedarf an Elfenarbeit, daher schienen die
Auswirkungen dieser kleinen Firma vergleichsweise begrenzt zu sein. Es war
jedoch großartig und real; so groß, real und gnädig, dass Bürgermeister,
Stadträte und Stadträte, die für das Wohlergehen der gesegneten Bezirke
verantwortlich waren, den Kopf schüttelten. Sie dachten, dieser Zustand der
Besserung sei ihnen zu verdanken – den Dummköpfen! Aus bestimmten
Gründen war June zufrieden, dass sie den Kredit genießen sollten, so viel sie
konnten. Sie war nichts als politisch.

Die Feen übergaben dem Leibwächter, der mit dem Eifer idealistischer
Jugendlichkeit an die Arbeit ging, den Vortritt und stellten den ungesunden
Häusern einen klaren Sieg entgegen. Jerry, der Baumeister, begann sich
unwohl zu fühlen und ihm Recht zu geben!

Undichte Dächer, einsinkende Wände, verzogene Holzarbeiten und andere
Folgen der Arbeit von Jerry berührten die Feen mit zerstörerischen
Zauberstäben und beschleunigten den Verfall. Der flitzende Ingenieur wurde
mit seiner eigenen Petarde hochgezogen. Schlecht gebaute Häuser, die
bestenfalls nur für ein paar unbequeme Jahre brauchbar waren, wurden auf
einmal so unverschämt schlecht und offensichtlich so gefährlich, dass
Studge, Snodge, Hopkins und der Rest der gekleideten Brüder im Stadtrat
dazu gezwungen waren eine Zeit, in der man die Aussicht auf Beutezüge und
das interessierte Schleifen von Äxten vergessen konnte, um sicherzustellen,
dass Jerrys Angriffsstrukturen abgerissen und umgehend mit Gewissen und
fachmännischen Ziegeln und Mörtel wieder aufgebaut wurden.

„Wenn diese Schatten Muscheln haben müssen", sagte June, „so sollen es
würdige und hübsche Muscheln sein!"

In diesem Geist gingen die Feen an Verträge und Mengen heran. Sie trugen
ihren Einfluss ins Ausland.

Jerry hatte die graue Zeit seines Lebens. Seine Tasche litt so deutlich, dass sein Gewissen gereizt und zart wurde. Er lag nachts wach und dachte über Mottos aus Heften nach. Er wurde von netten Geistern heimgesucht. Er zappelte, kämpfte – ergab sich und kam widerwillig zu dem Schluss, dass Ehrlichkeit schließlich die beste Politik sei. Er handelte entsprechend. Hopkins, Snodge und Studge, die nun leidenschaftlich von bürgerlicher Rechtschaffenheit überzeugt waren, behielten ihn im Auge und erkannten selbst die gesegnete Entschädigung eines uneigennützigen öffentlichen Dienstes.

Die Feen führten Krieg gegen die Hässlichkeit. Sie stellten der Abscheulichkeit in all ihren Aspekten einen klaren Widerstand entgegen. Was in öffentlichen und privaten Gebäuden schlecht und deprimierend war, verfiel schnell. Praktiker waren verwirrt. Sie versuchten, das Rätsel wie immer mit Faustregeln zu lösen, und waren immer schuld. In diesen Sommer- und Herbstmonaten gab es bei den Bauunternehmern mehr Kopfzerbrechen als seit dem Bau von Babel.

Männer, deren ganzes Leben eine Erfahrung mit Balken und Beton war, deren bevorzugtes Gesprächsthema Schätzungen und Spezifikationen waren, waren völlig perplex über die scheinbar unvernünftigen Umstände, die ihr Handwerk plötzlich bedrängten. Sie stellten einander verzweifelte Fragen und verbreiteten Verwirrung. Warum wurde die Fäulnis so schnell ans Licht gebracht? Warum begann das Gesims, das ihnen gefiel, obwohl seine verzierte Hässlichkeit Ruskin wütend gemacht hätte, in Stücke abzufallen? Sie konnten nicht antworten; aber es war!

Hinter jeder Tür lauerte ein Paradoxon. Das Merkwürdige war, dass alles, was einfach und schön war, länger als gewöhnlich überdauerte, während das schlecht Geschmückte, Hässliche und Eintönige schnell zerfiel.

Die Politik der Feen war fruchtbar. Schlechte Straßen verdienten ihr Adjektiv langsam nicht mehr. Die Slums verschwanden – sie verwandelten sich mit wunderbarer Geschwindigkeit. Mit helleren Räumen und hübscheren Häusern kam das Lachen! Jerry nannte sich Joseph, trug schicke Westen und fühlte sich als Patriot. Das Geschäft der Künstler boomte.

Die außergewöhnliche Transformation, die sich so prächtig vollzog, war in Wahrheit ein bleibendes, völliges Mysterium für halbblinde Praktiker – für diejenigen, die Fakten anhand von Fußregeln messen und das Leben durch Theodoliten betrachten. Sie konnten den wahren Grund nicht verstehen, warum sie besser bauen mussten. Aber die Feen wussten es; Aha! Die Feen wussten es.

Junes Firma machte sich daran, das, was sie genehmigte, mit unsichtbarer Farbe aufzuhellen, und versetzte Leute mit vorsätzlich niedrigen Idealen in

Krampf und Zuckungen. Sie hatten viel Spaß. Bim war unermüdlich in seinen Bemühungen.

Nicht nur in der Welt des Bauens waren die Feen so erfolgreich. So aktiv sie sich auch für den Abriss und Wiederaufbau bestimmter Stadtteile Londons einsetzten, kümmerten sie sich auch auf viele andere Arten um die Menschheit.

Hier sind einige Beispiele ihrer vielfältigen Aktivitäten, die aus Bluebooks zu diesem Thema stammen.

Arbeitshäuser wurden würdiger, weniger beängstigend und heimeliger gemacht; Sie wurden zu ehrenvollen Rückzugsorten für die Alten und Unglücklichen. Die Hausmeister trugen farbige Hemden, ermutigten die alten Männer, altersgemäß Cricket zu spielen, und nannten jede alte Frau „Ma'am". ...

Schullehrer hatten die größte Freude daran, den Stundenplan von Zeit zu Zeit zu ignorieren und den Kindern zu den Stunden, die offiziell dem Rechnen gewidmet waren, unerwartete Märchen zu erzählen. Die Kinder kamen eifrig zur Schule, entzückt von dieser entzückenden Ungewissheit; und erzählten die Geschichten dann zu Hause ihren Brüdern, Schwestern und Eltern nach. Die Schullieder und Spiele waren äußerst fröhlich; Elfen halfen den Kindern beim Singen und Spielen....

Die Sprecher an den Straßenecken gingen wunderbar sanft miteinander um. Die alte Lieblosigkeit verschwand. Mäßigkeitsredner probierten die Wirkung der Freundlichkeit aus und machten Fortschritte im Kampf gegen den Feind. Altgediente politische Gegner luden einander ein, den Deckel einer gemeinsamen Wanne zu teilen; und dort lobten sie, obwohl sie unterschiedlicher Meinung waren, gegenseitig ihre Toleranz und Aufrichtigkeit ...

Die Eingangstür zu Utopia öffnete sich.

Bei einer Nachwahl waren die Politiker gewissenhaft; Die Werber hielten an der Wahrheit fest, nahmen sich keine unfairen Vorteile und ließen die Persönlichkeiten kaltblütig in Ruhe. Die stets gut versorgten Buffs liehen ihrem Feind, den Blues, alle Wagen und Autos, die sie entbehren konnten. Anhänger beider Seiten übernahmen den Vorsitz des Gegenkandidaten und wünschten ihm auf die freundlichste Art und Weise, dass er verliert ...

Die Anliegen, die Sie, lieber Leser, ablehnen, sind im Sande verlaufen.

Dächer von Stadthäusern wurden mit Grünpflanzen bedeckt und in Gärten umgewandelt, sodass die Mitarbeiter ihre Geschäfte besser erledigen konnten, da die Arbeit durch erholsame Besuche bei den Blumen unterbrochen wurde....

Seife wurde intensiv verwendet. Sauberkeit wurde zum Credo und zur Leidenschaft. Morgengesichter, Böden und Türschwellen leuchteten. (Fünf Vermögen würden mich nicht dazu bewegen, den Namen der Lieblingsseife preiszugeben.)

Alle britischen Vögel in Käfigen wurden ins Land gebracht und freigelassen. Feinschmecker gründeten eine Liga, um den Verzehr von Lerchen zu verbieten. Die Wälder erklangen daher von fröhlicheren Liedern, und das Märchenland rückte mit Siebenmeilenstiefeln vor ...

Bohnenfester widmeten ihre Abende dem Üben von Gesangsgesängen und der Wiederbelebung von Volksliedern, sodass die Landstraßen nicht länger durch die groben Klänge der Varietéchöre verunstaltet wurden. Auf den grünen Wiesen wurden für die Londoner herrliche Konzerte organisiert. England begann wieder fröhlich zu singen ...

Die Vulgarität verlor ihren Reiz. Unhöflichkeit war kaltschultrig. Witze, die nicht nett waren, wurden nicht ausgelacht. Sie fielen flach wie liegende Grabsteine. Humor – der eigentliche Artikel – lebte wieder. Es war angenehm, die Persiflage der Bürojungen zu hören, die anfing, originell zu sein. Omnibusfahrer und Taxifahrer waren manchmal wirklich lustig. Was die Richter angeht, sie haben immer an den richtigen Stellen gescherzt ...

Die Elfen und der Leibwächter achteten auf die Werbetafeln, die mit zunehmendem künstlerischen Charme der Werbung immer angenehmer und wirkungsvoller wurden. Es wurden Farben gewählt, die harmonisch harmonieren. Passanten litten nicht mehr unter Zahnschmerzen und Herzkrämpfen aufgrund eines militanten Schandflecks. Diese pestilenten Wackellichter, die nachts einen Handelsnamen wiederholen, wurden von rechtschaffenen, wütenden Mobs niedergerissen, gehämmert und ertränkt ...

Was die Feen sonst noch taten, brauche ich hier nicht näher zu erläutern, denn der Leser, der auf diese Seite gelangt ist, hat bewiesen, dass er durchaus in der Lage ist, die Reihe ihrer guten Wirkungen zu ergänzen. Es war alles einfach großartig.

London erholte sich sicher und schnell; und als sein Aussehen und seine Manieren sich der Perfektion näherten, kamen immer mehr Feen, ermutigt durch die Helligkeit; es wurden weitere Säulenkästen errichtet; der Wirkungskreis war noch weiter ausgedehnt; Der Marsch der Besserung ging weiter.

Als hundert Feen angekommen waren und ihnen dreiundvierzig Zwerge gefolgt waren – und das geschah erst im Oktober, dem Frühling des Jahres –, beschloss June, eine Gartenparty auf den Dächern von Paradise Court zu veranstalten.

Bim wurde zum Major-Domo, Lord-High-Butler und General-Faktotum ernannt, etwa fünfzehn Beamte in einem. Er wuchs sichtlich vor Stolz. Seine Energie bei den Vorbereitungen war so groß – es gelang ihm so erfolgreich, an zwei Orten gleichzeitig zu sein –, dass nicht wenige seiner Mitgnomen dachten, er sei mit unsichtbaren Flügeln gesegnet. Seine Würde und Bedeutung waren unbestritten. Er trug die Überlegenheit, die er dadurch erlangt hatte, dass er der erste Gnom war, der den Strapazen Londons trotzte, so offen zur Schau, dass seine Brüder in der Demokratie mehr als ein bisschen neidisch wurden. Vielleicht war Bims Kopf ganz leicht angeschwollen.

Währenddessen fragte sich June, was Oberon tat.

Diese Oktobernacht war ein Anlass, an den sich die Feen und die Menschen gut erinnern konnten, auch wenn die Menschen gegenüber ihren Taten blind blieben, obwohl sie von ihren Auswirkungen profitierten. Der Mond, der seit der Affäre im Veilchental ihr Interesse an der Rebellion im Juni verschleiert hatte, schien offen und blickte mit all seinen Wellen. Diese Londoner Nacht war voller lebendiger Schönheit, jeder Winkel und jeder Schornstein dieser verfallenden, hässlichen Häuser wurde von ihren Strahlen wohltuend erleuchtet.

Die Dachwelt war keine schwarz-graue Wildnis mehr. Elfenstäbe, Gnomenarbeit und viele Einfallsreichtums hatten es mit winzigen Lichtern und Feenblumen bedeckt und es so zu einem Teil der Traumwelt gemacht.

June – Gastgeberin und Heldin – trug ihre glänzende Krone. Es gab Lieder, Tänze und viel, große Freude. Zwerge, die in Reihen auf Schornsteinrändern und an den Rändern von Schornsteinen saßen, sangen und applaudierten. Nur ein bekanntes Lied aus der Anthologie von Elfdom war in dieser ausgelassenen Nacht nicht zu hören – das Triumphlied, der Gesang, der für die Krönung des 1. Mai reserviert war.

Die Menschheit war für diese Feierlichkeiten noch blind. Es kam mir wirklich so vor, als müssten Männer versuchen, mit der Nase zu sehen. Direkt vor ihren Augen geschahen so wunderbare Dinge, die sie nicht sehen konnten und die sie sich in ihrer Blindheit nicht vorstellen konnten. Es ist eine herzzerreißende Angelegenheit, die blinde Blindheit der Menschen.

Später hatten sie natürlich mehr als nur Schimmer – aber für dieses Kapitel reicht das aus, was wir gesagt haben.

Eine alte Frau, und zwar eine einzige alte Frau, hatte flüchtige Einblicke in dieses Fest. Sie war Irin.

Bridget Malone hatte in ihrer Jugend oft Feen um einen leeren Kamin in Connaught gesehen; Doch als sie vor vierzig Jahren nach London kam, hatte sie die kostbare Fähigkeit vergessen und die Fähigkeit verloren, das Unsichtbare zu sehen. Dieser Anblick triumphierender Elfen stellte die Gabe wieder her.

Bridget erwachte aus dem Schlaf. Ihr Bett stand auf dem Boden, aber ihre Knochen waren an Härte gewöhnt, so dass sie weder aus Mangel an Wärme noch aus sybaritischen Problemen aufwachte.

Sie sah ein seltsames Licht, das sich auf der zerfetzten Wand gegenüber dem Fenster spiegelte. Sie flüsterte ein Gebet zu Maria und suchte nach dem Übernatürlichen, denn es handelte sich nicht um Mondstrahlen oder Sonnenschein, sondern um etwas, das beides vermischte und idealisierte; etwas von dem Licht, das es nie auf dem Meer oder an Land gab.

Bridget vermutete in ihrer Weisheit im Halbschlaf, dass es an den kleinen Leuten lag. Ihre Gedanken flogen blitzschnell zurück in die Tage ihrer Kindheit. Nachdenklich dankte sie ihren Sternen und fühlte sich religiös.

Sie hatte vor, ihre Tochter und drei Enkelkinder zu wecken, die alle im selben Zimmer schliefen, damit sie ihr Glück teilen könnten, verzichtete aber darauf. Wenn es die Feen wären, wären sie vielleicht nicht erfreut. Sie erinnerte sich an die eifersüchtige Verschwiegenheit, die man den kleinen Leuten im alten Land zuschrieb, die es nicht ertragen konnten, dass ihre Treffen unbemerkt blieben. So irisch!

Bridget sah diese Feierlichkeiten daher allein. Sie kroch auf den Knien zum Fenster und schaute zu, wobei sie ihr Kinn auf das Fensterbrett stützte. Der Anblick war so schön, dass sie nicht wusste, dass sie Krämpfe hatte, und den Rheuma, unter dem sie ihre Familie in den letzten fünf Jahren leiden ließ, völlig vergaß. Sie war in eine Verzückung versunken.

„Es war ein Anblick, der alte Augen zum Leuchten brachte", erzählte sie anschließend. „Auf der Spitze dieses Schornsteins war ein kleiner Hund, der wie ein aufgeblähter Knödel aussah, aber so frei wie Stechpalmenbeeren. Das war ein furchtbar wichtiger kleiner Kerl. Er sah aus wie der Kaminsims. Die Sonne voller Funkeln und die Art und Weise, wie er herabkam und die anderen segnete, die wie er selbst waren, als wäre er ein tanzender Hahn, und da, auf einer Throne, gemacht! Sie war eine Feenkönigin aller Art und hatte einen Kranz auf dem Kopf, der Irlands Lösegeld erkaufte, und er glänzte wie Sonne, Mond und Sterne zusammen. an einem See in Connaught. Ihr Gesicht war ein Bild der Freundlichkeit und ihr Gesicht lächelte wie das eines Segens, wenn ich gewusst hätte, wie ich es ihr bringen könnte Ich wollte sie nicht verscheuchen, die Lieblinge, die so hübsch herumtollten, also legte ich den Unterrock meiner Tochter um und schaute weiter. Es waren Hunderte und Aberhunderte von Feen, die wie alle anderen tanzten 'ing; und winkte herum und sah so schön aus – es war ein Bild! Haben Sie schon einmal

Nachtigallen in einem irischen Wald gehört? Haben Sie schon einmal Mondstrahlen auf einem irischen Fluss gesehen? NEIN! Lieber, was kann ich dir sagen? Nun, Sie haben die Liebe einer Mutter im Gesicht einer Frau gesehen, also bekommen Sie eine gewisse Ahnung von der Musik, der Poesie und der Männlichkeit dieses Tanzes. Das Licht, das von den kleinen Leuten kam – alles kam von ihnen, mit ein wenig Mondlicht darin – war hell wie Feuer auf Tara ... Und du glaubst es nicht? ... Ah, du machst einen Fehler, junger Gintleman! Wenn es keine Feen wären, die ich gesehen habe, und wenn ich sie nicht gesehen hätte, gäbe es weder für dich noch für mich Hoffnung, denn so wahr, wie Cuchulain seinen Sohn getötet hat, waren sie da – so wahr, wie wahr sie dort waren. Ich habe sie mit diesen alten Augen gesehen ... Siehst du sie? Natürlich habe ich! Es war schlicht so hässlich, aber es war so schön, wie das Licht es machen konnte. Sie machten weiter, sie machten weiter, das sage ich euch, bis die Sonne aufging und das letzte, was ich von ihnen sah, die Fee mit der Krone war, die immer weiter schimmerte!"

So viel zur Aussage von Bridget Malone. Seltsamerweise – obwohl die Zeitungen, hauptsächlich dank des Ehrwürdigen Erzdiakons Pryde und Sir Titus Dods, der sich nun im letzten Monat seiner Amtszeit als Bürgermeister befand, Oberon populär gemacht hatten und es eine schöne Selbstverständlichkeit war, an die Feen zu glauben – niemand behandelte Bridgets Geschichte mit gebührendem Respekt oder sogar mit einfachem gesunden Menschenverstand. Paradise Court – ihr eigenes Land – war voller Ungläubiger, und – ist das nicht immer so?

Indirekt hatte ihre Geschichte jedoch eine gute Wirkung. Es brachte andere dazu, Märchen zu erzählen und zu erfinden – und verbreitete damit eine schöne Mode. Als June dieses Ergebnis sah, verzog er mir die Ungläubigkeit. Die Fantasie der Menschen war wach.

Ja, Bridget hatte die Wahrheit gesagt. Die Fee mit der Krone war „schmilin' and shmilin'." Der letzte Moment des Fests bescherte June sein krönendes Glück, ein großer, unerwarteter Grund zur Freude.

Wie Bridget uns erzählt hat, war es bereits hell und die Sonne war aufgegangen, bevor der Feentanz endete.

Eine weiße Wolke – vielleicht war es auch ein Hauch weißen Rauchs aus einem erwachenden Werkstattschornstein – segelte in Richtung Dachgarten. June beobachtete es und wunderte sich; es schien voller Geheimnisse zu sein.

Als es über ihr hinwegflog, wurde ihr bewusst, wie schwer es war. Die Magie der Krone gab ihr die Macht, ihr Geheimnis zu durchdringen.

Verborgen in der kleinen weißen Wolke flog Oberon. Er war verkleidet gekommen, um das Land auszukundschaften; gesehen hatte, war auf seinem Weg vorbeigekommen.

Somit gab es einen schönen Schlusspunkt für die Feierlichkeiten.

Im Juni wurden einige Verhörnotizen hinzugefügt: „Würde Oberon kommen, um seine Herrschaft wieder aufzunehmen? Wo könnte Titania sein? War Fairyland endlich auf dem Weg?"

Noch nicht. Jetzt noch nicht!

Kapitel XVII

Die Aristokratie zieht um

Sobald der Feldzug der Säulenkästen gut begonnen hatte und die Feen schnell Fortschritte machten, machte sich June daran, ihre Gnade von Armingham zu belagern und zu zähmen. Das war eine schwer zu reduzierende Festung! Wochenlang war die Fee ratlos.

Wie wir wissen, hatte die Herzogin viele großartige Eigenschaften, die hier keiner Werbung bedürfen. Ihr Hauptfehler, der durchaus ins Gewicht fällt, war eine erhabene Gleichgültigkeit gegenüber bestimmten wichtigen sublunaren Dingen. Sie besaß zu diesem Zeitpunkt keinerlei Mitgefühl, keine Vorstellungskraft und auch keine Gabe zu genialer Fantasie; Es gab nichts, woran sich die Fee festmachen konnte. Es war so, als würde man versuchen, Orchideen im luftleeren Raum zu züchten.

June wiederholte ihr scherzhaftes Experiment vom Abend der Party nicht. Hin und wieder dachte die Herzogin aus eigenem Antrieb an ein Wortspiel – die Gewohnheit hatte begonnen, die grelle Abscheulichkeit der Sache zu verblassen – und kam tatsächlich zu dem Schluss, dass sie einen gewissen Sinn für Humor besaß – in diesem Fall ein hoffnungsvolles Zeichen. June war barmherzig und nicht unklug. Nie wieder wurde die Herzogin von einem unsichtbaren Geist des Unheils an den Rand eines Verstoßes gegen den Anstand gedrängt.

Die Fee achtete taktvoll darauf, nichts zu tun, um die Selbstachtung ihrer Gnade zu schmälern. Der Preis muss unter wehenden Flaggen gewonnen werden. Ein diskreditiertes Opfer würde keinen würdigen – und möglicherweise keinen dauerhaften – Sieg bedeuten. Es war also die beste Diplomatie gefragt. June webte ihre Zauber und brachte Magie zum Einsatz. Diese Einflüsse hatten von Anfang an eine gewisse Wirkung; aber es sollte eine sehr lethargische Bekehrung sein. Eine Zeit lang zeigte die Herzogin keine Anzeichen von Unterwerfung.

Der Herzog war formbarer. June fiel es leicht, ihn zu beeinflussen. Er entwickelte sich zu einem echten Verfechter des Märchentums am Esstisch; und als die Männer sich ihren Zigarren überließen, stießen sie täglich auf Titania an, auf die gute altmodische Art und Weise, mit einem treffenden Zitat aus den Klassikern.

Damit endeten sein Enthusiasmus und seine Bemühungen aber auch nicht. Zweimal vor Ende der Sitzung fuhr er zum House of Lords, um eine Resolution einzubringen, die England in die Defensive führen würde; aber leider! Bei beiden Gelegenheiten ließen ihn die Wärme der vergoldeten Kammer und der Einfluss ministerieller Erklärungen einschlafen. Jedes Mal, wenn er aufwachte, stellte er fest, dass der Woolsack unbewohnt war; das Repräsentantenhaus vertagte sich; die Gelegenheit war vertan.

Die Feen hielten den Willen für die Tat; und schließlich kam es in jenen noch nicht wiedergeborenen Tagen auf fast dasselbe hinaus.

Es war Geoffrey, von dem Elfland am meisten hoffte. Er war jung, begeisterungsfähig und stand bereits, wenn auch nur schattenhaft, auf der Seite der Feen.

Er hatte die Tatsachen völlig erkannt und begonnen, das Leben sehr ernst zu nehmen. Er ging seine Probleme mit Willen an. Er vertiefte sich in die politische Ökonomie und das Studium sozialer Probleme und saß den Professoren zu Füßen. Er wanderte kilometerweit durch schlechte Straßen und studierte die Verhältnisse und die Menschen. Er marschierte über Landstraßen und bemerkte die leeren und verlassenen Felder, die von Unkraut überwucherten Bäche und die unzähligen anderen verlorenen Möglichkeiten für das Wohlergehen der Nation.

Bim begleitete ihn häufig. Für seine eigene Ruhe und Bequemlichkeit stattete der Gnom Geoffreys Homburg-Hut mit einer Feenhängematte und einem hauchdünnen Schlafanzug aus. Seine Lordschaft wurde zu einem wandelnden Schlafzimmer, das stundenlang unterhielt, direkt über seiner Hirnschale, einem entfernten Cousin von Puck.

Geoffrey war begierig darauf, etwas zu tun, etwas zu erschaffen, sein Leben durch das, was er erlebt hatte, reicher zu machen. Er dachte an viele mögliche Beschäftigungen, hauptsächlich mechanische; er hatte das Gefühl, dass er in seiner Lage etwas tun musste, das ganz im Widerspruch zu seiner Regel stand, etwas Schmutziges und Unangenehmes. Es endete – nach einigen losen Enden der Anstrengung – damit, dass er zufrieden damit blieb, sich auf das Parlament vorzubereiten. Also nahm er weiterhin muffig-unsterbliche Werke über die Wissenschaften des Reichtums und der Regierung in sich auf und übte sich im Schreiben markiger Pamphlete und im Halten von Reden – er wandte sich an den „Sprecher" und hielt mächtige Demonstrationen in der Einsamkeit seines Schlafzimmers.

Im November wurde der Sitz, der ihm zugesprochen worden war, frei. Die Wahl konnte erst nach der Wiederzusammenkunft des Parlaments im Februar erfolgen; in der Zwischenzeit musste er also warten und um die Stimmen seiner zukünftigen Wähler werben.

Er ging nach Armingham Castle, akquirierte und trank Tee mit mehreren und jedem, küsste Babys, eröffnete Basare und hielt eine Reihe von Ansprachen in angenehmer Buff-Farbe. Die Feen waren damals nicht bei ihm; Sie haben diese spezielle Kampagne in Ruhe gelassen. Die Bürger, die er vertreten sollte, mochten ihn durchaus. Sie betrachteten ihn als einen netten, gutaussehenden, ernsthaften Jugendlichen, dessen Reden durchaus mehr Persönlichkeiten und weniger Figuren hätten enthalten können, der aber in Sicherheit war und großzügige Schecks erhielt. Er würde es tun, war die Last der allgemeinen Meinung.

Die Feen wussten genau, dass er es tun würde – wenn er gebraucht würde.

Das Leben ging weiter, bis sich Anzeichen dafür zeigten, dass Weihnachten nahte. June sah im Fenster des Wirtshauses bei Paradise Court einen Gesetzentwurf, der für Frieden, guten Willen und eine Gänsekeule wirbt. Das brachte sie zum Nachdenken. Sie setzte ihre Krone auf und dachte nach.

Sie schickte einen Trompeter los und berief eine Feenkonferenz ein. Jeder Elf kam aus seinem Säulenkasten, um auf ihrem Dach zu sitzen und sich zu beraten.

Drei weitere Rekruten aus Fairyland erschienen bei der Versammlung. Die Sterne hörten den Klang ihres Willkommens.

Ein Kampagnenplan wurde beschlossen. Die Elfen wurden noch geschäftiger. Sie verbrachten in diesen Adventswochen mehr Zeit als je zuvor auf menschlichen Köpfen und regten gute Gedanken an. Männer und Frauen begannen an Weihnachten zu denken wie Dickens – aber ohne den heißen Brandy.

Der große Anlass rückte näher. Der Wetterschreiber hatte es sich in den Kopf gesetzt, etwas Passendes zu schicken. Es wurde kalt und erfrischend; Dächer, Mauern und Straßen waren – sofern der Verkehr es zuließ – elegant mit Schnee bedeckt. Normalerweise hätte dieser Kälteeinbruch ein Jammern und Murren ausgelöst; aber nicht dieses Jahr – vielen Dank an June and Company. Das saisonale Wetter wurde als weiterer Vorwand für die menschliche Güte genommen. Das Klagen wurde nicht gehört, weil der Mangel, seine Ursache, beseitigt war. Was das Murren anging, so gab es in der verbesserten Welt so viel Gutmütigkeit, dass Murren unmöglich war, außer für alte Soldaten, die es sich zur Gewohnheit gemacht hatten.

Während dieser Weihnachtszeit sollte es in England keinen Hunger geben; und für die Armen, die herumtrampeln, durften nur echte Marschierer der Holzbeinbrigade ohne ein Paar bequeme, solide Stiefel auskommen.

Solche Tatsachen beweisen besser als bloße Worte der Feder, mit welcher Realität die Absichten und Ideale der Feen akzeptiert wurden. Und – um starren Ökonomen und den mächtigen Individualisten gerecht zu werden – alles geschah durch freiwillige Abonnements. Dort!

Häuser und Straßen wurden so geschmückt, wie sie sein sollten. Es gab Torbögen voller Fahnen; aber Papierblumen waren zu Recht tabu. Keine Fee könnte solch ein Gefasel ertragen. Laternenpfähle waren mit Stechpalmen bekränzt; Mistelbüschel hingen an Straßenecken. Küssen wurde wieder populär. Alte Mägde, deren Herzen jahrelang ausgehungert waren, wurden gnädig und hielten Ausschau nach bärtigen Polizisten.

Jedes Fenster und jedes Fensterbrett war mit Lorbeer und Moos geschmückt. Chinesische Laternen wurden über Toren und unter Veranden aufgehängt. Leuchtende Lampen mit farbigen Schirmen leuchteten durch die nicht vorgehängten Fenster, sodass bei Einbruch der Dunkelheit jede Straße und jeder Weg zu einer beleuchteten Allee wurde. Die Nachbarn von nebenan, die jahrelang offensichtlich darauf geachtet hatten, einander gleichgültig zu sein, tauschten fröhliche Grüße aus und bewunderten die Dekorationen des anderen.

June, die eine gewisse Ehrfurcht vor dem Hochkragenstolz der kleinen Londoner empfunden hatte, sang Freudenlieder und ermutigte ihre Kameraden, als sie diesen Triumph der Genialität, diesen Beweis für das Nachlassen der Zwei-Cent-Eitelkeit sah. Sie folgten ihrem Beispiel mit Jubel! Was für eine Zeit!

Dann begannen die Zeitungen und die Kanzeln zu sprechen. Ein großartiges Projekt wurde entwickelt und ins Leben gerufen. Es muss in jedem Bezirk geben, dass die Presse mit elfenhafter Einstimmigkeit ein Weihnachtsessen nach der guten alten, fröhlichen Art verkündete. Es wurden Fonds eingerichtet, um etwaige Zinsabschläge einzusparen. Geschenke in Form von Esswaren, Getränken und aktuellen Münzen kamen herein.

Bürgermeister und Stadträte, Arbeiter in Kirchen, Kapellen, Konventikeln aller Art und jeglicher Art; politische Frauen und schwerfällige Hausfrauen; Söhne von Herzögen, Söhne von Köchen, Söhne von Grafen mit Gürtel und ihren Schwestern, Cousinen und Tanten; Meine Lady Bountiful und meine Lady, die schrubbt – sie kamen mit allen und jedem in einem Geist herrlicher Kameradschaft zusammen, um Mittel und Wege zur Einrichtung der Weihnachtsfreudenfeste zu erwägen.

Rathäuser, Dorfräume und andere geeignete Orte in allen Teilen Englands, Schottlands, Irlands und Wales wurden für die große Feier hergerichtet. Es wurden Berge an Essen und Ströme köstlicher Flüssigkeiten zubereitet. Köche, Profiköche, Amateurköche und sehr Amateurköche, gingen mit großem Willen an die Arbeit. Die Orte prahlten mit ihrem Geflügel und ihren Desserts. Kleine Jungen gingen mit glitzernden Augen umher; Kleine Mädchen, die ihre abendlichen Märchengeschichten erzählten, gewöhnten sich an, ihr „Glück bis ans Ende" mit der Versicherung zu beenden, dass kein Jahr verging, ohne dass der verheiratete Prinz und die Prinzessin ein Weihnachtsessen mit ihrem Volk hatten.

Es war ein Glück, am Leben zu sein. Tausendfache Scrooges wurden im großen Stil umgewandelt. Die Feen arbeiteten alle die ganzen vierundzwanzig Stunden des Tages; und irgendwie – irgendwie schafften sie es tatsächlich, in diese geordnete Zeitspanne weitere zwanzig Minuten hineinzuquetschen. Wie es gemacht wurde, wissen nur sie. Wirklich, sie sind wunderbar – diese Feen!

Trotz dieser allgemeinen Übereinstimmung der Gefühle und des beispiellosen Zustroms von Wohlwollen war es jedoch einigen erhabenen Personen und ihren Nachahmern gelungen, sich davon fernzuhalten. Es waren hier und da nur wenige, aber die Tatsache ihres stillen Widerstands war schmerzhaft. Es gab Flecken auf der Fröhlichkeit.

Der Herzog von Armingham war keiner von ihnen. Seine Gnaden schienen während dieser Vorbereitungszeit zur Jugend zurückgekehrt zu sein. Seine Energie war wunderbar. Er wurde geschickt darin, Reißzwecken einzuschlagen, und brachte wahrscheinlich mehr Goodwill-Mottos auf den Punkt als jeder andere in seinem Alter. Er war es, der den Plan entwickelte, tote Wände mit roten und grünen Cartoons zu bekleben, die prominente Männer und Frauen aller Parteien, Sekten und Klassen darstellen, die im guten Willen von Weihnachten vereint sind.

Seine Plakate trugen erheblich zur Helligkeit und Stimmung der Straßen bei. Aber der Herzog ging etwas zu weit; Allerdings tat es einem, um es mit Pepysian zu sagen, gut zu Herzen, ihn um die Ecke huschen zu sehen, nachdem er ein Bild an die Haustür eines führenden militanten Suffragisten geklebt hatte.

Er kam nach Mitternacht nach Hause, so zitternd und mit großen Augen wie der triumphierende Brer-Kaninchen; seine Hände und seine Kleidung waren mit Geldscheinaufklebern übersät. Kein schelmischer böser Junge hätte glücklicher schuldig sein können als er; und die Art und Weise, wie er seinen Zwicker anzog, um es vor der Herzogin unverschämt zu zeigen, wäre für Keene ein Bild gewesen.

Sicherlich gehörte der Herzog nicht zu den ungnädigen Auserwählten; aber leider war seine Herzogin genauso sicher! Auch Frau Barnett Q. Moss und ihr glitzernder Kreis menschlicher Schlacken blieben deutlich von der allgemeinen Freude und der guten Kameradschaft fern.

June beschloss, ihre Aufmerksamkeit auf die Herzogin zu konzentrieren.

Es war die Woche vor Weihnachten. Die Fee putzte sich sorgfältig, denn wer siegen wollte, musste schöne Kleidung tragen. Bim setzte die Krone auf ihr Haupt und kletterte dann zum obersten Schornstein über Paradise Court, um zu beobachten, wie sie wie ein Blitz aus Blumenlicht auf die Besiegung dieser Gegnerin zusteuerte.

Als June flog, freute sie sich über den Anblick unter ihr. London war nun reich an Gegenden voller Süße und Licht – der Lohn seines Einflusses. Alte Schönheitsfehler und Hässlichkeit wurden für immer beseitigt; Farbe und Schönheit herrschten. Es war ein Anblick für müde Feenaugen. Die große Metropole war ausgesprochen hübsch.

Eine nach der anderen flogen Feen, die das Gefühl hatten, einen Urlaub verdient zu haben, herbei und folgten ihr, sodass sie, als sie am Armingham House ankam, von einem Zug von zwanzig Personen begleitet wurde. Je mehr, desto besser! Sie waren eine gemütliche Gesellschaft.

Die Feen ließen sich auf den Stufen neben der großen geschlossenen Tür nieder. June hat es geöffnet. Eine Berührung des Zauberstabs und er schwang gehorsam zurück. Der Armingham-Butler, der dann die Innentreppe herunterkam, starrte vor Erstaunen.

„Mein gnädiger Herr!" er rief aus. „Diese Befestigungen sind erledigt."

Er schloss die Tür mit einem Knall, öffnete sie wieder und untersuchte das Schloss. Alles schien in Ordnung zu sein. Er zupfte an seinem linken Schnurrbart – ein Zeichen der Ratlosigkeit im Weinkeller. „Die Welt bekommt heutzutage Rommé", sagte er im Selbstgespräch. „Keine Ahnung! Diese blühenden Feen, nehme ich an."

So war es. Manches wahre Wort wird in Verwirrung gesprochen. Die Elfen – erfreut über diese Hommage an ihre Wirksamkeit, so unfreiwillig sie auch sein mochte – fassten sich an den Händen, rannten umher und sangen im Kreis um ihn. Sie waren wahnsinnig vor Glück, viel fröhlicher als die legendären Grigs und Sandboys.

Der Butler stand in der Mitte der Marmorhalle in einem Labyrinth der Unentschlossenheit und doch gleichzeitig seltsam zufrieden, bis ihr Toben zu Ende war. Dann kletterten die Feen mit einem Freudenschrei, den seine Tonohren nicht hören konnten, um ihn herum. Von seiner Hüfte aufwärts klammerten sie sich an ihn; machten ihn zu ihrem Fahrzeug. June thronte auf seiner Glatze. Er war ein geehrter Mann.

Als er nach oben ging, kam zufällig Sparks, die Zofe der Herzogin, an ihnen vorbei. Sie sah sein lächelndes Gesicht und die nicht oft sichtbaren, freundlichen Krähenfüße um seine Augen.

„La! Mr. Gootle, was ist das?" Sie fragte.

„Gesellschaft für Ihre Gnaden, Sparks", antwortete er pompös.

Die Zofe starrte sie an, dann lief sie kichernd weiter. „Gootle hat sie!" sie murmelte, nicht unwahr. Als sie das Zimmer der Haushälterin erreichte, erkannte sie die Möglichkeit, zu kichern und zu klatschen.

Die Herzogin ging in der Bibliothek ihre Besucherliste durch, entschied über die Gäste, die zu ihrer nächsten Dinnerparty eingeladen werden sollten, und schrieb die Namen der ausgewählten auf ein großes halbes Blatt.

Der Butler betrat die Bibliothek. Sofort stiegen die Feen von ihm herab und versammelten sich um die Herzogin und den Schreibtisch.

Gootle wurde sich plötzlich bewusst, dass sein Auftritt zwecklos war. Der Gegenstand, der ihn dorthin gebracht hatte, war verschwunden. Er kämpfte mit seinem Gehirn darum, sich eine vernünftige Entschuldigung für das Eindringen auszudenken.

„Ja, Gootle?" fragte die Herzogin.

„Ähm, Euer Gnaden, die – Vordertür ist aufgegangen."

Die Herzogin legte ihren Stift nieder und – schaute.

„Wirklich, Gootle! Hätte mich das beunruhigen sollen?" Ihr Blick war bedrohlich.

„Es tut mir sehr leid, Euer Gnaden, es tut mir sehr leid", murmelte er, wedelte mit den Händen wie Flappern und zog sich zurück. Er fühlte sich geschlagen. Er wollte sich selbst treten. „Masse! Hass! Hass!" er hielt einen Monolog. „Warum habe ich das getan?" Er blieb auf der Treppe stehen. „Diese blühenden Feen!" sagte er noch einmal.

June und ihre Gefährten waren reif für ihre Form der Nützlichkeit. Sie taten vorerst nichts, sondern saßen still und malerisch auf dem Tisch, dem Kaminsims, den Kronleuchtern und Bücherregalen, während die Herzogin mit der Auswahl fortfuhr und ihre Liste vervollständigte.

Sie zeichnete eine Linie, um anzuzeigen, dass es beendet war.

June berührte den Stift. Die Herzogin kritzelte die Zeile durch, löschte sie praktisch und schrieb einen zusätzlichen Namen.

„Frau Barnett Q. Moss." Dann zeichnete sie eine zweite Linie.

Sie runzelte die Stirn und wunderte sich. Sie fuhr mit ihrem Stift über den aufdringlichen Namen, um ihn zu löschen, machte aber keine Markierung; die Tinte war trocken. Ihr Stirnrunzeln wiederholte sich.

Die Herzogin steckte ihren Stift in das Tintenfass und tauchte heftig hinein; und dann schrieb er einen Brief, anstatt damit die Löschung des beleidigenden Namens abzuschließen. Sie benutzte nicht einmal die Form der dritten Person.

„LIEBE FRAU MOSS,

„Ich habe nicht gerade das Vergnügen, Sie kennengelernt zu haben, aber mein Sohn Geoffrey hat mehr als einmal Ihre Gastfreundschaft genossen und mit mir über Ihre Freundlichkeit ihm gegenüber gesprochen. Würden Sie mir die Freude bereiten, Sie kennenzulernen? Wenn Sie es erübrigen könnten Wenn es Zeit wäre, morgen um vier Uhr hier mit mir Tee zu trinken, würde ich mich sehr freuen.

„Ich freue mich darauf, Sie dann zu sehen, es sei denn, ich erhalte eine gegenteilige Nachricht oder telefonische Nachricht.

"Dein,

„EDITH ARMINGHAM.“

Sie fand die Adresse im Roten Buch, versiegelte den Umschlag, klingelte bei Gootle und schickte die Einladung ab.

Dann raschelte sie zum Kamin und betrachtete die Flammen.

„Warum – warum habe ich das getan?“

Es gab keine Antwort. Die Feen sahen einander an und lachten. Dann machten sie Dias auf dem Deckel des Klaviers.

Die Herzogin war wütend.

Kapitel XVIII

EIN KOMPAKT

Der Brougham, der die erfreute, aber äußerst nervöse Mrs. Barnett Moss zum Armingham House brachte, setzte sie um zwei Minuten vor der Stunde vor der Tür ab. Zwei Minuten besser als pünktlich zu sein, war eine der eisernen Regeln des Millionärs; Seine Frau erinnerte sich daran, als sie einen vorteilhaften Anruf abstattete. Als die Uhr im Boudoir vier schlug, betrat sie die Gegenwart.

June war auch da. Ihre Gefährten von gestern waren im Morgengrauen zu ihren Dienstposten, den Säulenkästen, zurückgekehrt; aber Bim hatte sie geholt, um ihre Plätze zu füllen.

Die Elfen hatten eine Nacht daraus gemacht, und was für eine Nacht!

Jeder Raum, jede Ecke und jeder Winkel des großen Anwesens war besucht und erkundet worden. Sie freuten sich über die Speisekammer des Butlers – bis heute weiß Gootle nicht, wer das Salatdressing in seinen speziellen Whisky gegeben hat. Der Wintergarten wurde zeitweise umgestaltet. Die Blumen darin verloren ihre Lethargie und empfanden wieder Lebensfreude. Die Feen spielten Verstecken zwischen den Regalen und Statuen der Bibliothek. Der Esstisch, an dem June am Abend ihres Debüts im Armingham House getanzt hatte, wurde am Abend für viele Märchenrunden genutzt – die ganze Schar fürstlicher Persönlichkeiten, die triumphale Tänze um und um ihre Anführerin und Dame aufführten.

Nur Geoffrey Season und seine Mutter aßen an diesem Abend zu Hause, sodass die Elfen ausreichend Platz hatten, um sich darin zu vergnügen. Der Butler und seine vier Lakaien blickten feierlich auf die Damast-Leere und waren verwirrt darüber – sie wussten nicht was! Es schien dort Dinge zu geben, die die Leere füllten, die nie da waren. O mein Lieber! Eine seltsame Welt!

Geoffrey war von der Atmosphäre des Zaubers am stärksten beeindruckt. Sein Gespräch strahlte von ungewöhnlicher Helligkeit, es sprudelte vor fröhlichster Heiterkeit; Aber die Herzogin war sich der erstaunlichen Einladung bewusst, die die Frau des Millionärs am nächsten Tag erhalten würde, und befand sich tief unten in der Düsternis, bedrückt von den Müllkippen. Sie brachte es nicht über sich, auch nur ihrem Sohn von diesem unverständlichen Unfall zu erzählen; und ging früh zu Bett, was Sparks eine unheimliche Zeit bescherte.

Die Stunden der Feen kamen. Als der Mond einen silbernen Balken über die blaue Seidendecke warf; als Sterne durch die Fenster schauten; als die winzige Flamme des Nachtlichts bescheiden schimmerte; als der Atem ihrer Gnaden

Musik im Raum machte; Dann hätte man Dutzende und eine Fee sehen können, die um das Bett und vor den Spiegeln herumflatterte, auf silbernen Beschlägen schaukelte, sich an Wandbehänge klammerte, friedlich schlief und das Spitzenkissen mit der Herzogin von Armingham teilte.

Und so verlassen wir für die Nacht diese Gesellschaft der Unsterblichen und ihre Beute und kommen zum wichtigen Morgen.

Die Herzogin erwachte leichten Herzens; und als Sparks die Morgentasse brachte, neigte er dazu, Weihnachtslieder zu singen.

Das Dienstmädchen sah den ungewöhnlichen Schimmer von Herzlichkeit, genau in dem Moment, als ihre Herrin an Mrs. Moss dachte. Sparks sah zu, wie der Glanz der Freundlichkeit verblasste, erstarb und die Herzogin wieder sie selbst wurde.

Der Zustand des hochmütigen Schmollens hielt nicht lange an. Bis auf die Stunde der Siesta, in der sie zum Paradise Court zurückkehrte, um Bim abzuholen, war June ständig neben der Herzogin. Sie verbrachte den ganzen Tag damit, die Atmosphäre für eine große Bekehrung vorzubereiten. Ihre Magie durchdrang jeden Teil und jede Person im großen Haus – vom Boudoir bis zum Stiefelknaben. Ihr Einfluss, so real und süß eindringlich, berührte die Herzogin tief. Sie hatte immer noch ein stolzes Gesicht, war aber innerlich stark geneigt, sich den Feen hinzugeben und sich hinzugeben. Ihr Herz hatte sich bereits bekehrt, aber sie wehrte sich immer noch standhaft gegen die neuen Tendenzen.

Die Herzogin gehörte zu den Hartnäckigen, die darauf bestanden, im letzten Graben zu sterben.

Der akute Widerwille, Frau Moss bewirten zu müssen, war das Hindernis, das die Verwirklichung ihrer guten Absichten verhinderte. Doch dieser unfreiwillige Akt der Gastfreundschaft war ein wesentlicher Schritt im Fortschritt von Fairydom. Für June war es notwendig, den Willen der Herzogin in einer wichtigen Angelegenheit zu bestimmen und ein großes Vorurteil zu überwinden; aber in diesem Stadium des Fortschritts schien die Aussicht den Marsch zu verzögern. Ihre Gnaden kämpften hart gegen die besseren Neigungen. Sie hatte Angst vor Vulgarität. Das war die Hauptangst. Sie hatte von Geoffrey so viel über Liberty Hall und seine Partys gehört – wenn auch nicht auf unfreundliche Weise.

Auch Mrs. Moss kämpfte gegen eine seltsame Nervosität. Von Gootle hereingeführt, lächelte sie schmerzlich, schüttelte traurig den Kopf und sagte: „Wie geht's!" Die Herzogin empfing sie mit eisiger Liebenswürdigkeit.

Am Anfang war der Tee ein alltägliches Fest; June wusste es besser, ihre Puppen in den frühen Stadien nicht ernsthaft zum Reden zu bringen. Die

Herzogin musste etwas auftauen; damit Frau Moss ihr Selbstvertrauen wiedererlangt. Sie müssen eine Pause machen.

Sie hatten es und diskutierten Nichtigkeiten und seidene Politik.

Endlich hatte June das Gefühl, dass der richtige Zeitpunkt zum Handeln gekommen sei. Sie setzte ihre Krone auf den Kopf der Herzogin, während Bim es sich, bewaffnet mit dem Zauberstab, auf dem schmalen Schoß von Mrs. Moss bequem machte.

Der Dezember wurde plötzlich zum Mai. Die Unbeholfenheit verschwand, die Freundlichkeit setzte sich durch. Die Herzogin wunderte sich nicht mehr darüber, dass sie die Einladung ausgesprochen hatte, oder dachte misstrauisch über ihren Besucher nach. Alles war natürlich, freundlich und ordentlich. June hatte endlich gewonnen.

„Ich freue mich sehr, dass Sie gekommen sind, Frau Moss", sagte sie herzlich; „Es gibt so viel, worüber ich mit dir reden möchte."

„Es ist sehr nett von Ihnen, das zu sagen, liebe Herzogin", war die begeisterte Antwort.

Bim schwang den Zauberstab, um einen Schwall einzudämmen. Mrs. Moss schürzte die Lippen und wartete.

Die Herzogin in ihrem Gehirn fragte sich, was ihre Zunge als nächstes sagen würde.

„Haben Sie sich jemals gefragt", fragte sie, „wie seltsam es ist, dass Menschen durchs Leben gehen und sich absichtlich weigern, sich besser kennenzulernen? Warum sollte es Barrieren zwischen uns oder anderen Menschen geben? Kasten- und Klassenunterschiede sind lediglich künstlich." . „Der Rang ist nur der Guinea-Stempel", sagte Mr. Burns, der Dichter – es wurde gestern von der *Morning Post* in einem bemerkenswerten Artikel über „Die Aristokratie des Elfentums" zitiert."

"War es?" sagte Frau Moss, die über diese Art von Aussage verwirrt war.

„Ja, und es ist wahr."

„Oh, Herzogin, wenn – wenn eine Herzogin das sagt; aber ich hätte nicht gedacht –", war die stammelnde Antwort.

Die arme Dame war verwirrt. Arminghams Herzogin hatte einen guten Ruf und war krank, besonders krank, die Stolzeste der Stolzen; Freiwild und ein beliebtes Ziel für den Spott und den bewundernden Neid der bloß Schlauen. Tausende Geschichten, die mit der Zeit immer pikanter wurden, waren in Umlauf gebracht worden, um ihre Arroganz zu illustrieren. Tausendblättrige Fiktionen waren über sie erblüht. Ihre Herkunft und Erziehung waren der

Kern vieler hübscher Geschichten. Wenn der Groll – und das tat er häufig – der Kaste der Kronenträger Schimpfwörter an den Kopf werfen wollte, war die Herzogin von Armingham fünf zu eins ihre Lieblingstante Sally. Niemand in der Gesellschaft war mehr an den Pranger gestellt, beschimpft und beneidet worden. Die Gehässigkeit und Wahrhaftigkeit der Angriffe wurden durch die höchste, ungekünstelte Gleichgültigkeit, mit der Ihre Gnaden sie ignoriert hatte, beschleunigt und verstärkt.

Obwohl Mrs. Moss Geoffrey gesellig nutzte, hatte sie ihren Teil dazu beigetragen, den Unsinn des Skandals zu verbreiten. Sie hatte die Herzogin oft auf ihren Fahrten durch die Parks gesehen und hätte viel für eine feierliche Bekanntschaft mit ihr gegeben; Da dies jedoch nicht geschehen sollte, trug sie voller Kummer dazu bei, den gelben Strom der Verunglimpfung noch zu verstärken.

Und nun geschah das ersehnte Unmögliche – diese große Dame, diese beneidenswerte Aristokratin, diese Zielscheibe für die Schmähreden der Kleinen, diese Königin der wenigen Exklusiven, saß vertraulich bei ihr, unterhielt sie und redete locker über Demokratie, Aristokratie , Gleichwertigkeit.

Kein Wunder, dass Frau Moss verwirrt war. Sie zwickte sich, um sicherzugehen, dass es nicht einer ihrer blendenden Träume war. Um die Realität zu untermauern, zwickte Bim sie ebenfalls. Ja, es konnte keinen Zweifel geben. Sie konnte fühlen, dass es wahr war.

„Eine Herzogin, sagen Sie?" und die Gastgeberin lächelte traurig. „Die Welt irrt, wenn sie glaubt, eine Frau von Rang sei beneidenswert."

„Aber die Privilegien!"

„Die Privilegien, Mrs. Moss? Ich versichere Ihnen, dass die Pflichten des Standes sie bei weitem überwiegen.

Der Gast wiederum lächelte. Es war so etwas wie ein mitleidiges Lächeln – ach, die Weisheit der Weltmenschen! Wie sehr muss die liebe Herzogin missverstanden worden sein!

„Na ja, der Eingang ist überall. Ich schätze, die Leute, die einer Herzogin ihre Türen verschließen, würden bald Insassen von Bedlam sein. Man kann als Partner mit jedem der Leute an der Spitze sprechen, nicht wahr? Die reichsten, stolzesten Häuser dich willkommen heißen."

„Ist das ein großes Privileg?" sie wurde beantwortet. „Ich gestehe, ich finde die gesellige Runde langweilig – unsäglich langweilig, mit ihren Empfängen und Abendessen, an denen man unbedingt teilnehmen muss."

„Ich wünschte, Sie und der Herzog würden eines Abends mein Haus ehren“,
wagte Mrs. Moss zu sagen. „Ich garantiere Ihnen, dass Sie unsere Partys nicht
langweilig finden werden.“

„Ah, mein Sohn Geoffrey“ – sie erinnerte sich nur an die milderen
Geschichten über Liberty Hall – „hat mir von einigen angenehmen kleinen
Partys in Ihrem Haus erzählt.“

Ein Stich durchfuhr die Dame von Liberty Hall.

„So hat er sie also beschrieben!“, dachte sie. Das vergleichende Lob traf sie
wie ein Stich. Sie war gekränkt und beinahe zu Tränen gerührt. Nur wenige
Tage zuvor hatte eine Wochenzeitung ohne Auflage – gegen Entgelt – zwei
Spalten mit einer illustrierten Beschreibung ihrer neuesten Affäre gefüllt, eine
lange Liste eingeladener Gäste mit aufgeblasenen Namen angeführt, und
jetzt – jetzt – jetzt! wurde es als „nette kleine Party“ bezeichnet! Das war
ärgerlich!

Bim dachte, sie brauche es und kniff sie erneut.

Inzwischen sprach die Herzogin ganz ruhig und rein demokratisch, was June
sehr amüsierte. Die Krone arbeitete mit aller Macht. Ihre Ohnmacht in
diesem speziellen Fall hatte ein Ende. Sechs Monate unvollständigen Erfolgs,
die mit einem absoluten Misserfolg begonnen hatten, endeten mit diesem
Ergebnis. Kein Wunder, dass die Fee und der Gnom vor Freude jubelten!
Der Sieg – der absolute Sieg – rückte näher.

Die Herzogin wurde ernst. Sie erkannte die Absicht der Fee und glaubte, es
sei ihre eigene.

„Sind Sie eine Demokratin, Frau Moss?“ fragte sie und hielt ihre Lorgnette
an die Augen, um die Antwort zu sehen und zu hören.

Jeder Nerv und jedes Atom der eitlen und selbstsüchtigen Dame zitterte vor
Protest bei einer solchen Frage.

„Nein, meine Dame, das bin ich nicht“, war die entschiedene Antwort.

„Lieber, Schatz!“ seufzte die Herzogin.

„Ich habe alle hübschen Fantasien da drüben gelassen. Mr. Barnett Q. Moss
und ich sind nachdrücklich nichts so Dummes!“

„Du hast sie dort zurückgelassen?“

„Ja, das haben wir!“

"In den Vereinigten Staaten?"

„In den Vereinigten Staaten von Amerika!“

„Lieber, Schatz!" sagte ihre Gnade noch einmal.

June lag nun auf der Schulter der Herzogin, eingebettet in weiche Falten irischer Spitze. Sie setzte sich eifrig auf, um den Diskurs besser hören zu können.

„Ich bin eine Demokratin, Frau Moss!" Die Bemerkung kam scharf, wie ein Schuss.

„Nein, nein, Herzogin! Unmöglich!" Die arme Dame hätte vor lauter Erstaunen beinahe ihren Protest geschrien. Ihr Appell ließ die Teetassen erzittern. Vor ihrem geistigen Auge sah sie, wie die Herzogin eine rote Fahne schwenkte und nach Rechten für jemanden rief.

„Ja, ein Demokrat!"

Mrs. Moss schauderte und presste ihr Taschentuch zu einer Kugel zusammen. Sie presste ihre Lippen fest aufeinander und hörte entsetzt zu.

„Ja, ein Demokrat – einer, der glaubt, dass alle Menschen danach streben sollten, einander die gleichen Chancen zu geben Die Welt scheint ständig auf den Kopf gestellt zu werden. Nein, das ist nicht der Fall. Aber ich war bis gestern eine stolze und unfreundliche Frau Meine Einladung an dich, mein alter Stolz, meine alte – ja, ich muss es sagen – Arroganz, Hartnäckigkeit, Leere des Herzens sind nach und nach von mir verschwunden. Es ist wie eine Bekehrung, und ich bin eine bescheidenere Frau . Ich erkenne jetzt, wie ich es bisher noch nicht getan habe, meine persönlichen Grenzen und das Unrecht, das ich meinen Mitgeschöpfen antue, wenn ich großes Glück genieße, ohne dafür der Menschheit etwas zurückzugeben.

Die Herzogin schwieg eine Weile träumerisch. Ein Nebel lag vor ihren Augen. Es schien, als wäre ein kalter Nebel um ihr Herz verschwunden. Sie war nicht weniger die große Dame, weil sie erkannte, dass ihre frühere Isolation ein weitaus ärmerer Zustand war als diese Erkenntnis der Schwesternschaft mit dem Rest der Menschheit.

Frau Moss wagte keine Antwort. Sie befand sich in einem seltsamen Zustand gemischter Gefühle. Hin und wieder, während ihre Gastgeberin redete, hatte sie sich gefragt, ob einige der verwendeten Wörter absichtlich scharfsinnig und scharfkantig waren. Warum hatte der alte Stolz der Herzogin nachgelassen, als sie ihr die Einladung schrieb? War das Miching Malecho? Bedeutete es Unheil?

Mrs. Moss verfiel in ihr braunes Arbeitszimmer und grübelte über diese Kleinigkeit nach. Sie war kein Dummkopf; Ihre Persönlichkeit war nicht nur Eitelkeit, Freude am Reichtum und Gier nach Vergnügen. Sie hatte einen methodischen Verstand und möglicherweise irgendwo unter ihrem Korsett ein Herz. Die an sie gerichteten Worte waren wirksam.

„Du warst nicht fahrlässig", bemerkte sie schließlich sanft. „Ihr Name und der des Herzogs stehen auf allen Wohltätigkeitslisten. Sie helfen guten Objekten mit dem, worum sie bitten – Geld."

Die Herzogin schüttelte den Kopf.

„Es war immer ein stolzes Geben. Diese Wohltätigkeit kam nicht aus Freundlichkeit, sondern aus Stolz."

„Nein, Herzogin; Sie nutzen sich selbst in unfairer Weise aus."

„Das glaube ich nicht, Frau Moss. Aber ich brauche jetzt nicht über Reue zu reden. Wenn mich diese – diese Tendenz morgen festhält, und ich kann wirklich sagen, dass ich es hoffe, dann werde ich es besser machen, wenn ich sie in Taten zum Ausdruck bringe." Ich möchte jetzt bitte mit Ihnen über eine ernstere Frage sprechen und Sie zur Mitarbeit einladen.

Mrs. Moss zappelte. "Es kommt!" sagte sie sich. Das klang so wie der vertraute Auftakt eines Bettelappells.

Sie war angenehm enttäuscht. Die Herzogin sah nicht einmal nach Geldbeuteln aus, verlangte aber dennoch etwas, das Opfer erforderte.

„Sie haben natürlich schon von diesen städtischen Weihnachtsfesten gehört?" Sie fragte.

„Nur vage!" war die luftige Antwort.

„Aber die Zeitungen waren voll davon!"

„Ich habe nur bestimmte Seiten bestimmter Papiere gelesen – in der Gesellschaft muss man vorsichtig sein; aber ja, ich habe etwas darüber gehört – genug, um zu wissen, dass sie ein Vergnügen für die Vielen und nicht für die Wenigen sind. Ich gehöre dazu wenige."

„Sie sind für alle", murmelte die Herzogin.

„Dann fürchte ich, dass ich mich nur wenig für sie interessieren kann."

Bim hob rachsüchtig den Zauberstab; June bedeutete ihm zu warten. Er gehorchte.

„Es tut mir leid, das zu hören!" Die Herzogin war über diese erstaunliche Gleichgültigkeit schockiert, da sie selbst von der Ernsthaftigkeit des Konvertiten überzeugt war.

"Oh!"

In dem Zwischenruf lag eine große Bedeutung. Mrs. Moss hatte nicht im Traum davon geträumt, dass die überaus exklusive Herzogin von Armingham wirklich mit diesen Unternehmensbemühungen sympathisieren oder mit ihnen kooperieren könnte. Sie wusste nur zu gut, dass die Herzogin auf den „bestimmten Seiten", zu deren Lektüre sie sich herabließ, als eine der abweichenden Minderheiten erwähnt worden war, und dass sie sich gerade aufgrund dieser Enthaltung davon zurückgehalten hatte, sich der Bewegung anzuschließen, und ihre Anhänger mit einem ähnlichen Ansteckungseffekt infiziert hatte Absicht.

Jetzt war eine neue Veränderung gekommen. Ihr scharfer, kluger Verstand war völlig verwirrt. Was sollte sie tun? Sie beantwortete ihre Frage, indem sie nichts tat, indem sie zuhörte.

„Es tut mir leid, das zu hören", wiederholte die Herzogin, „denn es ist eine einzigartige Anstrengung aller Beteiligten. Noch nie zuvor hatten wir eine solche Vereinigung von Menschen aller Grade und Klassen, die sich bei der Umsetzung dieses Vorhabens einig waren." Bemühung."

„Aber – aber – verzeihen Sie mir, Herzogin – Sie doch doch?" Die Frage wurde mündlich nicht beantwortet, aber sie leuchtete in den Augen der Dame.

„Waren Sie in letzter Zeit nicht mit der Bewegung einverstanden?"

„Ja, Herzogin, das ist meine Anfrage in klarem Englisch."

„Ich gestehe, das ist so. Es war falsch von mir, mich so zu entscheiden, aber es ist nie zu spät, sich zu bessern. Ich werde jetzt mit all meinen Kräften helfen, so wie mein Mann es getan hat. Werden Sie mitmachen und auch helfen." „Meine Bitte an Sie, mich heute zu treffen, war direkt auf meinen Eifer für die Bewegung zurückzuführen (,,Mein Gott!" dachte die Herzogin. „War das so?") Es schien so schade, dass es so edel und praktisch war Einstimmig sollte eine Anstrengung von jedem, der ihr helfen könnte, ignoriert werden – insbesondere von Leuten mit Ansehen." Obwohl die Schmeichelei unbeabsichtigt war, blieb sie nicht ohne Wirkung. „Ich wusste, dass Sie nicht die Absicht hatten, daran teilzunehmen, und ich auch nicht. Ich habe meine Meinung geändert und meine unsoziale Absicht aufgegeben. Werden Sie das tun, Mrs. Moss?"

„Nein, Herzogin, das kann ich nicht!"

„Es tut mir leid, dass Sie das sagen, aber warum?"

„Es würde mich zum Gespött meines Sets machen."

June gab dem Gnom ein Zeichen. Er klammerte sich an eine herabhängende Uhrkette und hielt den Zauberstab an die Lippen der widerspenstigen Dame. Sie widersetzte sich seiner Macht. Ihr Mund war hartnäckig.

„Sicher nicht, Mrs. Moss. Ich habe gehört, dass Sie die soziale Königin einer einflussreichen Anhängerschaft sind. Diese Leute, wer auch immer sie sind, würden sicherlich mit Ihnen kommen und so unser Fest repräsentativ und vollständig machen."

Noch mehr Schmeichelei, heimtückischer und unbeabsichtigter – solche Taktiken waren der Herzogin ebenso fremd wie Fettmalerei. Oh, diese Feen, die Diplomaten!

„Es scheint so unvernünftig. So wie – so wie eine Szene in einer Pantomime oder einem Märchen."

„Genau, das – das ist die Freude daran!"

June küsste entzückt die Herzogin.

„Das widerspricht der Vernunft und dem gesunden Menschenverstand!"

„Oh nein, Mrs. Moss. Das ist der beste Grund und absolut gesunder Menschenverstand!"

„Aber bitte sagen Sie es mir; es ist mir ein Rätsel – was kann es nützen, auf diese Weise alle möglichen Menschen – edle und zwielichtige Leute – zu treffen?"

„Jede Art von Gutem. Es wird die Realität der menschlichen Brüderlichkeit lehren und dazu neigen, das zwielichtige Volk – und das edle Volk – edler zu machen."

„Um morgen völlig vergessen zu sein!"

„Ich denke nicht. Ich hoffe nicht. Sobald sich Vertreter aller Klassen und Schichten in rücksichtsvollem, brüderlichem Verkehr treffen und fünfzig gemeinsam an einem Tisch speisen, werden die Abgründe des gegenseitigen Misstrauens, der Gleichgültigkeit und der Abneigung niemals überwunden werden, so hoffe ich." Es ist eine großartige Idee, zunächst immer gewagt, aber jetzt vernünftig und äußerst vielversprechend. Eine große Tatsache der Hoffnung.

Ihre Gnaden waren beredt. Die Feenkrone hatte sicherlich Wunder gewirkt.

Mrs. Moss zögerte immer noch und Bim senkte verzweifelt den Zauberstab. Eine dicke Kruste aus Eitelkeit und Stolz auf materielle Dinge musste aufgelöst werden. Sie schürzte hartnäckig die Lippen und blickte ins Feuer. Daraufhin flog June hinüber und warf ihr die Krone auf den Kopf.

Es funktionierte.

„Ja, bei näherer Betrachtung stimme ich zu", lautete die Erklärung. „Ich werde gern mithelfen. Es wird Geld bedeuten – egal! Mein Mann und ich können es uns leisten zu geben. Es wird Dienst bedeuten – hingebungsvollen Dienst. Auch das werden wir beide gerne geben." . Es ist ein Ziel, für das es sich zu leben lohnt! Ich werde kommen und meine Freunde dazu bringen, auch zu kommen, aber, Herzogin" – June nahm die Krone ab und setzte sie selbst auf – „Ich muss eine Bedingung stellen, bitte."

"Ja?"

„Dass du und der Herzog zu meiner Neujahrsparty kommst!"

„Wenn Sie uns einladen würden – gerne!"

„Ich lade dich ein – jetzt!"

„Dann akzeptiere ich."

So wurde der Kompakt gemacht.

Als die Herzogin und Mrs. Moss endlich allein waren, stellten sich beide die Frage: „Wohin kommt die Welt?"

June wusste es. Bim wusste es. Oberon im Märchenland hatte eine Ahnung.

KAPITEL XIX

NEUJAHR

Die Krächzer krächzten natürlich, aber das Weihnachtsfest war, nachdem es stattgefunden hatte, ein großer Erfolg, und niemand hatte mehr Freude daran als die Krächzer – als sie wussten, dass sie unbemerkt blieben. Für die Optimisten war es ein voller Sieg. Die Erwartungen wurden überall übertroffen. Das Abendessen war dieser Absicht würdig. Die Gespräche, Musik, Lieder und Spiele gingen mit einem Klingeln einher. Es war kein einziger Widerspruch zu vernehmen. Hohe und einfache, reiche und arme Menschen trafen sich zu diesem Anlass als Kameraden, und die positiven Auswirkungen ihres Zusammenkommens blieben bestehen. Die Welt war fortan besser gelaunt, sanfter und rücksichtsvoller als je zuvor.

Es war ein Triumph für die Feen und für die weniger glücklichen Menschen. Da lassen wir es stehen!

Das neue Jahr – das Fest der guten Vorsätze – kam mit einer Menge üblicher hoher Vorsätze. Dieser Tag brachte eine Gelegenheit mit sich, die die Feen nutzen wollten. Aber die Aufgabe war nicht ganz einfach, denn alte Gewohnheiten würden mächtig sein.

Ein Neujahrsvorsatz bestand in der Vergangenheit im Allgemeinen und fast ausnahmslos aus zwei notwendigen, unterschiedlichen Teilen – dem Machen und dem Scheitern. Das war seine Geschichte. Wenn der Neujahrstag das Fest seiner Schöpfung wäre, könnte man die Zwölfte Nacht sicherlich verspätet als Begräbnistag bezeichnen. Der Aufbau und das Vergessen guter Vorsätze war zu einem so altbewährten Prozess geworden, dass jede einzelne Phase so leicht wie das Atmen war. Wenn man sich leichtfertig darauf einlässt, könnte die Absicht noch leichter verloren gehen. Das war die Schwierigkeit der Feen. Es wäre einfach genug, die Leute dazu zu bringen, gute Lösungen zu finden; aber zu verhindern, dass sie eine zwölfte Nacht des Vergessens erleben, wäre im Vergleich zu Titanic eine Aufgabe. Dennoch müssen sie es versuchen.

June machte mit ihren Myrmidonen Jagd auf den ehemaligen Oberbürgermeister Sir Titus Dods – jetzt Baron an den Höfen von Edward und Oberon – und veranlasste ihn, aus seinem Ruhestand in Hampstead zu kommen, um die besondere Aktion zu leiten.

Er veranlasste jede Zeitung, als besondere Neujahrsbeilage eine attraktive Karte zu verschenken, auf der umsetzbare gute Vorsätze niedergeschrieben werden konnten. Die beschrifteten Karten würden aufbewahrt, bis dieses neue Jahr vorbei sei. Es handelte sich um das Mansion-House-Verfahren vom vergangenen Mai, das auf ein weitaus größeres Gebiet ausgedehnt wurde und ähnlich erfolgreich sein sollte.

Bei lockeren Gesprächen kam es zu einer Veränderung. Anstatt so alte Phrasen und abgenutzte Tags wie „Wie geht es dir?" zu verwenden. oder „Kalter Tag, nicht wahr?" Leute, die sich begrüßten, fragten: „Gibt es gute Vorsätze?"

Es war überraschend, wie viel interessanter die Treffen wurden und wie ausnahmslos die Antwort „Ja" lautete. Selbstachtung kämpfte darum, die bejahende Antwort zu erhalten.

Es gab also in jeder Hinsicht Fortschritte, großartige Fortschritte.

Junes Truppe wuchs so schnell – jede Stunde der Nacht und des Tages brachte sie mindestens einen Rekruten –, dass ihre mächtige mimische Ladyschaft in der Lage war, die Aufmerksamkeit auf das sogenannte Smart Set zu lenken. Sie erinnerte sich an die Neujahrsparty, die in Liberty Hall stattfinden sollte, und ging dorthin, mit einem Regiment Elfenvolk – Bim, dem einzigen Gnom.

Die Feen versammelten sich um die Tür und die Treppen und machten sich über die weißköpfigen Lakaien lustig.

„Warum trugen diese voluminösen Sterblichen dieses Chaos?" Die Nacht war hell mit ihrer Satire.

Regelmäßig und schnell traf die Gesellschaft der Gäste ein. Sie kamen mit ihrer üblichen Ausgelassenheit, und dann – und dann –

Der Einfluss der Elfen hatte eine merkwürdige Wirkung auf Gastgeber und Gäste. Es erwies sich als seltsam zurückhaltend. Barnett Q. fühlte sich wie ein Sonntagsschulleiter bei einem zu französisch wirkenden französischen Theaterstück, ein feuchtes Rosa unbequemer Anstandsgefühle. Mrs. Moss war wie immer nervös, von einer neuen Sorge erschüttert, die ihr Herz erschreckte – wie würden sich ihre Gäste, die dazu bestimmt waren, sich im herzoglichen Glanz zu sonnen, verhalten?

Liberty Hall wurde verwandelt. Der Lärm, die Zurschaustellung und die Wildheit, die seine Funktionen bisher berühmt gemacht hatten, wurden schnell durch eine superfeine Geradlinigkeit ersetzt – eine Bowdler-artige Bonhomie, selbstbewusst und eingeschränkt. Der Pöbel von Comus wurde mundtot gemacht.

Graue Sünder und flachshaarige *Mondaines* waren affektiert, affektiert, moralisierend und schmerzten ihr gutmütiges Benehmen. Sie waren voller Nerven und niedergeschlagen. Sie wussten es, sie fühlten es und konnten es weder begreifen noch beschweren. Die Feen hielten sie in ihrem Bann. Aus der Sicht der Elfen war es überaus lustig. Diese Geistermeister der Feierlichkeiten lachten, bis viele von ihnen leuchtend scharlachrot wurden.

Der Herzog und die Herzogin von Armingham kamen um zehn Uhr in Begleitung von Geoffrey an, der sein Bestes getan hatte, um seine Mutter davon abzuhalten, zu gehen. Frau Moss atmete erleichtert auf. Wie dem auch sei, ihre Partei war gerechtfertigt. Wie auch immer das endgültige Urteil ausfallen mag, Vanity Fair muss etwas genehmigen. Sie hatte die Herzogin!

Die neuen Gäste, gefolgt von den Feen, marschierten in den Ballsaal. Die Band führte einen Scheunentanz auf, der mit Anstand begleitet wurde. Alle waren überrascht, die Herzogin sogar angenehm.

Der Herzog legte einen Zwicker an und machte sich auf die Suche nach der hübschesten Partnerin, die er finden konnte. Er hatte seine zweite Jugend erreicht und wollte sie genießen. Er murmelte lobende Epigramme an Lalage und Chloe, die er während seiner Studienzeit unter dem Glanz von Horace selbst geschrieben hatte. Er fragte sich, ob sie es tun würden.

Geoffrey sprach mit Barnett Q. mit der Ernsthaftigkeit eines angehenden Gesetzgebers über Neujahrsreformen und erinnerte sich an seine früheren Erfahrungen in Liberty Hall. Was für ein Unterschied! Dann hatte es Aufruhr gegeben; das war das andere Extrem. Wo war der Grund dafür?

Die Gesellschaft bestand - das sah er - größtenteils aus denselben Leuten, die hier zuvor für vulgären Aufruhr gesorgt hatten; jedes Gesicht war ihm mehr oder weniger vertraut; aber ihre Manieren, die vorher unverhohlen waren, waren jetzt geradezu scheinheilig. Brüllende Löwen drückten sich mit der Bescheidenheit von Blechpfeifen aus. Was hatte das zu bedeuten? Schurken, Dummköpfe und Biests hatten ihre Gemeinheit abgelegt und waren anständige Menschen geworden.

Jeder Versuch, vulgär zu sein, wurde sofort zum Schweigen gebracht und unterbunden. Lahme Versuche, zur Schau zu stellen, wurden unbarmherzig abgewiesen. Geoffrey hatte in den letzten Tagen einiges gelernt; seine Augen waren offener geworden. Er führte diesen Zustand angespannter Schicklichkeit auf die eigentliche Ursache zurück, die Feen; aber Ihre Gnaden, seine Mutter, hatte auch etwas damit zu tun. Mrs. Moss war überzeugt, dass es hauptsächlich an der lieben Herzogin lag.

Das Kommen der Arminghams war sicherlich ein Ereignis in der sozialen Geschichte von Liberty Hall. Wäre da nicht das seltsame Gefühl der Zwanghaftigkeit gewesen, das sie festhielt, hätte Mrs. Moss gejubelt, erfreut wie ein junger Rothäutiger über seinen ersten Skalp. So aber flatterte sie wie eine nervöse Henne um ein Straußenei, wohlwissend, dass sie nicht umsonst gelebt hatte.

Es war der Herzog, der mit dem Willen der Feen die Barrieren unangemessener Zurückhaltung durchbrach. Die Elfenatmosphäre, die den lautstarken Reichen unterdrückte, rüttelte und weckte ihn. Er neigte zum Ausgelassenheit. Er durchbrach die etablierte Ordnung der Dinge und veranlasste Barnett Q., einen alten Country-Tanz zu beginnen. Das Experiment dauerte. Füße, die früher am Abend noch lahm im Walzer oder halbherzig in zwei Schritten gelaufen waren, wurden bei Sir Roger de Coverley lebhaft. Es war eine Revolution, die Transformation war abgeschlossen.

Saubere Einfachheit kam zu Menschen, die es immer für Torheit gehalten hatten, einfach zu sein. Die Gäste beteiligten sich mit ganzem Herzen am Tanz – sie beeilten sich, in langen lachenden Reihen Platz zu nehmen – die Herzogin selbst kam von den stolzen Bergen herab, um mit ihrem Partner Barnett Q durch eine lächelnde Allee zu traben. Auch die Feen, machte schimmernde Linien und verbesserte die Bewegungen des menschlichen Volkes. An diesem Abend gab es keine unsozialen oder hässlichen Tänze mehr. Die Party war für alle Welt wie eine Party glücklicher Kinder.

Mädchen im Alter von blasierten achtzehn Jahren wurden zum ersten Mal jung, seit sie das Kinderzimmer verlassen hatten; glänzende Jugendliche widerstanden der Tendenz zu hirnlosem Gerede und unelegantem Posieren; Alte, deren gefärbtes Haar und gewachste Schnurrbärte graue Geschichten flüsterten, vergaßen Allüren und Selbstsucht; Damen mittleren Alters weigerten sich, länger Mauerblümchen zu sein. Sie baten Müßiggänger, sich auf natürliche, weibliche Weise mit ihnen zu vergnügen. Heiterkeit war am Leben. Das Kartenspielzimmer war verlassen. Feen halfen Liebenden auf dem Weg des Glücks. Die Uhr schlug mit melodischem Mitgefühl zwölf.

„Meine Liebe", erklärte Barnett Q. keuchend seiner Frau, „das ist das Beste, was wir je hatten."

„Die liebe Herzogin!", sagte sie. Von ihr gab es wenig Lob für die Feen.

Der Tanz und die Party gingen weiter und wurden für einen Moment noch fröhlicher.

Es war Zeit für das Abendessen. Die Mahlzeit sollte wie immer aus einer Reihe von Snacks, Brausegetränken und Binsen bestehen; aber June entschied anders. Sie hatte gelernt, dass die Essenszeit die Zeit ist, in der Männer eher ernst sind und sich sicherlich am leichtesten beeinflussen lassen; Deshalb ordnete sie an, dass die gesamte Gesellschaft der Gäste gemeinsam zum Abendessen gehen sollte, und obwohl dies ein gewisses Geben und Nehmen und viel Gedränge erforderte – was junge Paare mit einer über ihr Alter hinausgehenden Geduld ertragen mussten –, war es so gelang es. Schon bald klapperten Teller und Besteck, und fröhliche Gespräche erklangen.

Unterdessen verteilten sich die Elfen unter der Gruppe. Ihre Zeit war gekommen.

June ging mit Bim hinter ihr an den Tischen entlang, um sicherzustellen, dass ihre Helfer an ihren Plätzen waren. Weingläser wurden mit Magie berührt. Der Champagner sprühte vor Zauber.

June tanzte zu ihrem Platz am Kopfende des Haupttisches zurück und klopfte Mr. Moss auf die Fingerknöchel. Er stand auf, hob ein Glas und brachte einen treuen Toast aus. Es wurde mit Herzlichkeit getrunken. Die Gesellschaft nahm den Zauber in sich auf, während sie an ihrem Wein nippte.

„Jetzt", sagte er, als June ihm die überzeugende Krone aufsetzte, „werde ich Sie bitten, noch einmal anzustoßen, was ich den Toast des Abends nennen werde: ‚Die Feen'!"

Der darauf folgende Begeisterungsausbruch erinnerte June an das Bankett im Mansion House. Frischer Wein wurde verzaubert und mit dem Zauberstab berührt in Gläser gegossen. Der Likör brachte frische Inspiration auf die menschlichen Lippen.

„Die Feen! Die Feen! Oberon! Titania!" Die Gäste weinten.

June und Co. – alle außer dem flügellosen Bim, der zwangsläufig auf einer Traube purpurner Weintrauben hocken musste – flogen umher und übergossen die Sterblichen mit Zaubersprüchen; Beim Fliegen ein Lied singen, das die Männerdinger beinahe gehört hätten.

Die fliegende Prozession zog fröhlich dreimal durch den Raum; Dann kehrten die Feen an ihre richtigen Plätze zurück. Das Geschrei muss nun eine Weile warten. June erteilte Barnett Q. einen gebieterischen Befehl. Er war gehorsam wie eine Marionette.

„Darf ich eine Rede halten?" fragte er seine Gäste.

„Du musst!" war die einhellige Antwort.

Er nahm die Haltung des Redners an und überwand erfolgreich seine anhaltende Neigung zu Yankee-Manierismen.

„Mit zunehmendem Alter", begann er sentimental, „werden nicht viele von uns wirklich weiser. Wenn Sie also bitte, werden wir – jeder von uns – wieder jung sein – und zwar sofort. Auf diese Weise und nur auf diese Weise." Können wir tun, was die Feen von uns verlangen? Diese unvorsichtigen Jugendlichen, die Kinder, haben erstaunlich gute Chancen, wenn sie es nur wüssten.

„Mach weiter, Barnett!" rief seine Frau, die selbst in dieser Hitze der Aufregung die Herzogin besorgt im Auge behielt und hoffte, dass sie sich nicht langweilen würde. Es bestand kaum Angst davor, dass die neue Moss-Philosophie noch so kahl sein mochte.

Die Herzogin war in der Tat ein schönes Beispiel für freundliches Wohlwollen. Sie strahlte und genoss, praktisch wie eine präsidierende Präsenz, etwas von der Befriedigung, die eine Schutzpatronin verspürt. Ihre früheren Feinde hätten sie nicht erkannt, wenn sie davon geträumt hätten, sie auf die alte grausame Art zu prüfen.

„Hast du Lust auf Elfenweisheiten?", fragte der Millionär.

„Das sind wir!", antwortete Geoffrey und drückte damit die allgemeine Stimmung aus.

„Sind Sie – meine Damen und Herren – bereit, fahrende Ritter zu sein und im Namen der Feen auf Entdeckungsreise zu gehen?"

"Wir sind wir sind!"

Diesmal antwortete jeder von ihnen – Männer und Frauen, Jungen und Mädchen. Möchtegern-Britomarts und Calidores gab es im Oktober in Hülle und Fülle wie Pilze; aber das eklatante Biest, das sie jagen sollten, waren ihre eigenen Eitelkeiten, ihre Selbstsucht und ihre Laster. „Also gut. Die erste Voraussetzung ist, dass Sie sofort einen Vorsatz wie diesen auf Ihr Tanzprogramm schreiben: ‚Kein Tag in diesem neuen Jahr soll vergehen, ohne dass ich durch meine Arbeit jemanden auf der Welt glücklicher gemacht habe.' Formulieren Sie es, wie Sie wollen, meine Freunde, aber missverstehen Sie meine Bedeutung nicht."

„Aber was für Arbeiten?", fragte Sir Gussie, der berechnende und genaue Mann, während er sein Monokel mit dem dicken Rand auf den Kopf schraubte, um diesen Umgestalter der Manieren anzustarren.

„Benutze deine Augen, mein Junge, und entscheide selbst", war die prompte Antwort. „Schau dir die alltäglichen Sehenswürdigkeiten Londons an und bringe dann denen Trost, die ihn brauchen."

Barnett Moss war in seinem Element. Er war der geborene Manager. Er regierte diese Versammlung – mit Junes gnädiger Erlaubnis – so effektiv, wie er eine Vorstandssitzung dominiert hätte. Er würde diese Sache durchziehen.

Die Bleistifte, die den Programmen beilagen, waren eifrig damit beschäftigt, das schöne Versprechen aufzuschreiben. Der Butler und die Lakaien, die den Tisch bedienten, gaben denjenigen, die keine hatten, Karten und schrieben selbst heimlich ähnliche gute Absichten auf. June, erfreut über ihre angenehme Stimmung, ließ sie ein wenig hübscher aussehen – eine Art Belohnung.

Der Zauber war überall in dem großen, aufgeregten Raum mächtig.

"Ich setze mich?" fragte Barnett. Seine kleinen Augen glitzerten vor Aufregung, wie sie immer glitzerten, wenn er ein meisterhaftes Geschäft leitete.

„Das ist es", war nach einer Weile die allgemeine Antwort.

„Wie kann ich es nun aufbewahren? Darf ich die Herzogin von Armingham bitten, den Feen dabei zu helfen?"

Die Herzogin verneigte sich zustimmend. Die Gesellschaft klatschte freudig in die Hände. Ihre Gnade schien verändert zu sein. Konnte diese lächelnde Präsenz sie sein, die so lange ihr Schreckgespenst gewesen war? Viele in dieser Gesellschaft hätten, wenn sie nicht vom Glamour des Anlasses erfasst worden wären, an ihrer Identität gezweifelt. Der Herzog richtete seine Brille auf, schürzte die Lippen und musterte sie. Er kannte seine eigene Frau kaum.

"Gut!" kommentierte Barnett Q. und bestätigte ihre Zustimmung; „So soll die Aufgabe, der ihr Ritter folgen sollt, eingehalten werden. Einmal im Monat, per Anruf oder per Brief, muss jede Person hier, die dieses Versprechen abgegeben und unterzeichnet hat, der Herzogin seine Erfüllung melden; und niemand darf es tun" – seine Stimme nahm einen Akzent von ungeheurer Ernsthaftigkeit an – „Niemand, der sich durch den Bruch dieses anspruchsvollen Entschlusses als unwürdig erweist, darf es sich anmaßen, die Türschwellen von Armingham House zu verdunkeln!"

Es herrschte großes Geschwätz und Geplapper, als den Angesprochenen die ernsten Worte und ihre ganze Bedeutung in den Sinn kamen. Selbst in dieser erhabenen Stimmung konnte diesen Weltmenschen kein akzeptablerer Köder geboten werden als die Gelegenheit einer Besuchsfreundschaft mit der Herzogin. Die Eingangstür des Armingham House war für sie der Eingang zum Paradies. Der Umgang mit jemandem wie ihr – einer wirklichen Anführerin hochgestellter Leute – war ein Zugang zur höchsten Gesellschaft, der es wert war, erreicht zu werden, den es wert war, genossen zu werden, den es wert war, behalten zu werden – das, was sie sich am meisten wünschten. Es war das wirksamste Mittel, das man sich vorstellen konnte, um gutes Benehmen sicherzustellen und Vulgarität zu zerstören. Aber was hielt die Herzogin von diesem konkreten Vorschlag?

Der Herzog hatte in seinem klugen Verstand große Zweifel daran. Er beugte sich vor, um das Gesicht der Herzogin zu studieren und ihre Absicht zu erkennen; und war erstaunt. Sie stand auf, um eine Erklärung abzugeben.

„Ich werde bereit und gerne tun, was Herr Moss von mir verlangt hat. Er ist das Sprachrohr der Feen, das verstehe ich. Ich nehme die Aufgabe von ihnen an und werde stolz darauf sein, die Freundlichen zu meinen persönlichen Freunden zu zählen." Hier, die durch die befohlene Eintragung und Unterzeichnung ihrer Karten das Gelübde des persönlichen Dienstes abgelegt haben, das der Suche nach einem gesellschaftlichen Zweck folgt. Der erste Dienstagnachmittag in jedem Monat wird mein Empfangstag sein, wenn ich in der Stadt bin oder im Armingham Castle. Werden sich meine neuen Freunde daran erinnern?"

Sie nahm ihren Platz wieder ein. Das Zwischenspiel war beendet. Mit neuem Elan kehrte die Versammlung in den Ballsaal zurück und genoss ihre Spiele und Spiele. Die künstliche Zurückhaltung, die sie zuvor festgehalten hatte, war verschwunden. Sie waren sanft geworden.

Einige von ihnen begannen ihre Suche noch in dieser Nacht.

Sir Gussie, für den das Glücksspiel eine gewinnbringende Leidenschaft und das Kartenspielen die wichtigste Freizeitbeschäftigung gewesen war, beschloss, in Zukunft um Spielsteine zu spielen; und als Wiedergutmachung für vergangene Verfehlungen ging er eine schmuddelige Straße entlang und warf einen Sovereign in fünfundzwanzig schäbige Briefkästen.

Die Dienstmädchen, die gähnend und abgestumpft bis zum Morgengrauen auf ihre Herrinnen gewartet hatten, wurden mit Lächeln und Dank begrüßt – eine willkommene Abwechslung zu der gewohnten schrillen Verärgerung, die bisher fast ausnahmslos ihre Belohnung gewesen war.

Ein aufgeweckter junger Mann – mit der Ernsthaftigkeit eines Anfängers, die selbst in der Irre etwas Großartiges ist – widmete seine Kräfte der Aufgabe, einem betrunkenen Mann nach Hause zu helfen. Ein anderer strahlender Junge zählte sofort eine Liste seiner Schulden auf und machte Sparpläne, wie er sie begleichen könnte. Ein anderer machte sich in aller Eile auf den Weg, um sich bei einer Familie zu entschuldigen, die er aus Selbstsucht Unrecht getan hatte. Ein vierter – Mr. Harris, ein Autofahrer, mit dem Geoffrey Season eine halbe Bekanntschaft hatte, gelobte, zwei Monate lang täglich fünf Meilen auf einer von Autos übersäten Straße zu laufen, um selbst zu sehen, was Straßenschwein-Tyrannei bedeutete.

Und so weiter und so weiter, auf alle möglichen Arten, weise und unklug, aber immer aufrichtig und entschlossen, begannen die Anfänge der Verbesserung des Smart Set.

Nach einer Weile funktionierte es gut, wie es bei jeder Bewegung der Feen der Fall sein muss. Das Zusammentreffen der plötzlichen Plutokratie mit echten Aristokraten hatte gute Auswirkungen – Erweiterung und Stärkung – auf beide Seiten. Es lehrte Zurückhaltung, Rücksichtnahme und

Verantwortung. Soziale Organisationen nahmen an Zahl, Einfluss und Einfluss zu. Kein Krankenhaus oder gemeinnütziger Zweck wurde nun aus Geldmangel behindert. Es gab keine Umzüge der Arbeitslosen mehr. Es gab weniger Kinder auf den Straßen der Armut: Die kinderlosen Reichen hatten sie adoptiert.

Die Menschheit war durch Bande großer Güte enger miteinander verbunden. Niemand war davon stärker betroffen als die Herzogin von Armingham. Sie blieb freundlich, eine überzeugende Kraft; und wuchs an Großzügigkeit, Charme und Freundlichkeit. Sie fühlte sich selbst so etwas wie eine Feenkönigin.

Also gewann June die Festung. Die Armen und die Reichen, die Schwachen, die Stolzen und die Großen waren jetzt bei ihr. Sie führte eine Schar an, menschlich und unsterblich. Ihr Wahnsinn war gerechtfertigt.

KAPITEL XX

IM PARLAMENT

Der Februar kam und löste eine Periode immenser Elfenaktivität ab. Die Menschheit erkannte schnell den verbesserten Zustand der Dinge; Immer mehr Rekruten kamen aus dem Märchenland, um die Absichten der Männer freundlich und hell zu halten; Die Metropole reinigte sich energisch und kleidete sich in Farbe, so dass Menschen aus allen Teilen der Welt auf ihre Straßen reisten, um ästhetische Inspiration und Freude zu sammeln.

Endlich erkannten die Londoner, dass sie Menschen einer majestätischen Stadt waren, dass der Schmutz und die schmutzige Hässlichkeit, die ihre Gebäude seit Jahrhunderten verhüllt hatten, eine Welt voller Poesie und Schönheit verschleierten. Mit neu belebter bürgerlicher Seele studierten sie und waren stolz auf die tausend Jahre lebendiger Geschichte – ihr Erbe. Sie trugen ihre Hüte mit einem Hahn. Ihre Schritte wurden länger. Ihre Kinne zeigten Verachtung für die Dachrinne. Die alten Römer, die Venezianer und Florentiner des mittelalterlichen Italiens waren nicht wirklich stadtpatriotischer als die Bewohner des wiederentdeckten Londons.

Der Februar war da; und mitten in diesem verachteten und missverstandenen Monat trafen sich die Parlamentskammern. Es wurden Verfügungen zur Besetzung freier Sitze beantragt. Geoffrey Season war zurück in Armingham Castle, engagierte sich energisch für den Wahlkampf und verfolgte die letzte Runde seiner Kandidatur.

Die Zeitungen beschreiben Wahlen so gut, dass dieser arme Stift nicht nötig ist, um die Geschichte dieses besonderen Kampfes zwischen den Buffs und den Blues zu erzählen. Es genügt zu sagen, dass das Vorhergesehene eingetreten ist – es ist, trotz des disraelischen Diktums, fast immer das Erwartete, was passiert – Lord Geoffrey Season wurde an die Spitze der Umfrage gesetzt und besiegte seinen blauen Gegner, Mr. Tutherman, mit 75 % ein paar weniger als siebenhundert Stimmen, was etwas besser war als der Durchschnitt in diesem Wahlkreis.

Als jüngster und daher zuversichtlichster Abgeordneter traf er zehn Tage nach Beginn der Sitzungsperiode im Unterhaus ein. Er war entschlossen, die Pläne der Feen in die Tat umzusetzen.

Als er dem Unterhaus vorgestellt wurde und seinen Platz einnahm, war die Debatte über die Adresse noch in vollem Gange. Der Fortschritt kämpfte schwach gegen den Strom der Gespräche.

June und Bim betraten mit Geoffrey das Haus; Und da sie heutzutage ohne die Begleitung eines selbsternannten Leibwächters kaum noch in die Öffentlichkeit ging, gruppierten sich ganze fünfzig Feen um sie. Königlich war ihr Zustand, als sie vom Aussichtspunkt der Uhr aus die trägen, weitläufigen Herren betrachtete, aus denen das Haus bestand. Eine ganze Weile beobachteten die Elfen das Geschehen. Sie waren über viele Dinge amüsiert und verwirrt; Es wäre hier unangemessen, diese genau zu beschreiben.

Dann wurde es den Feen allmählich langweilig; Der endlose Strom der Gespräche ging weiter und weiter. Das Licht ihrer Anwesenheit verblasste. Ihr Ruhm schwand. Ihre Stärke, die sich in der Helligkeit ausdrückt, nahm allmählich ab.

Das würde nicht gehen! June stand auf und gab Bim einen Stoß, der ihn herumwirbelte und dann auf dem Boden des Hauses darunter liegen ließ. Er erhob sich empört über diese Behandlung, schritt mit seiner steifsten Würde zum Tisch und setzte sich federnd und mit einiger Anstrengung rittlings auf die Keule.

Von diesem Moment an begann sich das Unterhaus zu verändern. Die Feen kehrten zu ihrem Glanz zurück und strahlten in einem Licht, das die Menschheit geblendet hätte, wenn Augen aus Ton in der Lage gewesen wären, unsterbliche Herrlichkeit zu verwirklichen. Die Uhr blieb stehen – ihr Mechanismus war stärker auf den Einfluss der Elfen abgestimmt als der der Prosabauer unten. Mitglieder strömten herbei, ohne dass ihnen ein besonderer Grund bekannt war. und innerhalb von zehn Minuten war jede grüne Bank auf dem Boden des Hauses und in den Galerien voll.

June breitete ihre Flügel aus und flog über die Köpfe der Gesetzgeber hinweg. Ihre Gefährten folgten ihrem Beispiel. Mit Zauberstäben berührten sie die mächtigen Stirnen der Gesetzgeber und bereiteten ihre Gedanken auf den Gehorsam vor. Mitglieder mit Hüten wurden in den Nacken gestochen. Alle – ohne Ausnahme – waren mit Magie geimpft. Die irische Partei geriet ein wenig in Aufregung und wurde geradezu scherzhaft.

Der Strom der Prosa ging weiter.

June gab Bim ihren Zauberstab und forderte ihn auf, den Stuhl zu übernehmen. Er kletterte ernst am Tisch der Schatzkammer entlang, kam zu den drei Angestellten, und nachdem er sich dreimal mit gebührendem Respekt verbeugt hatte, wie es üblich war – sein Platz auf dem Streitkolben hatte ihn mit parlamentarischem Anstand berührt –, kletterte der unerschrockene Abenteurer auf die Robe des Sprechers und hockte nüchtern auf seiner Perücke. Die Würde des Parlaments wurde gestärkt.

Der Gnom wusste, dass er Geschichte schrieb, also achtete er darauf, wach zu bleiben.

Herr Sprecher fühlte sich seltsam nervös und hatte Vorahnungen – als ob ein unerwarteter Präzedenzfall geschaffen werden würde.

Unterdessen ging der Strom der Prosa weiter. Der gegenwärtige Übeltäter war ----, aber sein Name soll nicht verewigt werden! Das ist alles, was ich sagen werde, o Leser: Er gehörte der entgegengesetzten Richtung der Politik an wie Sie. Sogar Mitglieder auf seiner eigenen Seite des Repräsentantenhauses begannen ungeduldig zu werden. Einige riefen „Vide!" aber nur schwach. Sein Fehlverhalten wurde durch die allgemeine Gleichgültigkeit geduldet.

Er beklagte sich weiterhin und protestierte lahm, dass die Regierung in der Rede des Königs keinen Gesetzentwurf zur Regulierung von Wohltätigkeitsbasaren aufgenommen hatte und sich bemühte, einen Vergleich mit dem Gesellschaftssystem der alten Assyrer anzustellen. Sein Schlusswort war fehl am Platz gewesen; er hatte damit begonnen. Er hatte sein siebtes erreicht. Es gab keine Anzeichen dafür, dass das Ende nahte, und auch nicht die geringste Ahnung, wann das sein könnte. Er fuhr einfach fort. Seine Rede war wie eine lange und schlammige Straße in einer nassen, spritzigen Nacht.

June krönte Geoffrey. Gehorsam erhob er sich.

„Herr Sprecher", sagte er mit der Geste, die durch Übung im Schlafzimmer perfekt geworden war. „Dieser unerträgliche Strom von Gefasel----"

„Bestellen! Bestellen!" schrieen hundert Stimmen.

Der unterbrochene Redner drehte sich um und starrte Geoffrey mit wütenden und überraschten Augen an.

Die Intervention kam von der richtigen Stelle. Der Sprecher war auf den Beinen. Bim klammerte sich an die Perücke, um seine Vertreibung zu verhindern.

„Der edle Herr", sagte Herr Sprecher in seiner versöhnlichsten und überzeugendsten Art, „ist ein so junges Mitglied des Hauses, dass er jede Nachsicht verdient; aber ich muss ihn daran erinnern, ein ehrenwertes Mitglied auf keine andere Weise zu unterbrechen als dass es zu einer Geschäftsordnungsfrage kommt, stellt einen schwerwiegenden Verstoß gegen das Verfahren und die Ordnung dieses Hauses dar."

Geoffrey hatte natürlich sofort seinen Platz wieder eingenommen, als der Sprecher aufstand; Aber nachdem die Autorität gesprochen hatte, ließ die Krone ihn ebenso wenig still und fügsam sitzen, wie sie es jedem ihrer menschlichen Träger erlaubt hatte, ihr normales Selbst zu bleiben. Er stand wieder auf.

Ein Tornado von „Ordnung!"-Rufen begrüßte Geoffreys weiteren unfreiwilligen Gehorsamsbruch.

June flog zum Sprecher.

Alte Parlamentarier drehten sich zu ihrem neuen Kollegen um. Sein weiterer Ordnungsbruch geschah mit perfekter Manier. In seiner Unterbrechung klang keine schreiende Vulgarität, sondern eine eindeutige Absicht, freundlich zum Ausdruck gebracht. Sie fassten ihn schnell zusammen. Er sah gut aus, war gut gekleidet und hatte die Form eines Unterhauses, doch in seinen Augen lag ein erfrischender Ausdruck von Entschlossenheit. Tief in ihrem Inneren begannen die Veteranen zu bewundern und zu staunen. Geoffreys Debüt war ihrer Meinung nach vielversprechend; es kennzeichnete einen Mann der Zukunft genauso sicher wie das Hartington-Gähnen.

„Er wird es tun", sagten sie; „Unverschämtheit und Verstand." Das war ihr Urteil am Anfang. Diese Spitzenmänner waren schlau, aber sie kannten Geoffrey nicht richtig.

„Darf ich mich entschuldigen, Herr Sprecher, und erklären----"

„Ich weigere mich, das Wort zu erteilen", erklärte die wichtige Person, deren Wichtigtuerei und bedeutungsvolles Geschwafel die Unterbrechung durch die Elfen provoziert hatten.

„'Vide! 'vide!", rief ein Labour-Mann, bloß im Scherz.

June küsste den Sprecher. Ohne zu erröten, aber mit vollkommener Anmut und Bescheidenheit, im Interesse des wahren Fortschritts, küsste sie ihn; während Bim, der in voller Länge auf seiner Perücke lag, den Zauberstab gegen seine Stirn drückte und ihn dazu brachte, zu tun, was die Feen verlangten. Könnte irgendein Mann solchen Kräften erfolgreich widerstehen? Nein! Nicht einmal der erste Bürgerliche konnte das.

Als der Sprecher dastand und darauf wartete, sein Urteil zu fällen, wusste er, dass er trotz der Benommenheit in der Helligkeit noch klarer im Kopf war als sonst. Er stand am Rande eines Präzedenzfalls. Er fragte sich, wie die dann zu treffende Entscheidung aufgenommen werden würde; Normalerweise hätte es das Haus in Staunen versetzt, aber die frühere Impfung mit Magie hatte bereits begonnen, Wirkung zu zeigen. Der Sprecher war sich der seltsamen Kräfte und Präsenzen bewusst, die ihn umgaben.

Der Mann der pompösen Prosa erkannte, dass seine Würde gefährdet war, und schrie erneut Protest; aber er war so weit von den Sympathien seiner Kameraden entfernt – er hatte sie so sehr gelangweilt –, dass sie ihn mit lautem Geschrei niederschrieen. Dank der Feen rief jedes einzelne Mitglied dieses Hauses „Order!" bei ihm.

Obwohl er technisch ganz in Ordnung war, musste er nachgeben. Er fühlte sich schlecht behandelt; er wurde schlecht behandelt: und dienen Sie ihm sehr gut!

Während der gesamten folgenden Szene – einer glorreichen Seite in der neuen englischen Geschichte – schmollte das Nichts. Nach einer Weile setzte sich Bim auf sein Knie und versuchte, ihn mit dem Elixier des Elfentums zu beladen. Aber in diesem Stadium chronischen Selbstwertgefühls war es für jeden guten Einfluss schwierig, die Kruste aus Vorurteilen, Eifersucht und Empörung zu durchdringen, die ihn fesselte.

Doch der Gnom bemühte sich weiter und linderte schließlich den Stolz dieses überheblichen Wesens.

Junes Kuss war bedeutsam; es trug Macht in sich. Der Sprecher zitterte sein ganzes Wesen lang unter ihrer ungreifbaren Berührung; ein Lächeln, das ohne die Perücke seraphisch ausgesehen hätte, erhellte und erfreute sein Gesicht.

Die alten Parlamentarier blickten einander fragend an; Dann konzentrierten sie ihren Blick auf ihn. Was kam?

„Das ist ein außergewöhnlicher Anlass“, urteilte er in ruhigem, ernstem Ton. „Es ist eine Stunde, in der sinnvollerweise ein Präzedenzfall geschaffen werden kann. Der edle Lord kann seine Erklärung abgeben. Das Haus wird aufmerksam zuhören.“

Zu ihrer eigenen Überraschung jubelten die Mitglieder. Was sie genau wussten, war völlig falsch, erschien ihnen dann völlig richtig. Geoffrey wurde in seinen Feenkursen gefördert. Die Krone, die auf seine glatten Locken gepresst war, erfüllte ihn mit zielstrebiger Hochstimmung. Er fühlte sich so unbeschwert und selbstbewusst wie eine Lerche – so kraftvoll wie eine Dampfmaschine; kraftvoll, freudig, energisch, kontrollierend.

„Herr Sprecher“, sagte er, „ich muss und werde mich aufrichtig bei dem ehrenwerten Abgeordneten dafür entschuldigen, dass ich ihn auf die Art und Weise unterbrochen habe, zu der ich gezwungen war; aber der Protest, zu dem ich gezwungen war, erfolgte im Gehorsam gegenüber einer höheren Macht. I Wir alle spüren, dass in diesen letzten Tagen neue und bewundernswerte Kräfte im nationalen Leben wirksam geworden sind.“

"Hört hört!" sagte der Oppositionsführer.

„Es sind Ideale vorherrschend, die im völligen Gegensatz zu vielen festen Meinungen des Volkes stehen. Die Herrschaft der Hässlichkeit, des Egoismus und des Materialismus wird durch neue und bewundernswerte Einflüsse bedroht. Alte Formen müssen sich ändern, um jüngeren und edleren Zwecken gerecht zu werden. Das war und ist so.“ der Sprecher jener

Mächte, die ich so bald in die Aufmerksamkeit des Hauses zu drängen gewagt habe.“

Ein anerkennendes Gemurmel ging um die Bänke. Keine Partei war ganz still; Die einzige Person, die Geoffrey mit Misstrauen und Kälte betrachtete, war das Opfer, auf dem Bim saß und versuchte zu schmelzen.

„Ich protestiere“, fuhr Geoffrey fort, „und ich werde im Namen des Fortschritts und der Menschlichkeit weiterhin gegen die Verschwendung öffentlicher Zeit durch bloßes Gerede protestieren.“ Das Repräsentantenhaus hat dem Herrn Abgeordneten eine Dreiviertelstunde lang zugehört ; und ich wage zu sagen – mit einer weiteren Entschuldigung an ihn –, dass seine Rede in keiner Weise inspiriert oder von Nutzen war . Im Namen der Feen behaupte ich – und das Haus wird mich unterstützen – , dass wann immer ein ehrenwertes Mitglied, egal wo sein Sitz sein mag, das Haus mit einer langweiligen, zögerlichen oder unnötigen Rede behindert oder sogar ermüdet, Ich werde beantragen, dass ein Gesetzesentwurf, der für sozialen Fortschritt sorgt, unabhängig davon, ob er auf dem Papier erscheint oder nicht, sofort geprüft wird und das zu diesem Zeitpunkt diskutierte Thema sofort auf Eis gelegt wird. Dies wird sicherstellen, dass in sehr kurzer Zeit das, was öffentlich ist, in Betracht gezogen wird Das Gesagte wird es wert sein, gesagt zu werden, es lohnt sich, es anzuhören, und die wahre Gesetzgebung wird sich durchsetzen. Um das Haus auf diesen neuen Fortschrittskurs vorzubereiten – danken Sie den Feen für die Idee, Herr Sprecher, danken Sie nicht mir! – teile ich Ihnen respektvoll mit, Sir, dass ich morgen einen einbringen werde Gesetzentwurf zur Abschaffung von Friedhöfen und zur Reform unserer Bestattungsbräuche, damit Gottes Acker ein angenehmer Garten sein kann, in dem die Menschen über die Unsterblichkeit nachdenken können, ohne von heidnischem Steingut und ungesunden Gräbern schockiert zu werden.

Das Haus war begeistert von den ruhigen Worten, die eine solche Revolution der Methoden zum Ausdruck brachten. Es war, als würde man vorschlagen, dass die Welt kurzerhand aufgelöst und neu aufgebaut werden sollte. Doch die Mitglieder hörten es wie Lämmer, obwohl selbst dann eine unterbrechende Stimme laut wurde.

Ein Mitglied, das die Kammer erst vor wenigen Augenblicken betreten hatte und daher über die Unangemessenheit von Geoffreys Handlungsweise verwirrt und über die angespannte Aufmerksamkeit des Hauses erstaunt war, stellte eine formelle Anfrage.

„Ist das in Ordnung, Herr Sprecher?“

„Nein", war die scharfe Antwort, die er in bedrohlichem Schweigen entgegennahm. „Der edle Herr ist völlig außer Ordnung, aber er darf weitermachen!"

Es ertönte ein solcher Jubelsturm, dass die Lichter über ihnen, hinter ihrer Glastrennwand, zitterten. Ein vereinter Seufzer der Befriedigung schwoll an. Die Mitglieder waren erleichtert, dass der Ausbruch gegen die Konvention nicht kurzerhand gestoppt werden konnte.

June küsste den Sprecher erneut. Sie war stolz, erfreut und dankbar. Derjenige, der den Antrag zur Geschäftsordnung gestellt hatte – Herr Wash, das Mitglied von Somewhere – starrte, taumelte, ließ nach, quetschte sich auf einen halben Sitz und befand sich bald auch im Bann des Elfeneinflusses und in herzlicher Sympathie mit dem Reformator.

Es gab weder damals noch danach Proteste gegen Geoffreys unregelmäßige Kurse. Er eilte seinen feenhaften Weg entlang, glücklich und frei. Er kam sich mehr denn je wie eine Lerche vor. Die Bewunderung marschierte mit riesigen Schritten hinter ihm her. In diesen Momenten seines Parlamentsdebüts baute er sich einen Ruf auf, den jahrelange offizielle Beharrlichkeit vielleicht nie erreicht hätte.

„Gegen nutzlose Reden", donnerte er und ermutigte – seine Schlafzimmermanieren waren wirksam – „führen die Feen ihren Krieg. Sie haben mich auch beauftragt, ihre absolute Missbilligung bloßer Parteipolitik zu erklären."

Hier gab es zweifelndes Gemurmel. Die irische Partei war sogar lautstark. June schwenkte den Zauberstab; der Sprecher hob die Hand; Die Geräusche verstummten sofort. Noch nie war dem Vorsitzenden so bereitwillig gehorcht worden.

„Ich weiß", sagte Geoffrey, „dass das Parteiensystem eine natürliche Entwicklung ist, dass das politische Leben ohne es viel von seiner Vitalität verlieren würde; aber es ist zu einem Spott, einem Ärgernis, einem Unfug geworden; es ist zu weit gegangen."

"Hört hört!" sagte ein Torhüter, dessen Seidenhutkrempe mit fünf fröhlichen Feen verziert war.

Ein lautes Gelächter hallte in seinen Worten wider. Saul gehörte tatsächlich zu den Propheten. Dieser Hauptverhinderer war für seine Taktik und sein Geschick in diesem Geschäft berüchtigt. Seine Schritte wurden ausschließlich von Parteimitteln für Parteizwecke diktiert. Sie hatten dazu geführt, dass mehr als eine gute Bewegung, die das Wachstum des nationalen Wohlergehens versprach, vereitelt, verletzt oder getötet wurde.

"Ich meine es!" sagte er mit Nachdruck, nahm seinen Hut ab, um es zu sagen, und ließ dadurch die fünf Feen einige Augenblicke lang funkelnd über ihm flattern. Ihr Glanz leuchtete auf seiner hohen, kahlen Stirn. Seine Mitmitglieder sahen tatsächlich genug von der Elfenhelligkeit, um es für das Licht seiner Inspiration zu halten. Sie jubelten mit einem Volleyschuss. Ermutigt durch diese erstaunliche Ehrung, die größtenteils von Männern stammte, die ihn bisher nicht bewundert hatten, gelobte er insgeheim, niemals, nie, nie wieder mutwillig eine mögliche gute Sache durch behindernde Taktiken zu behindern oder zu schädigen. Saul, jetzt besser als ein Prophet, war engelhaft geworden.

„Wie viele Gesetzentwürfe, die von den nachdenklichsten Mitgliedern in allen Teilen dieses Hauses unterstützt wurden, wurden einem vermeintlichen Parteivorteil geopfert", fuhr Geoffrey fort. „Die Geschichte der Gesetzgebung, Herr Sprecher, ist voller staatsmännischer Absichten, die mutwillig verdorben werden. Diese Möglichkeit darf nicht bestehen bleiben."

"Hört hört!"

„Es darf nicht weitergehen. Die Feen haben das Wort gegeben. Ihnen muss gehorcht werden."

„Höre, höre! Höre, höre!"

„Die Parteiorganisationen müssen natürlich bestehen bleiben; allgemeine Geschäfte müssen immer noch entlang der Parteilinien geführt werden, denn Opposition ist praktisch genauso notwendig wie Regierung; aber der Tendenz, Parteikräfte als gefühllosen Block einzusetzen, muss Einhalt geboten werden. Hiermit, Herr Sprecher." , Ich gebe mit Respekt bekannt, dass ich, obwohl ich meiner Partei, den Buffs, treu bin, für einen guten Gesetzentwurf stimmen werde, der von den Blues gefördert wird, wenn ich denke, dass er ehrlich dazu bestimmt ist, den Leuten zu helfen, egal ob Buff oder Blue Werden Sie für echten Fortschritt eintreten? Werden sich mir mindestens zwanzig Mitglieder aus allen vier Parteien dieses Hauses anschließen, mit unparteiischen Augen alle ihm vorgelegten Gesetzentwürfe prüfen und sich bemühen, sie zu verabschieden? Ihre Verabschiedung würde dem sozialen Wohl der Nation dienen?"

Stimmen von allen Bänken auf dem Boden des Repräsentantenhauses sowie von den parallelen Galerien darüber schrien, dass die Absicht stimmte. Geoffrey hatte seine Führung.

„Dann ist das geklärt. Wir – diese neue Nationalpartei – werden stark genug sein, um jeder Regierung, egal ob Buff oder Blue, dabei zu helfen, gute Maßnahmen durchzuführen; und stark genug, um vernünftige Änderungen in ansonsten wünschenswerten Gesetzentwürfen durchzusetzen. Wir werden das Gleichgewicht halten." Herr Sprecher, ich danke dem Repräsentantenhaus für seine große Rücksichtnahme und Höflichkeit, die mir mit einer Freundlichkeit zugehört wurden, die den Patriotismus beweist Ich bin stolz darauf, dass ich schon bald Abhilfe für die angespannte Lage der öffentlichen Geschäfte vorschlagen durfte und dank der Sympathie meiner ehrenwerten Mitglieder Wege finden konnte, die von den Feen inspirierte Anliegen zum Erfolg führen."

Er nahm seinen Platz wieder ein. Begeisterter Applaus brach aus. Die Mitglieder schwenkten ihre Hüte. Mindestens drei standen auf den Bänken, um besser jubeln zu können. Geoffrey Season war ein gemachter Parlamentarier.

Das Repräsentantenhaus verstummte, um seinem Vorsitzenden zuzuhören. Er stützte sich anmutig auf eine Schatzkiste und lächelte mit einem Lächeln philosophischen Zweifels. Als June dies sah, winkte sie einer Schar von Elfenprinzen das Kommando zu, die sofort die Krone von Geoffreys Kopf auf seinen übertrugen. Sofort wurde das Lächeln breiter, sein Zweifel ließ nach, seine Philosophie nahm zu.

„Das Haus", sagte er, „hat dem edlen Herrn mit großem Interesse und Bewunderung zugehört, und das zu Recht. Er ist zwar in diesen Dingen ein Kind, aber aus unkultivierten Mündern kommt manchmal die beste Weisheit. I Ich bin selbst ein Abgeordneter des Unterhauses, und jeder Vorschlag, der darauf abzielt, die Maschinerie dieser Kammer zu schwächen oder sogar zu schädigen, würde auf heftigen Widerstand stoßen, wenn es nicht darum ginge, dass ein System schon seit vielen Jahren Bestand hat – so wie es das Parteiensystem getan hat – Ist das ein Grund für den ungestörten Fortbestand? Ich wünsche mir, dass ich selbst Mitglied dieser Partei werden könnte, wenn es nicht die Labour-Mitglieder gäbe. Ich würde sagen, dass die alte Vierte Partei wieder lebte." Er stoppte. Er seufzte: „Ah ich!" und lehnte sich dann wieder zurück.

Das Repräsentantenhaus stimmte sofort über die Adresse ab. Die Mitglieder beeilten sich, sinnlose Resolutionen und Sperranträge aus dem Bekanntmachungspapier zu streichen. Eine Reihe von umsichtig fortschrittlichen Gesetzesentwürfen wurden sofort offiziell vorgelegt. Die Parteien wetteiferten miteinander um konstruktive Vorschläge. Das Parlament war erfüllt von dem Geist, der die Berge des Psalmisten wie Widder hüpfen ließ. Mit Willen ging es ans Werk.

Inmitten dieses Wirbels schöner Ereignisse machten sich die Feen auf den Weg. Sie flogen auf die Spitze des Victoria Tower und feierten; während Bim, ungesegnet mit Flugfähigkeiten, friedlich in Geoffreys Brusttasche einschlief.

KAPITEL XXI

OBERON ENDLICH

Was die Eroberung Londons betraf, war bis auf das Geschrei alles vorbei. Der Juni war triumphal. Daran gab es keinen Zweifel. Der Sieg hing wie ein goldener Schatten an ihr. Immer mehr Elfen kamen aus dem Märchenland, jeder von ihnen vergrößerte das Gebiet für immer und wurde zu einem gegenwärtigen Zeugnis für die Wahrheit von Junes Sieg.

Oberon schwieg; noch machte er kein Zeichen – er blieb weit weg und jagte in den Tälern der Hartnäckigkeit; Aber kein anderer in den Schattenlanden der Feen zögerte, die herrliche Wahrheit anzuerkennen. Junes Wahnsinn – wie sie es nannten – war gerechtfertigt.

Der Frühling nahte. Die Natur erwachte; schüttelte ihre Lethargie ab und rief der Zukunft willkommen. Die Bäume zogen vorsichtig ihre Kleidung an. Vögel fanden ihre vergessenen Stimmen wieder und begannen, Hymnen einzuüben, um sich auf die Brutzeit vorzubereiten. June, berührt von der Hoffnung, die in der Luft lag, und gestärkt durch die Befriedigung, ein erholtes oder sich erholendes London zu sehen, war bescheiden zuversichtlich.

Ein Mensch, der solche Fortschritte gemacht hätte, wäre selbstsicher gewesen; aber die Feen wissen es besser!

Sie zeigte ihre Stärke und Zufriedenheit durch einen Akt des Mutes. Sie schickte die Krone zurück ins Märchenland; Als besondere Ehre hatte Bim die Ehre, ihn entgegenzunehmen.

Der Gnom wurde durch dieses große Vertrauen – so verantwortungsvoll, so veredelnd – in das siebzehnte Reich des Glücks entrückt. Das Privileg erfüllte ihn mit einer wunderbaren Demut. Er maß sich nicht an, die Krone zu tragen; Er hielt es voller Ehrfurcht in seinen Händen, und als er mit seinem Pelikan nach Hause ritt – June besorgte sich für diese Mission einen im St. James's Park –, trug er es vorsichtig unter dem Arm.

Er erreichte das Violette Tal, übergab die Krone seinen mystischen Wächtern und erzählte dann, begierig darauf, seinen wunderbaren Abenteuern Ausdruck zu verleihen, aufgeregten Gruppen von Unsterblichen Geschichten über die Ereignisse im Juni. Seine Worte kamen in Strömen heraus. Er hatte so viel zu sagen. Er entwickelte eine unerwartete Ausdruckskraft. Während er sein Epos detailliert ausführte, glänzte er mit der Anmut kleinerer Poesie. Nymphen, die sich um ihn versammelten, während er sprach, versüßten seine Erzählung mit Akkorden, die auf Harfen aus Gold und Sternenglanz geschlagen wurden. Seine Geschichten wurden von den Erzählern hundertfach wiederholt. Eine märchenhafte „Ilias" war in Planung. Keine Blume und kein Frosch im Elfland hätte nicht einen vollständigen, wahren und konkreten Bericht darüber erhalten, was die Fee und der Gnom erlebt hatten, und über ihren endgültigen Triumph.

Das Ergebnis war mehr als glorreich. Bim fungierte als erstklassiger Rekrutierungsoffizier. Aufgrund seiner Beredsamkeit nahm der Strom der Feen in die Stadt rasch zu. Je mehr er redete, desto schneller flogen sie. Sein Eifer und seine Redseligkeit wurden durch diese zunehmenden – und verschwindenden – Beweise seines Erfolgs noch mehr angeregt. Ermutigt redete er weiter – erklärend, appellierend. Er stand auf einem Baumstumpf, ein Redner. Seine Überzeugungskraft und seine Redekraft führten dazu, dass Fairyland entvölkert wurde. Sie lauschten, grübelten und flohen.

Als Oberon dies bemerkte, wurde ihm endlich bewusst, wie ernst die Lage war, und er kehrte in Panik nach Elfland zurück.

"Ich habe es dir gesagt!" sagte Titania mit der Belanglosigkeit und sanften Beharrlichkeit, die ihr Herr so liebte.

Der König murmelte leichthin ein königliches „Puh!" und verbarg seine Gedanken im Nebel.

Noch nie zuvor war es im wahren Märchenland so still gewesen. Viele Lichtungen waren leer. Die Blumen verwelkten. Schädliche Insekten fassten Mut und schlichen umher. Zum ersten Mal seit Jahrhunderten hörte man in der Stille das Murmeln angeketteter Drachen, die unterirdisch eingekerkert waren; aber sie waren sicher gefangen.

Die Feenritter, ihre Wächter, stark in ihrer hohen Ritterlichkeit und pflichtbewussten Hingabe, widerstanden jeder Neigung, den Flügeln ihrer Gefährten zu folgen. Sie blieben standhaft und treu auf ihren beschwerlichen, schwierigen Posten und bewachten die feurigen Höhlen. Die Menschheit hat keine Ahnung von den Gefahren, die sie bedrohten. Wenn diese lebenden, prähistorischen Kreaturen entkommen wären – aber nein! – nein! – Schluss damit! Mögen die Schrecken in den grausigen Tiefen bleiben und nur bei den seltenen Gelegenheiten in Erinnerung bleiben, wenn sie mit ihren gewaltigen Windungen Erdbeben verursachen.

Die Feen flogen in Scharen nach London und in die anderen Städte, die sie verlassen hatten; und kam nicht allein. Tausendfältige Zwerge kamen ebenfalls angeritten, auf Vögeln aller Art – Stieglitz und Meisen, Rotkehlchen und Zaunkönige und andere aus der feinen Gesellschaft des gefiederten Königreichs. Das Monopol von König Sparrow war vorbei. Er wurde an seinem Platz gehalten und wurde ein anständiger und toleranter Böhme.

Später im Sommer – wenn die Sonne mild ist – flatterten bunte Schmetterlinge achtlos aus dem Land in die strahlenden Straßen. Mehrere

Vögel begrüßten sie mit offenem Maul; Aber die Macht der Feen war so stark, dass die verbliebenen Dinge der Schönheit – das lebendige Lächeln von Psyche – nicht berührt wurden.

Man sah Glühwürmchen über die Royal Exchange fliegen. Schwalben spielten über dem Wasser der Themse.

London wurde seiner verschiedenen Neuankömmlinge noch würdiger. Es reinigte und schmückte sich so schnell, dass weitgereiste Seeleute, die nach nur einem Monat Abwesenheit zum Teich zurückkehrten, den großen Unterschied sahen und, da sie wussten, dass es ihnen mangelte, ernsthaft das Versprechen unterzeichneten.

Jeder Säulenkasten innerhalb einer Fläche von fünfzig Quadratmeilen hatte jetzt seine Fee. Da die Zwerge überfüllt waren, mussten sie sich dort niederlassen, wo sie konnten. Die Lieblingsbehausung dieser demokratischen Adligen war ein ausrangierter Seidenhut, von dem es viele gab – denn die Männer hatten die Hässlichkeit und Unbequemlichkeit des Schornsteinmonsters erkannt und ihn aus der Mode geworfen. Durch die bessere Belüftung und das falsche Reiben des Nickerchens waren sie zu angenehmen Gnomenbehausungen geworden. Im Victoria Park gab es lange Reihen davon, und sie waren großzügig über die Lincoln's Inn Fields und die Embankment Gardens verteilt.

Das glücklichste Kapitel im Verlauf des Juni begann nun. Es war nichts anderes als der offene Glaube des Menschen an die Realität und Wahrheit der Feen. Einige von ihnen, die Alten zuerst, die Jüngeren später, die Kinder zuletzt, sahen sie; sah Feen durch fröhliche Straßen fliegen oder stolz auf den Säulenkästen thronen und mit Wohltätigkeit regieren; sah Zwerge, die auf den eisernen Armen von Laternenpfählen baumelten und balancierten, in Reihen an Wänden saßen und zwischen Blumentöpfen auf Fensterbänken lagen.

Die Entdeckung dieser neuen Vision hatte kolossale Ergebnisse. Es brachte die ganze Welt dazu, Absätze zu schreiben. Die faktenhungrigen Zeitungen verbreiteten die Enthüllungen mit aller Macht. Deutsche Metaphysiker setzten goldgeränderte Brillen auf und legten mühsam den Grundstein für umfangreiche Bände, die der wissenschaftlichen Analyse und Philosophie des neuen großen Einflusses gewidmet waren, der die Menschheit vorangebracht hatte. Es waren die Röntgenstrahlen und das Radium, die ein großes Stück weiter fortgeschritten waren.

Im Allgemeinen erwachte die Menschheit mit einem Ruck und erkannte, dass die Dinge in einem besseren Zustand waren, und machte sich noch energischer als zuvor daran, das Unrecht wieder gutzumachen und alles Schlechte, was überlebt hatte, zu beseitigen.

Das Leben wurde zu einer Hymne mit einem fröhlichen Refrain. Die Quakenden und die Pessimisten, deren Pflicht darin besteht, zu behindern und zu verzögern, wurden angenehm aus dem Weg gedrängt, damit sich Optimisten mit Weitblick und Tatendrang an die Arbeit machen konnten.

In diesen Frühlingsmonaten – bis die Mandelbäume blühten und die Gänseblümchen zu knospen begannen – wurden mehr Vorbereitungen getroffen und wahre künstlerische Pläne zur Verschönerung und Verschönerung Londons, seiner Vororte und anderer ähnlicher Orte in England ausgearbeitet als jemals zuvor.

Was ist mit dem Dichter und Künstler, der irgendwie und irgendwo in jedem Einzelnen lebt, im Sonnenschein der Ideen, die damals in der Welt warm waren, stark genug geworden, um aus seinem Puppenzustand herauszukommen? Die Fakten wurden im Lichte fundierter Ideen untersucht. Die Menschen gingen mit Träumen im Blick umher und arbeiteten mit praktischen Händen.

Der Rauchteufel wurde umgehend abgeschafft – die Mittel dazu warteten schon lange auf ihren Einsatz; und auf einmal wurde London heller. Eine Flasche Novembernebel wurde im British Museum aufbewahrt. Der blaue Himmel, der nicht mehr durch den Weihrauch der schwarzen Königskohle verhüllt war, schien so hell auf Straßen und Gebäude und erleuchtete sie, dass der lauernde Schmutz und die Schmuddeligkeit, die würdige Gebäude zerstörten, mehr denn je zu einem Schandfleck und Ärgernis wurden.

Die St. Paul's Cathedral wurde mit einer Bürstenarmee angegriffen. Bevor der Mittsommertag kam, tauchte die große architektonische Krone Londons in weißer Pracht aus ihren Dächern auf – sie waren jetzt mit Blumen geschmückt – und würde bald in den Himmel zeigen, eine brünierte Kuppel aus Bronze.

Entlang jeder Hauptverkehrsstraße wurden Bäume gepflanzt. Lautlos glitten Autobusse durch grüne Alleen. Statuen, die nicht der Ordnung der Hässlichkeit zum Opfer fielen, wurden gereinigt; und wenn ihr Untertan es erlaubte, waren sie mit Blumen geschmückt, die um ihre Sockel geschmückt waren.

Der Trafalgar Square war endlich dabei, seiner Position und Chance würdig zu werden. Der Nationalgalerie wurde eine neue, architektonisch schöne Geschichte überlagert, die die einstige Bedeutungslosigkeit beseitigte. Der Platz selbst wurde zu einer Freude aus Marmor und Rosen. Whitehall glitzerte vor Fontänen. Die Schienen des Parks wurden entfernt.

Die Themse wurde wieder silbern. Männer fischten von Booten am Ufer aus und lauschten den Konzertchören in den Gärten, die die schöne Durchgangsstraße schmückten. In den kommenden Jahren war es ein beliebter Anblick, den Lachsen dabei zuzusehen, wie sie ins Meer hinabstiegen und später bereitwillig in die oberen Bereiche jenseits von Teddington zurückkehrten.

Parlamentsabgeordnete – darunter auch Unterröcke – warfen in den Pausen wohltätiger Debatten Essen von der Terrasse auf Fische und Möwen.

Cockneys hofften auf eine Heuernte auf Clerkenwell Green.

Und das ist alles, was wir sagen müssen, um zu zeigen, wie großartig die Feen die Menschen dazu brachten, London zu verändern.

Schönheit lebte; Die Vulgarität starb. Hoffnung, Glück und Freundlichkeit herrschten.

Wir müssen zu einer früheren Phase des Juni-Triumphs zurückkehren, als die oben erwähnten glücklichen Entwicklungen im Allgemeinen nur in den Köpfen der Menschen entstanden und noch nicht zu tatsächlichen Prozessen der Verwirklichung geführt hatten.

Es war April – der Beginn der letzten Woche des freudigen Monats; Und obwohl es auf allen Seiten lebhafte Beweise für ihren absoluten Sieg gab, war June traurig, denn Oberon hatte kein Zeichen seiner Vergebung gezeigt. Er und Titania waren die einzigen Feen, die nicht gekommen waren, um ihr Glück zu rechtfertigen. Als sie das erkannte , hatte sie fast genug Kummer, um zu weinen. Warum kam der König nicht? Konnte sein Unmut noch aktiv sein?

Als sie hierher, dorthin und überall in der strahlenden Metropole flog – von der der Schleier des Bösen endlich entfernt worden war – seufzte sie und seufzte noch einmal. Ihre Kameraden waren betrübt, als sie die Traurigkeit und ihre Last sahen. Es war der einzige dunkle Fleck unter der Bedingung absoluter Freude.

June besuchte ihre menschlichen Freunde – Sally Wilkins, die Oldsteins, Archdeacon Pryde, die Mosses, den Herzog und die Herzogin von Armingham, Lord Geoffrey Season, Sir Titus Dods – und freute sich, sie immer noch auf den richtigen Linien arbeiten und marschieren zu sehen Weg des feenhaften Fortschritts, aber ihre gelbe Depression klebte an ihr und ließ sich nicht abschütteln.

Seltsam, dass sie selbst in der Stunde erfüllter Freude vom Gespenst der Enttäuschung heimgesucht wurde; aber so war es.

Die letzten Apriltage vergingen wie im Flug. Es war der Abend seines dreißigsten Tages. Kurz nach Mitternacht, in der ersten Morgendämmerung, sollte die Fee des Jahres gekrönt werden.

June versteckte sich einsam auf ihrem Dach über Paradise Court, ließ ihre Flügel hängen und war in jeder Hinsicht müde. Die Stunde der Reaktion, gegen die man sich so lange gewehrt hatte, war endlich gekommen. Damals hatte sie das Gefühl, dass die erfolgreiche Erfüllung ihrer Suche ihr zwar eine Last von den Schultern nahm, ihr aber auch etwas genommen hatte, das sie stützte und inspirierte. Da Bim weit weg war – sie wusste nicht wo – und ihre Schar von Kameraden in allen Teilen der Metropole verstreut war oder, wie sie vermutete, auf dem Weg zur neuen Krönung war, war ihre Last der Schwäche und Müdigkeit tatsächlich schwer.

Sie blickte zum Himmel auf und erinnerte sich an den Abend vor einem Jahr. Die Sterne leuchteten jetzt so, wie sie damals leuchteten. Die Mondsichel blickte nach unten. Neugierig wie immer spähte Diana, diese prüde alte Jungfer, die hellenische Mrs. Grundy, durch die silberne Ritze und beobachtete die Welt und wartete auf die Krönung.

Die Erinnerungen an den letzten Maitag überkamen June mit aller Macht. Sie erinnerte sich an Oberons Appell an sie, an Titanias kurze Güte und Fürsprache, an ihren eigenen Trotz und ihre Flucht. Wie sehr hatte sich die Lage seitdem verändert! Sie sehnte sich danach, wieder im Land der wilden Rosen zu sein, jetzt, da ihre Aufgabe erfüllt war.

Obwohl die Sterne hell leuchteten, schienen ihr das Leben und der Himmel grau, und das Grau blieb, bis die Uhren elf schlugen. Ihr Chor riss sie aus ihren deprimierenden Träumereien und sie flog zum höchsten Schornstein auf ihrem Dach, um zum Abschied über die Wunder nachzudenken, die sie umgaben.

Bims Garten blühte noch immer. Seine Blumen leuchteten stolz im märchenhaften Licht. Sie – aha! – waren nicht schüchtern. Auf vielen Dächern blickten Frühlingsblütenblätter nach oben, und aus jeder sich öffnenden Knospe brach eine Elfenflamme hervor. Das Märchenland wurde wirksam verwandelt; London verwandelt.

Auf Wiedersehen! Morgen würde sie das alles hinter sich lassen – ihre besondere Aufgabe war erledigt. In den Minuten vor Mitternacht eilte sie zur neuen Krönung, wo auch immer diese sein mochte, um der glücklichsten Fee, wer auch immer das sein mochte, zu gratulieren, und dann flog sie frei zu den lieben Heimwegen, um sich auszuruhen, zu erfrischen, jubeln.

Aber würde der sanfte König ihr verzeihen? Sie erinnerte sich an seinen Befehl von vor einem Jahr und verspürte Trauer, die die Bilanz eines erfüllten Ziels und eines errungenen Sieges weder verbannen noch mindern konnte.

Die Frage beschäftigte sie, bis Oberon die Antwort brachte.

Sie saß grübelnd am Rand des Schornsteins, ihr Benehmen und ihre schlaffen Flügel zeigten extreme Niedergeschlagenheit, als sie spürte, dass Helligkeit und Glück auf sie zukamen. Sie sah sich hastig um.

Die Trauer ging.

Myriaden von Feen waren auf dem Flügel, kamen flüchtig auf sie zu und sangen die Lieder, die die Nacht der Krönung erfreuen. Ihre Helligkeit war so groß, dass sie die Sterne eine Zeit lang verblasste. Dann liefen sie langsam, immer noch singend, an den Häusern um sie herum vorbei oder flatterten in lachenden Linien unter dem Himmel.

Zwerge, die begierig darauf waren, bei dem Geschehen dabei zu sein, kamen herauf, kletterten auf Regenrohre und nutzten andere Mittel, um das Dachgelände zu erreichen.

Sie erinnerten June an Bim. Sie wünschte, er wäre auch da. Warum war er nicht zurückgekehrt? Diese Prozession und Darstellung bedeuteten Ehre und Glück, die er zu teilen verdiente. Aber wo immer er war, es ging ihm gut; dass sie es wusste.

Sie widmete ihre ganze Aufmerksamkeit den bevorstehenden Wundern.

Auf allen Seiten um sie herum waren Feen aufgereiht; die Häuser zeichneten sich durch ihren Glanz ab; jede Blume auf Fensterbänken und Dachgärten war wach und leuchtete.

Langsam, freudig und majestätisch kam nun die hohe Aristokratie des Elfentums. Sie begrüßten June mit dem Winken ihrer Zauberstäbe und nahmen dann Platz in der Nähe ihres Sitzplatzes ein.

Es gab einen melodischen Applaus. Oberon und Titania näherten sich. June zittert vor Entzücken. Sie waren gekommen! Sie waren gekommen! Sie stand auf, um sie zu begrüßen; Ein großer, froher Willkommensruf – Willkommen von einer Vielzahl von Elfen – erklang in den Himmel.

Ihre Majestäten aus dem Märchenland kamen in Bims Garten, und dort thronten sie, eine glänzende Eskorte von Rittern gruppierte sich hinter ihnen.

„Juni", sagte der König so deutlich, dass jeder Elf ihn hören konnte, „seit deinem Akt des Ungehorsams ist ein Jahr vergangen. Gegen unseren Willen und gegen unseren Willen bist du gegangen, um das Unmögliche zu erfüllen. Du bist dorthin gekommen, wo die Wolke war." des Bösen – dieser unheilvolle Schleier – hing über London und verkündete die Schwäche von Fairyland!"

Diese Worte klangen so sehr wie ein Tadel, dass June Angst bekam. Sie neigte den Kopf, breitete ihre Flügel aus und kniete stumm vor ihrem Monarchen nieder. Oberon lächelte.

„Das hast du gut gemacht, June! Du hast das Unmögliche geschafft. Du hast uns gelehrt, niemals zu verzweifeln. Zum ersten Mal in der Geschichte hat eine Fee den Befehl eines Königs missachtet und das Richtige getan. Elfen!", rief er der Gesellschaft zu, „die Stunde der Krönung ist fast gekommen. Wer soll die geehrte Fee sein?"

Einen Moment lang herrschte Schweigen. Dann erklang die Antwort wie ein weithin klingender, einstimmiger Musikakkord:

"Juni!"

Wieder herrliche Stille.

Die auserwählte glückliche Fee kniete immer noch. Ihr großes Glück machte sie demütig. Ihre Flügel bebten. Sie musste eine Tortur ertragen. Titania zog sie groß, küsste sie und stärkte ihr Selbstvertrauen. Dann flogen sie Hand in Hand, June verband den König und die Königin, nach Westen. Die Schar der Feen folgte fröhlich singend in einer langen Reihe aus goldenem Licht. Ein Komet wäre im Vergleich zu ihrer Pracht ein bloßes Feuerwerk.

Während sie in der Stadt vorankamen, sahen Oberon und Titania die Früchte von Junes Bemühungen. Die große Metropole leuchtete wunderschön unter ihnen. In dieser Nacht gab es in London weder Hässlichkeit noch Mangel noch Unfreundlichkeit. Straßen und Häuser waren voller inspirierender Helligkeit und edler Freude.

Als sie halbkreisend am St. Paul's Churchyard vorbeikamen, sang eine Nachtigall.

Eine große Armee von Zwergen eilte die Straßen entlang und folgte dem Weg der Prozession. Sie würden die Krönung nicht verpassen – nein, nicht sie! Die diensthabenden Polizisten waren sich der Hektik nur halb bewusst.

Die Krönung sollte im St. James's Park gefeiert werden. Ein Vogelchor sang bereits die Eröffnungshymne, als Oberon und Titania, immer noch Hand in Hand mit June, im Grünen auf Throne herabstiegen.

KAPITEL XXII

GEKRÖNT

Märchenland! Märchenland!

Wieder herrschte im Märchenland ein ausgelassenes Fest — ein ausgelasseneres und fröhlicheres Fest als je zuvor. Keine Wildnis blieb jetzt von der Güte der Elfen verschont. Jeder Ziegelstein und jedes Fragment der Londoner Stadt sowie jeder Grashalm und jede Blume im grünen Land standen unter der anerkannten Herrschaft des Feenkönigs. Die Elfen waren wieder zu sich gekommen.

Oberon und Titania, zwischen denen June saß, beobachteten die Prozession der unzähligen Feen, die ankamen; sahen, wie sich die glorreichen Erscheinungen um den Krönungsort versammelten, während die Vorbereitung des glatten Rasens des Parks für Feste und Tänze rasch voranschritt. Gnome wuselten kreuz und quer durcheinander, wie sie es in jener Nacht des Vorjahres getan hatten, und bereiteten den breiten, glatten Rasen bald für Melodien aus Bewegung und Gesang vor.

Die Helden der alten Zeiten marschierten unter Jubel zu ihren Ehrenplätzen in der Nähe des Throns. Sie strahlten vor Stolz, den sie durch die Erfüllung ihrer schwierigen Pflichten erlangt hatten.

Die Cousins von Rumpelstiltzkin, die zu der Bruderschaft gehörten, die in den fernen Bergen von Knickerbocker den fröhlichen Rip entführt hatte, kamen mit Hämmern in der Hand aus ihren tief gelegenen Werkstätten, um die Fee des Jahres zu begrüßen . Sie standen oder saßen in Gruppen und wedelten mit den Bärten, während sie ihre Kumpels redeten, während sie ernst im Takt der Musik nickten. Der seit Monaten gehortete Klatsch war damals im Umlauf.

June war fasziniert von den Wundern, die ihr präsentiert wurden. Es war alles so schön alt und doch in jedem einzelnen Teil so frisch und bezaubernd neu.

Nymphen kamen aus dem düsteren Dort Unten — einem unterirdischen Königreich mit Straßen, Flüssen und Bergen, fast so groß und wunderbar wie diese Oberwelt, das im Märchenland verborgen ist (seine Geschichten werden vielleicht eines Tages erzählt) — um auf hauchdünnen Fäden umherzuhuschen Flügel und Füße aus Licht über dem Gras. Ihre Bewegung berührte mit Entzücken die Winde und verlieh der Nacht Glanz und Duft.

Die zierlichsten und stolzesten Unsterblichen schlossen sich der Freude des Tanzes an. In den langen, langen Annalen von Elfland wurde und kann kein glücklicherer Abend verzeichnet werden. Es war vor allem eine kurze

Abfolge von Stunden des Triumphs, ohne dass ein einziges Bedauern oder eine einzige Angst die Helligkeit und Harmonie trübte oder beeinträchtigte.

Die Sterne schickten ihre liebsten Strahlen voller Segen für die Elfen und die Menschheit herab. Ein großer Planet kreuzte den Himmel, eine schillernde Miniatur des Vollmonds.

Junes einziges Wunder in dieser Zeit war – Bim! Er konnte nicht weit weg sein. Wo war er? Es war seltsam, dass er nicht da war.

In der Zwischenzeit ging das Fest mit Gelächter, Gesang und Festivitäten weiter.

Die Zeit der Krönung kam. Oberon erhob sich und hob sein Zepter zum Zeichen der Befehlsgewalt. Ein einstimmiger Freudenschrei ertönte. Vögel stimmten ihre Lieder in die Verzückung ein. Ein erlesener Chor aus tausend Nachtigallen drückte sein Entzücken aus.

Die Zeit des Märchenjahres! Die Krone, bewacht von zwanzig Wächtern, wurde von einem Gnom – von Bim – ehrfürchtig zum König und zu Titania getragen. Er wurde durch königliche Proklamation von nun an und für immer zu seinem besonderen Hüter ernannt; und erntete so den Lohn seines Jahres voller Hingabe und Tapferkeit. June erhob sich voller Freude, um ihn zu begrüßen. Dann vergaß sie alles andere von diesem Fest, vor Freude, ihn zu sehen. Als Gegenleistung lächelte er, ein Lächeln, das breit genug war, um ein großzügiges Grinsen zu sein – keine einfachen Worte in Prosa können die Fülle seines Glücks ausdrücken.

June erkannte sofort, dass er sich verändert und verbessert hatte. Er war jetzt weniger ein Gnom als vielmehr ein Feenritter. Die Nymphe des Teiches im Violetten Tal hatte sich an das Versprechen erinnert, das sie am frühen Morgen seiner Abreise nach Juni gegeben hatte. Bim hatte die Belohnung erhalten, die sie vorhergesagt hatte. Er war in dieser stolzen Stunde und für eine Weile danach einzigartig im Märchenland; mit der Auszeichnung, von ihm selbst in eine Klasse erhoben zu werden: weniger Gnom als Ritter: der belohnte Held; und niemand war wegen seines Glücks neidisch.

Vor allem die Zwerge waren stolz auf ihren Mitmenschen, der, indem er sich selbst Ehre verschaffte, ihnen Ehre und Ehre erwiesen hatte.

Der König nahm Bim die Krone ab und hielt sie über die glückliche Fee.

„Juni, Juni, Juni!" Immer wieder fiel dieser Lieblingsname.

Die Nachtigallen gaben einstimmig den Leitton, und das Triumphlied – die Hymne dieser höchsten Stunde – erklang erneut zu den Sternen.

London hörte im Schlaf das Lied und träumte von den Feen.

Oberon setzte June die Krone auf. Hand in Hand mit Bim gingen sie und der Kamerad, der dies unterwürfig getan hatte, langsam um das Innere des großen Elfenkreises herum.

Es war die Stunde des Triumphs. Der absolute und höchste Sieg kam in der Musik dieser Nacht zum Ausdruck. Oberon herrschte überall!

Märchenland! Märchenland!